SCHRIFTENREIHE DES IFO-INSTITUTS FÜR WIRTSCHAFTSFORSCHUNG

Nr. 82

IFO-INSTITUT FÜR WIRTSCHAFTSFORSCHUNG

Der Ausleseprozeß im Groß- und Einzelhandel

Von

Erich Batzer, Erich Greipl
Walter Meyerhöfer, Eugen Singer

DUNCKER & HUMBLOT / BERLIN - MÜNCHEN

Gedruckt 1974 bei Berliner Buchdruckerei Union GmbH., Berlin 61
Printed in Germany

ISBN 3 428 03248 9

Vorwort

Die Struktur des Handels in der Bundesrepublik Deutschland hat sich in den vergangenen beiden Jahrzehnten grundlegend gewandelt. Markante Ausprägungen dieses Strukturwandlungsprozesses waren eine erhebliche Firmenauslese verbunden mit einer starken Konzentration, beträchtliche Gewichtsverschiebungen zwischen den Bereichen und Branchen des Handels sowie nicht zuletzt die Einführung neuer Organisationsformen und Vertriebstechniken. Die Strukturveränderungen haben sich in den letzten Jahren beschleunigt, ihr Ende ist noch nicht abzusehen.

Den Fragen und Problemen der Unternehmensauslese kommt hierbei besondere Bedeutung zu. Mit dem Ausscheiden von Unternehmen aus dem Markt sind nicht nur ökonomische, sondern auch gesellschaftspolitische und versorgungspolitische Probleme verknüpft.

Die vorliegende Studie, die im Auftrag des Bundesministeriums für Wirtschaft erstellt wurde, versucht, sowohl die Ursachen und Gründe des Ausleseprozesses im Handel zu verdeutlichen, als auch bessere Vorstellungen über das tatsächliche Ausmaß des Ausscheidens von Firmen aus dem Markt in Vergangenheit und näherer Zukunft sowie über die Auswirkungen des Ausleseprozesses zu gewinnen.

Die Ergebnisse der vorliegenden Untersuchung und die Erkenntnisse hieraus dürften in erster Linie für die Struktur- und Förderungspolitik eine Reihe neuer Aspekte und Anhaltspunkte bringen. Darüber hinaus wird generell eine größere Transparenz in den gesamten Problemkreis gebracht.

Prof. Dr. Karl-M. Hettlage

Präsident

des Ifo-Instituts für Wirtschaftsforschung, München

Inhaltsverzeichnis

Tabellenverzeichnis

Abbildungsverzeichnis

Zur Untersuchung

I. Zielsetzung der Untersuchung

Im Rahmen der Diskussion über Veränderungen der Struktur- und Wettbewerbsverhältnisse in der Warendistribution kommt den Fragen und Problemen des Ausscheidens von Unternehmen aus dem Markt besonderes Gewicht zu. Mit dem „Ausleseprozeß“ sind wesentliche ökonomische, gesellschaftspolitische und versorgungspolitische Probleme verknüpft. Hierbei handelt es sich etwa um Fragen der Auswirkungen auf Wettbewerbsintensität, Produktivität und Kosten der Distribution, um zeitliche und standortliche Aspekte der Versorgung von Verbrauchern bzw. Verwendern, um die sozialen Fragen, die sich mit dem Ausscheiden selbständiger Unternehmer ergeben, sowie um die gesellschaftspolitischen Konsequenzen der Veränderung der Unternehmensstruktur.

Die Diskussion der einzelnen Aspekte des Problemkreises wird häufig mit unzulänglichen Materialien und Informationen geführt. So werden beispielsweise oft kritiklos als Beleg die Ergebnisse statistischer Zählwerke herangezogen, die weder von ihrer Anlage noch von der Aussagekraft her hierfür bestimmt sind. Zielsetzung dieser Untersuchung ist es, ganz generell eine größere Transparenz in den gesamten Problemkreis zu bringen. Dabei sollen sowohl die Ursachen und Gründe des Ausleseprozesses im Handel verdeutlicht, als auch bessere Vorstellungen über das tatsächliche Ausmaß dieses Prozesses in Vergangenheit und näherer Zukunft und seine Auswirkungen vermittelt werden.

Über eine Wertung der Auswirkungen des Ausleseprozesses und die Beurteilung des Erfordernisses seiner Beeinflussung wird versucht, Möglichkeiten der Einflußnahme kritisch zu durchleuchten.

II. Definition des Ausleseprozesses

Unter „Ausleseprozeß“ werden in der Diskussion unterschiedliche Marktvorgänge subsumiert. Meist wird nicht nur das völlige Ausscheiden von Unternehmen aus dem Markt als Auslese verstanden, sondern auch Vorgänge wie das Überwechseln von einer Branche in eine andere, das Aufgehen bzw. die Integration in einem größeren Unternehmenskomplex, das Ausscheiden von Unternehmen aus Kooperations-Verbänden oder die Auflösung und Zusammenfassung von Betriebseinheiten.

Wenngleich hinsichtlich der Verursachung der verschiedenen Vorgänge, die vorstehend als Ausleseprozeß gekennzeichnet wurden, weitgehende Identität vorliegt, bestehen in ihren Auswirkungen erhebliche Unterschiede. Unter dem Aspekt, mehr Licht in die Diskussion über die gesamte Breite der möglichen relevanten Auswirkungen des Ausleseprozesses zu bringen, muß sich die Betrachtung in erster Linie auf die engere Begriffsfassung stützen, d. h. auf das völlige Ausscheiden von Unternehmen aus dem Markt abheben.

Bei dieser Auslegung des Auslesebegriffes ergeben sich erhebliche Schwierigkeiten hinsichtlich der Quantifizierung, da das statistische Material einer derartigen Abgrenzung nicht Rechnung trägt. Trotz dieser Unzulänglichkeiten kann nicht darauf verzichtet werden, statistische Reihen als Indikatoren zu verwenden.

III. Materialbasis und Durchführung der Untersuchung

Neben der Auswertung amtlichen und nichtamtlichen statistischen Materials sowie vorliegender qualitativer Informationen aus Studien und Untersuchungen bilden Primärerhebungen des Ifo-Instituts in den eigenen Groß- und Einzelhandelsberichtskreisen sowie Primärerhebungen in Zusammenarbeit mit Industrie- und Handelskammern in deren Mitgliederkreisen die Hauptinformationsquellen. Außer den umfangreichen schriftlichen Befragungen wurden zur Ergänzung und Vertiefung von Teilaspekten Intensivgespräche mit Handelsgruppen und -organisationen geführt.

Im Rahmen der schriftlichen Befragungsaktionen im Ifo-Berichtskreis wurden rd. 2000 Firmen des Großhandels und rd. 1500 Einzelhandelsunternehmen der verschiedensten Branchen, Betriebsformen, Größenklassen und Standortlagen erfaßt. Die Antwortquote belief sich sowohl im Großhandel als auch im Einzelhandel auf über 50 %. Die zusammen mit den Industrie- und Handelskammern (Duisburg, Mannheim, Lübeck, Hagen, Hamburg, München, Hannover) erfaßte Zahl von Unternehmen betrug im Großhandel 4500, im Einzelhandel rd. 7000. Die Antwortquoten lagen hier im Großhandel im Durchschnitt bei gut 20 %, im Einzelhandel bei knapp 20 %.

Die Ergebnisse der Ifo-Befragungen erheben keinen Anspruch auf Repräsentation im statistisch-methodischen Sinne, sind aber auf Grund der großen Zahl von Antworten und der Mischung nach den genannten Merkmalen sicherlich repräsentativ in statistisch-empirischer Hinsicht. Die zur Ergänzung und Kontrolle in den Mitgliederkreisen von Industrie- und Handelskammern durchgeführten Erhebungen erfolgten nach dem Prinzip der typischen Auswahl, d. h. es wurden Kammern ausgewählt, die zu bestimmten Aspekten der Studie auf Grund des Standortes und der Wirtschaftsstruktur des Bezirkes charakteristische Ergebnisse liefern konnten. Die Auswahl der Firmen in den jeweiligen Kammerbezirken erfolgte teilweise bewußt unter der Zielsetzung, die verschiedenen Unternehmensgrößen und -typen zu erfassen, teilweise in Form der systematischen Auswahl.

Nach Abschluß der Haupterhebungen in den erwähnten Ifo- und Kammerberichtskreisen erfolgte im Berichtskreis des Ifo-Instituts noch eine zusätzliche Erhebung im Großhandel und Einzelhandel speziell zum Aspekt des Nachfolgeproblems. Daneben wurde eine Sondererhebung in der Industrie durchgeführt, die darauf abzielte, Veränderungsvorgänge in der Einschaltung des Großhandels zu erfassen. Die Rücklaufquote bei diesen Zusatzerhebungen entsprach etwa der bei den Ifo-Haupterhebungen.

Die Untersuchung gliedert sich in zwei Teile. Der erste Teil beschäftigt sich mit den Ursachen und dem Ausmaß des Ausleseprozesses, im zweiten Teil wird versucht, relevante Auswirkungen des Ausleseprozesses transparent zu machen und Möglichkeiten seiner Beeinflussung zu analysieren.

Im ersten Teil der Untersuchung wird zunächst auf die Ursachen und Gründe des Ausleseprozesses eingegangen. Bei der Analyse des gesamten „Kausalitätsblocks“ werden sehr stark die Ergebnisse der eigenen Erhebungen, daneben auch Erhebungsergebnisse anderer Institutionen, Betriebsvergleichsergebnisse, Branchenanalysen usw. herangezogen. Die Komplexität und Vielschichtigkeit der Kausalitätsstruktur veranlaßt hierbei, die Analyse auf einige offensichtlich besonders relevante Aspekte zu begrenzen. Relevante Kausalitäten sehen wir in der Ertrags- und Finanzverfassung der Unternehmen und deren Möglichkeiten, den branchen-spezifischen Anforderungen an Kapitalausstattung, annähernd optimale Unternehmens- und Betriebsgrößen sowie Produktivität zu entsprechen, in den Änderungen der Wettbewerbskonstellation, in Standortumwertungen, in der Qualität der Unternehmensführung sowie in persönlichen Gründen wie Alter, Krankheit, Nachfolgeproblem. Diese verschiedenen Ursachen und Gründe des Ausleseprozesses sind zwar auf ganz verschiedenen Kausalitätsstufen angesiedelt und stehen untereinander in keinem eindeutig ermittelbaren Zusammenhang. Ungeachtet dieser Ungleichgewichtigkeit erscheint jedoch die gesonderte Analyse dieser Faktoren unerläßlich.

Über einige besonders augenfällige Gründe des Ausleseprozesses im Einzelhandel haben verschiedene Industrie- und Handelskammern sowie die Hauptgemeinschaft des Deutschen Einzelhandels in den vergangenen Jahren Erhebungen durchgeführt. Hierbei handelt es sich jedoch um eine Art „Negativansatz", d. h. die Erhebungen wurden ausschließlich auf bereits aus dem Markt ausgeschiedene Unternehmen abgestellt. Im Gegensatz und in Ergänzung zu diesen Befragungen stellen die Erhebungen des Ifo-Instituts eine Art „Positivansatz" dar. d. h. es werden im Markt stehende Unternehmen erfaßt und anhand einer Reihe von Kriterien die Überlebenschancen vor allem kleiner und mittlerer Unternehmen eruiert. Hierzu werden die Wettbewerbskonstellationen und die wettbewerbspolitischen Verhaltensweisen der Handelsunternehmen verschiedener Größenklasse, unterschiedlicher Organisationsform, verschiedener Standortlage usw. untersucht. Durch bestimmte Fragen in den Erhebungsprogrammen wurde versucht, einen Eindruck davon zu gewinnen, wie aktiv oder passiv sich die Unternehmen im Markt verhalten. Hierbei wird von der Überlegung ausgegangen, daß bei ausgeprägter Passivität ohne Änderung des Zielanspruchsniveaus im Rahmen der Unternehmenspolitik und bei gleichzeitigem Wettbewerbsdruck keine guten Zukunftschancen für die Unternehmen bestehen.

Einzelne Testaspekte zur Feststellung der Unternehmeraktivität und -qualifikation betreffen beispielsweise Fragen danach, ob eine Umsatzstatistik nach Artikeln bzw. nach Artikelgruppen geführt wird, ob es eine kurzfristige Erfolgsrechnung gibt, ob die Sortimentspolitik überwiegend branchen- oder bedarfsgruppenorientiert ist, inwieweit die von einer Kooperationszentrale angebotenen Leistungen auch in Anspruch genommen werden. Daneben gingen auch Unternehmerurteile über die längerfristigen Existenzchancen sowie die Voraussetzungen hierfür (z. B. hinsichtlich der Ertragslage) in die Analyse ein.

Bei der Darstellung der Kausalitäten des Ausleseprozesses bilden neben den Primärerhebungen der Industrie- und Handelskammern, der Hauptgemeinschaft des Deutschen Einzelhandels und den eigenen Erhebungen des Ifo-Instituts auch eine Reihe von Erhebungen und Untersuchungen, die von anderen Forschungsinstituten in letzter Zeit durchgeführt wurden, eine wesentliche Informationsbasis. Zwar haben diese nicht den Ausleseprozeß zum Hauptgegenstand der Betrachtung, bringen aber — in ähnlicher Weise wie der „Positivansatz" unserer eigenen Erhebungen — durch die Untersuchung bestimmter Betriebsgruppen im Einzelhandel und die Analyse ihrer Leistungskomponenten zu bestimmten Aspekten und Problemen des Ausleseprozesses Informationen.

Zu nennen sind hier vor allem die Untersuchungen des Instituts für Handelsforschung, Köln, sowie des Instituts für Mittelstandsforschung, Köln[1], die zu wichtigen einzelhandelsendogenen Kausalitäten des Aus-

[1] Vgl. u. a. Sundhoff, E. (Hrsg.): Die Lage der Kleinbetriebe des Einzelhandels in der Bundesrepublik Deutschland, Nr. 47 der Schriften zur Handelsforschung, Göttingen 1971; Sundhoff, E. und Klein-Blenkers, F.: Struktur- und Leistungsanalysen von Einzelhandelsbetrieben der hauptsächlichen

leseprozesses wie soziologische Struktur der Kleinbetriebe des Einzelhandels, Unternehmerqualifikation, Qualität der eingesetzten Produktionsfaktoren usw. zusätzliche empirische Ergebnisse liefern. Die Studien basieren auf Auswertungen von Betriebsvergleichsergebnissen sowie auf schriftlichen Primärerhebungen, Betriebsbegehungen und persönlichen Interviews.

Um eine Ausgangsbasis für die Quantifizierung des Ausleseprozesses zu erhalten, erwies es sich als notwendig, vor allem die amtlichen statistischen Zählwerke wie die Umsatzsteuerstatistik, Handels- und Gaststättenzählung, Arbeitsstättenzählung usw. einer eingehenden Prüfung hinsichtlich der Aussagefähigkeit zu unterziehen. Da jedem dieser Zählwerke eine andere Konzeption zugrunde liegt, ist die Vergleichbarkeit der Ergebnisse stark beeinträchtigt und eine eindeutige Aussage über den Ausleseprozeß aus diesen Unterlagen nicht möglich. Es kommt in diesem Untersuchungsschritt darauf an, die Eigenheiten dieser Zählwerke klar herauszuarbeiten und auf der Basis bestimmter Annahmen zu versuchen, über eine Bereinigung und Verknüpfung der Daten zu brauchbaren quantitativen Aussagen über den Ausleseprozeß zu gelangen.

Der anschließende eigentliche Quantifizierungsteil der Studie, der Aussagen über das Ausmaß des Ausleseprozesses zu geben versucht, stützt sich überwiegend auf die bereinigten amtlichen statistischen Unterlagen. Es wird nicht nur eine Globalquantifizierung für Großhandel und Einzelhandel vorgenommen, sondern — soweit wie möglich — auch eine disaggregierte Quantifizierung bzw. Darstellung von Entwicklungstendenzen nach relevanten Merkmalen wie Branche, Größenklasse, Standortlage.

Der erste Teil der Studie schließt mit einem Ausblick auf die voraussichtliche weitere tendenzielle Entwicklung des Ausleseprozesses ab. Das Ausmaß des Ausleseprozesses in den zurückliegenden Jahren sowie die vorliegenden qualitativen Informationen über die Situation der Unternehmen stellen — insbesondere in ihrer Verknüpfung — wichtige Indikatoren dar, die die Abschätzung der weiteren Entwicklung auf eine wesentlich fundiertere Basis stellen.

Branchen, Nr. 39 der Schriften zur Handelsforschung, Köln und Opladen 1969; Keiser, H.: Betriebswirtschaftliche Analyse von Insolvenzen bei mittelständischen Einzelhandlungen, Nr. 17 der Abhandlungen zur Mittelstandsforschung, Köln 1966; Henning, E. und Reske, W.: Schulungs- und Beratungsmaßnahmen zur Förderung der Leistungsfähigkeit mittelständischer Unternehmen, Nr. 49 der Abhandlungen zur Mittelstandsforschung, Köln 1971; Reske, W.: Die Verbesserung der Unternehmerqualifikation im Einzelhandel durch außerbetriebliche Förderungsmaßnahmen, Nr. 52 der Abhandlungen zur Mittelstandsforschung, Köln 1971; Dahmen, E.: Die Veränderung der Betriebsführung des Facheinzelhandels durch Beteiligung an Koalitionen, Nr. 54 der Abhandlungen zur Mittelstandsforschung, Köln 1972.

Im zweiten Teil der Studie werden zunächst die Auswirkungen des Ausleseprozesses auf den Wettbewerb untersucht, wobei sowohl der horizontale Wettbewerb im Handel als auch der vertikale Wettbewerb zwischen den Produktions- und Handelsstufen interessiert. In enger Verknüpfung mit den Wettbewerbsfragen steht die Untersuchung der Auswirkungen des Ausleseprozesses auf den Produktivitätsfortschritt in der Warendistribution und die Verteilungskosten. Ein weiterer Problemkreis betrifft den versorgungspolitischen Aspekt. Es geht hierbei u. a. um Auswirkungen des Ausleseprozesses im Handel auf das regionale und lokale Angebots- und Leistungsniveau des Handels und dementsprechend die Erfüllung der Versorgungsfunktion sowie die Einflüsse auf die Einkaufsorientierung der Konsumenten. Schließlich müssen die soziologischen und sozialpolitischen Aspekte der Veränderung der Zahl der Handelsunternehmen erörtert werden.

Die abschließende zusammenfassende Wertung der durch den Ausleseprozeß im Handel hervorgerufenen Wirkungen bildet gleichzeitig die Basis dafür, die Möglichkeiten einer Einflußnahme von seiten der Unternehmen selbst, der Verbände und der verschiedenen Institutionen sowie des Staates kritisch zu analysieren.

Informationsgrundlage für den zweiten Teil der Studie bilden neben den im ersten Untersuchungsabschnitt erarbeiteten Ergebnissen u. a. Intensivgespräche bei den verschiedenen marktbeteiligten Gruppen. Daneben werden auch in diesem Teil der Studie einschlägige Untersuchungsergebnisse anderer Institutionen — teils als empirisches Belegmaterial, teils als Material, um unterschiedliche Ansichten sowie Alternativlösungsmöglichkeiten vorzuführen — verwendet. Vor allem für die kritische Darstellung und Wertung von Möglichkeiten der Einflußnahme auf den Ausleseprozeß, speziell von seiten des Staates, sind Arbeiten des Instituts für Mittelstandsforschung, Köln[2], der Prognos AG, Basel[3], sowie der Hauptgemeinschaft des Deutschen Einzelhandels, Köln[4], von Informationsgehalt.

---

[2] Vgl. Klein-Blenkers, F.: Ansatzstellen und Maßnahmen zur Verbesserung der Betriebsführung des mittelständischen Facheinzelhandels unter Berücksichtigung staatlicher Gewerbeförderungsmaßnahmen, Nr. 48 der Abhandlungen zur Mittelstandsforschung, Köln 1971.

[3] Vgl. Wolff, H. unter Mitarbeit von Schröder, D. und Schwietert, A.: Die öffentliche Förderung kleiner und mittlerer Unternehmen, Studie der Prognos AG, Basel 1971.

[4] Vgl. Hauptgemeinschaft des Deutschen Einzelhandels, Arbeitsausschuß „Absatzwirtschaft und Strukturpolitik“: Einzelhandel 1975/85 — Analysen, Perspektiven, strukturpolitischer Ansatz, Köln 1972.

A. Ursachen und Ausmaß

I. Die Ursachen des Ausleseprozesses

1. Vorbemerkungen

Der Ausleseprozeß im Handel hat eine Reihe von Ursachen. Es handelt sich um ein Kausalitätsgefüge umfangreicher Komplexität. Die einzelnen Ursachen stehen hierbei nicht immer in einem einfachen und direkten Wirkungsverhältnis zur Unternehmensauslese, sondern sind durch Überschneidungen und ein gegenseitiges Ursache-Wirkungsverhältnis gekennzeichnet. Eine Analyse dieses differenzierten Beziehungssystems stößt auf Grenzen, da sich die Kausalitätenkette, d. h. der Ablauf des Wirkungsprozesses der einzelnen Faktoren, nicht eindeutig ermitteln läßt und auch das Gewicht der einzelnen Ursachen nicht exakt bestimmbar ist. Um trotzdem gewisse Vorstellungen über die wesentlichen Ursachen der Auslese im Handel zu bekommen bzw. Anhaltspunkte zu erhalten, wo eine evtl. Beeinflussung dieses Prozesses ansetzen sollte, muß der Weg beschritten werden, wesentliche, augenscheinlich wirkende Ursachen bzw. Bestimmungsfaktoren zu untersuchen, ohne eingehenden Bezug auf Wirkrichtung und Intensität der einzelnen Kausalfaktoren zu nehmen. Eine Differenzierung in exogene Faktoren, d. h. von der Produktions- und Nachfrageseite auf den Handel einwirkende Veränderungen, und endogene Bestimmungsgrößen, d. h. Vorgänge, die sich im Handel selbst abspielen, erscheint dabei als zweckmäßig, wenngleich hierbei Kausalitäts-Interdependenzen vernachlässigt werden. Die einzelnen exogenen und endogenen Faktoren werden somit weitgehend isoliert voneinander untersucht, wobei Überschneidungen bewußt in Kauf genommen werden. Querverbindungen zwischen einzelnen Kausalitäten werden nur insoweit angesprochen, als eine ganz unmittelbare Beziehung besteht.

Die Analyse der Kausalitätsstruktur ist — abgesehen von der genannten grundsätzlichen Problematik der Erfassung der Interdependenzen — noch dadurch zusätzlich erschwert, als beim einzelnen Unternehmen ganz unterschiedliche Ursachenbündel mit verschiedenem Gewicht der einzelnen Faktoren zur Auslese führen können, somit keine eindeutige generelle Kausalitätsstruktur für den Ausleseprozeß gegeben ist.

2. Exogene Faktoren

a) Wachstumsmöglichkeiten der Branchen

Die unterschiedlichen Wachstumsmöglichkeiten bei den verschiedenen Branchen und Warengruppen stellen grundsätzlich einen eigenständigen und auch gewichtigen Einflußfaktor für den Ausleseprozeß im Groß- und Einzelhandel dar. Geht man in zwei Branchen mit stark unterschiedlichen Wachstumsmöglichkeiten von etwa gleichen Verhältnissen hinsichtlich Zahl und Größenstruktur der Unternehmen, Kostenstruktur und -entwicklung sowie Rationalisierungsstand usw. aus, so kann man unterstellen, daß in der Branche mit geringeren Expansionsmöglichkeiten vor allem die Grenzbetriebe stärker gefährdet sind als in der expansiveren Vergleichsbranche. Dies ist darauf zurückzuführen, daß bei nur schwachen Umsatzzuwächsen — ceteris paribus — die Ertrags- bzw. Einkommenssituation dieser Unternehmen ständig relativ schlechter wird und in einiger Zeit eine so große Diskrepanz zum allgemeinen Niveau der Gewinn- und Einkommenssteigerung entsteht, daß kein Anreiz mehr für eine weitere Betätigung im angestammten Bereich vorhanden ist bzw. die Voraussetzungen für eine längerfristige Unternehmenssicherung und Erhaltung wegen mangelnder Fähigkeit zur Eigenkapitalbildung und Investition nicht mehr gegeben sind.

Ein verstärkter Druck auf die kleineren und leistungsschwächeren Unternehmen erfolgt in den Branchen mit verhältnismäßig geringen Wachstumsmöglichkeiten noch dadurch, daß die größeren Unternehmen hinsichtlich ihrer unternehmerischen Zielsetzung ein etwa gleiches Anspruchsniveau haben wie vergleichbare Firmen in ausgesprochenen Wachstumsbranchen. Sie versuchen, die fehlenden Branchenexpansionsmöglichkeiten durch Marktanteilsgewinne innerhalb der Branche zu kompensieren und intensivieren hierzu den Wettbewerb. Das drückt sich meist vor allem in der Preispolitik dieser Unternehmen, aber auch in der Ausdehnung ihres Aktionsfeldes aus. Versuchen die umsatz- und leistungsschwächeren Unternehmen sich diesem forcierten Wettbewerb zu stellen, indem sie ihre eigenen Aktivitäten entsprechend steigern, so geraten sie auf Grund der hiermit verbundenen stärkeren Kostenbelastung zusätzlich unter Existenzdruck, wenn diese Aktionen nicht vom erwarteten Erfolg gekrönt sind.

Auf Grund der genannten Zusammenhänge können unterdurchschnittliche Wachstumsmöglichkeiten als eigenständige Ausleseursache angesehen werden. Dem verschiedenen Ausmaß der handelsrelevanten Nachfrage in den einzelnen Fachbereichen und Warengruppen kommt somit Indikationscharakter in bezug auf den Ausleseprozeß zu.

Daß der Einfluß der Wachstumskomponente auf die Existenzfähigkeit von Unternehmen, also auf den Ausleseprozeß, beachtlich ist, läßt sich an der z. T. sehr stark differierenden Nachfrage- und Absatzentwicklung verdeutlichen. Für die Wachstumschancen der verschiedenen Branchen des Konsumgütergroßhandels und des Einzelhandels gibt die Entwicklung des privaten Verbrauchs nach Warengruppen, in Verbindung mit der effektiven Umsatzentwicklung in den einzelnen Handelsbranchen betrachtet, gute Hinweise. Die Absatzentwicklungsmöglichkeiten der Fachzweige des Produktionsverbindungshandels lassen sich recht gut an der Produktionsentwicklung der korrespondierenden Industriesparten in Verbindung mit der Absatzentwicklung in den Fachzweigen des Rohstoff- und Produktionsverbindungshandels aufzeigen.

Auf Grund der in den vergangenen Jahren gegebenen und für die kommenden Jahre zu erwartenden Entwicklung von Nachfrage und Umsätzen in den verschiedenen Branchen läßt sich feststellen, daß im Konsumgüterbereich der Einfluß des Wachstumsfaktors auf die Auslese im Hausrat- und Wohnbedarfsektor, im Kfz-Handel sowie bei Unterhaltungselektronik und sonstigen elektrotechnischen Erzeugnissen relativ gering ist, wogegen diese Wirkgröße etwa in den Branchen Nahrungsmittel sowie Textilien und Bekleidung eine recht große Rolle spielt. Die Zunahme der Nachfrage nach Nahrungsmitteln bleibt spürbar hinter dem Anstieg der gesamten Konsumentenausgaben zurück. Der Anteil der Nahrungsmittelausgaben an den Gesamtausgaben der privaten Verbraucher wird sich in den kommenden Jahren weiter erheblich vermindern. Eine ähnliche, wenn auch nicht so stark ausgeprägte Reduzierung des Ausgabenanteils findet bei Textilien und Bekleidung statt.

Im Produktionsverbindungshandel wirkt der Auslesefaktor „unterschiedliche Wachstumsmöglichkeiten“ zwar ebenfalls, jedoch in erheblich geringerem Ausmaß. Weder im Grundstoff- und Produktionsgüterbereich noch im Investitionsgütersektor liegen nach Branchen so starke Wachstumsdiskrepanzen vor, daß sich Großhandelsbranchen aufzeigen ließen, in denen der Selektionsfaktor „unterdurchschnittliches Wachstum“ ein besonderes Gewicht hätte. Es gibt jedoch einige Bereiche, in denen der Produktionsverbindungshandel eine maßgebliche Rolle als Warenmittler spielt, die ein recht konstantes und auch überdurchschnittliches Wachstum aufweisen. In diesen Bereichen sind von den Wachstumsmöglichkeiten her generell keine selektionsverursachenden bzw. -beschleunigenden Einflüsse gegeben. Zu ihnen gehören etwa die Kunststoffverarbeitung, die Mineralölbranche, der Chemiebereich, der Bereich Elektrotechnik sowie der Kfz-Bereich. In einigen anderen Bereichen mit insgesamt etwas unterdurchschnittlichem Wachstum liegen entsprechende selektive Einflüsse jedoch durchaus vor, auch wenn ihnen kein sehr großes Gewicht beizumessen ist. Bei diesen Bereichen handelt es sich etwa um die eisenschaffende Industrie, die Holzbearbeitung oder die feinmechanische, optische und Uhrenindustrie.

b) Strukturelle und unternehmenspolitische Veränderungsvorgänge in der Industrie

Von den Veränderungen der Struktur und der absatzpolitischen Verhaltensweisen in der Industrie gehen erhebliche Einflüsse auf Struktur- und Wettbewerbsverhältnisse im Handel aus. Es handelt sich damit auch um wesentliche — wenn auch indirekt wirkende — Faktoren für den Ausleseprozeß im Handel. Die strukturelle Entwicklung im Produktionsbereich ist vor allem durch eine ausgeprägte Konzentration gekennzeichnet, die bewirkt, daß das Marktgewicht der großen Unternehmen spürbar zunimmt. Konzentrationsvorgänge horizontaler und vertikaler Art führen tendenziell zu einer verringerten Inanspruchnahme der Dienste des selbständigen Handels, vor allem der von kleinen und mittleren Handelsunternehmen.

Große Hersteller neigen dazu, Handelsaufgaben bzw. bestimmte Distributionsfunktionen in eigener Regie wahrzunehmen, um auf diese Weise Warenbeschaffung und -absatz besser sichern und steuern zu können. Ihre Finanzkraft gibt ihnen die Möglichkeit zum Auf- und Ausbau entsprechender Beschaffungs- und Vertriebsorgane. Vorzugsweise bei den großen Unternehmen, aber auch bei den mittleren und kleinen Industriebetrieben läßt sich eine verstärkte Absatzorientierung beobachten, die den Veränderungsvorgängen auf der Produktions- und Nachfrageseite Rechnung zu tragen sucht. Diese verstärkte Absatzorientierung äußert sich sowohl in absatzstrategischen, d. h. auf längere Sicht wirkenden Maßnahmen, als auch in absatztaktischen, d. h. kurzfristigen absatzpolitischen Entscheidungen. Zur Absatzstrategie sind Maßnahmen wie die Gründung von Werksvertriebs- und Werkshandelsgesellschaften, der Auf- und Ausbau werkseigener Auslieferungslager und Verkaufsbüros, der Aufbau eigener Filialketten, die Schaffung von Vertrags- und Franchising-Vertriebssystemen sowie der Aufbau von Markenartikelvertriebssystemen zu rechnen. Zur kürzerfristig orientierten Absatztaktik zählen Maßnahmen wie Rabattdifferenzierung zwischen verschiedenen Abnehmern und Abnehmergruppen, Werbekampagnen und sonstige Verkaufsförderungsmaßnahmen oder auch die selektive Belieferung bestimmter Unternehmensgruppen.

Die meisten der genannten absatzstrategischen Maßnahmen haben selektive Auswirkungen im Handelsbereich. Sie vermindern tendenziell das Aktionsfeld des herkömmlichen selbständigen Handels. Durch den Auf- und Ausbau herstellereigener Beschaffungs- und Vertriebsorgane werden zusätzliche institutionelle Wettbewerbseinheiten geschaffen, was allein schon wettbewerbsverstärkend wirkt. Es kommt hinzu, daß es sich bei den neuen Konkurrenten in der Regel um kapitalmäßig gut fundierte Unternehmen und Betriebe handelt, die auf Grund ihrer engen Verflechtung mit meist starken Produktionsunternehmen häufig eine überlegene Wettbewerbskraft aufweisen. Soweit bislang selbständige Handelsunternehmen in herstellergesteuerte Vertriebssysteme integriert werden (z. B. Vertragshändlersysteme, Exklusivvertrieb, Vertriebsbindung, System-Leasing), wird die Wettbewerbsposition dieses Kreises von Handelsunternehmen in der Regel verbessert. Die Systembildung wirkt jedoch wettbewerbsverschärfend und damit ebenfalls selektiv auf die außerhalb und in Konkurrenz mit diesen Systemen stehenden selbständigen Unternehmenseinheiten.

Bei den absatztaktischen Maßnahmen der Hersteller kommt im Hinblick auf den Ausleseprozeß im Handel vor allem der Rabattpolitik besondere Bedeutung zu. Die zu beobachtende Tendenz, der Mengenkomponente im Rahmen der Rabattgewährung zunehmend ein größeres Gewicht beizumessen als der Funktionskomponente, wirkt in starkem Maße konzentrationsfördernd im Handel und begünstigt damit Großbetriebe und Großbetriebsformen sowie Kooperationsformen mit ausgeprägtem Zentraleinkauf. Der nicht integrierte klein- und mittelbetriebliche Handel gerät hierdurch generell in eine erhebliche Kostenschere. Einerseits werden seine Einkaufsbedingungen im Vergleich zur großbetrieblichen bzw. Gruppenkonkurrenz relativ schlechter, auf der anderen Seite steigen durch die in der Regel intensive fachhändlerische Funktionserfüllung die Kosten stärker.

Der Wandel in der Rabattpolitik der Hersteller geht häufig einher mit einer Änderung der Vertriebswegepolitik. Während z. B. früher von zahlreichen, meist großen Markenartikelproduzenten nur der sog. Fachhandel beliefert wurde und bestimmte Großbetriebsformen (z. B. Warenhäuser und Versandunternehmen) ausgeschlossen blieben, wird eine solche selektive Absatzpolitik heute kaum noch betrieben. Durch die starke Dominanz der Mengenkomponente in der Rabattgewährung erfolgt nun teilweise sogar eine gewisse Ausschaltung kleiner Betriebe von der Belieferung, nämlich dann, wenn von diesen keine „produktionsgerechten" Aufträge disponiert werden können.

c) *Änderungen im sozio-ökonomischen Datenkranz*

Unter den zahlreichen Veränderungsvorgängen in Wirtschaft und Gesellschaft sind einige von besonders großem Einfluß auf Entwicklungsvorgänge im Handel und damit auch auf die Auslese. Hierbei handelt es sich vor allem um regionale Verschiebungen in der Wohn- und Beschäftigtenstruktur, wie sie sich in der zunehmenden Verdichtung der

Agglomerationen zeigen, die hierdurch bedingten regionalen Veränderungen der Nachfrage, den zunehmenden Motorisierungsgrad sowie die Veränderungen der Verkehrsverhältnisse als Folge des Ausbaus des Wegenetzes und der verstärkten Motorisierung. Regionale Mobilitätsprozesse wie die Land-Stadtwanderung, der Zuzug in Ballungsräume oder auch soziale Positionswechsel innerhalb von Kernstädten stellen Integrationsbestandteile gesellschaftlicher Wandlungsvorgänge wie des Industrialisierungsprozesses und der damit verbundenen Gesellschaftsentwicklung dar. Für den Standortwert der bisherigen Betriebe des Handels und die Entwicklung der Standortstruktur sind diese Vorgänge von entscheidendem Gewicht.

Die Verschiebungen in der Wohn- und Bevölkerungsstruktur lassen sich anhand einiger weniger Daten belegen. Die Bevölkerung hat in den Stadtregionen seit 1950 mehr als doppelt so stark zugenommen wie im gesamten Bundesgebiet. Das Wachstum der Kernstädte hat sich jedoch hierbei stark verlangsamt, teilweise ist sogar ein absoluter Bevölkerungsrückgang eingetreten. Bevorzugtes Ziel des Bevölkerungsstromes waren und sind die zum Einzugsgebiet der großen Städte gehörenden Umlandräume. Diese zunehmende Auskernung der Agglomerationen zu Gunsten einer verstärkten Randwanderung innerhalb der Stadtregionen ist mittlerweile zu einem typischen Symptom des modernen Metropolisierungsprozesses geworden. Während die Bevölkerung in den Kernzonen der Stadtgebiete in den sechziger Jahren nur um rd 2 % zunahm, betrug die Zunahme in den Umlandgemeinden der Stadtregionen über 20 %.

Mit den Wanderungsbewegungen der Bevölkerung stellen sich auch deutliche Differenzierungen in der Haushaltsstruktur ein. Wie Haushaltsprofile zeigen, bestehen besonders markante Unterschiede in der soziologischen Struktur der Haushalte zwischen den Großstädten und den übrigen Siedlungsgebieten. Während in den großen Städten die Ein- bis Zwei-Personen-Haushalte überwiegen, kommt in Gemeinden bis 100 000 Einwohner den Haushalten mit vier und mehr Personen sowie den Zwei-Personen-Haushalten die größte Bedeutung zu.

Die zunehmende Motorisierung belegen die folgenden Zahlen: Die Zahl der Pkw hat sich von gut vier Mill. im Jahre 1960 auf über 16 Mill. Anfang 1973 erhöht. Damit kam Anfang 1973 bereits auf knapp vier Personen ein Pkw gegenüber 12 Personen im Jahre 1960.

Die verstärkte Bildung von Agglomerationsräumen begünstigt die Herausbildung großbetrieblicher Verteilungsformen sowie von Betriebsagglomerationen in diesen Räumen. Die Vergrößerung der Einzugsbereiche als Folge der hohen Anziehungskraft der Agglomerationen verstärkt diese Wirkung noch.

In engem Zusammenhang mit den genannten Vorgängen steht auch die Veränderung der Sozialpsychologie des Käufers hinsichtlich der Wahl seines Einkaufsortes. Mit Erhöhung des Einkommensniveaus, der zunehmenden Mobilität und mit der Vergrößerung der Freizeit wandelt sich die Einkaufstätigkeit immer mehr von einem Vorgang zur Befriedigung des Bedarfes an bestimmten Gütern zu einer Tätigkeit eigenständiger Bedeutung, die teilweise den Gesetzmäßigkeiten des Freizeitverhaltens folgt. Die Häufigkeit des Einkaufs verringert sich, was auch durch bessere Bevorratungsmöglichkeiten sowie durch den veränderten Produktcharakter in Richtung größerer Dauerhaftigkeit ermöglicht wird, wogegen der Zeitaufwand für den einzelnen Einkaufsakt eine Ausweitung erfährt. Der Vergleich der Angebote verschiedener Betriebe, Betriebsformen und Angebotstypen bekommt hierbei zunehmendes Gewicht. Damit wird der Einfluß von Faktoren wie Versorgungslage und Zeitaufwand auf die Wahl des Einkaufsortes relativ geringer gegenüber anderen Determinanten.

Zunehmend bedeutender werden für die Einkaufsorientierung der Konsumenten die Leistungsparameter der Einkaufsstätten, wobei sich je nach dem Anspruchsniveau des Konsumenten Differenzierungen ergeben. Einerseits ist der Verbraucher in zunehmendem Maße bereit, für Dienstleistungen und Bequemlichkeit einen größeren Teil seines verfügbaren Einkommens auszugeben, andererseits entwickelt er bei Massengütern des notwendigen Bedarfs ein wachsendes Preisbewußtsein. Generell bewirkt diese Entwicklung jedenfalls eine Bedeutungszunahme agglomerativer Angebotsformen des Einzelhandels. Der Verbraucher sucht zunehmend das Vollsortiment, den Einkauf „alles unter einem Dach". Diese Entwicklung geht tendenziell zu Lasten von kleineren und mittleren Betrieben in Streulagen, aus denen Kaufkraftabflüsse in die innerstädtischen Zentren sowie in Angebotsagglomerationen außerhalb der Städte stattfinden. Durch die verringerten Umsatzmöglichkeiten in den Streulagen und in Geschäftslagen, in denen keine besonders große Ansammlung von Handels- und Dienstleistungsbetrieben besteht, geraten hier die Betriebe in besonders starkem Maße in den Gefährdungsbereich der Unternehmensexistenz.

3. Endogene Faktoren

a) Rentabilitäts- und Finanzierungssituation

aa) Art und Charakter des Einflusses

Unter den endogenen, d. h. im Bereich des Groß- und Einzelhandels selbst liegenden Einflußfaktoren auf den Ausleseprozeß, kommt der finanzielle Sphäre der Unternehmen insofern eine Sonderstellung zu, als sie nicht auf derselben Ursachenebene angesiedelt ist wie andere Faktoren, sondern in gewisser Weise das Ergebnis des Zusammenwirkens verschiedenster exogener und endogener Faktoren darstellt. So beeinflussen insbesondere die Qualität der Unternehmensführung, die Art der Wettbewerbskonstellation sowie Standortumwertungen die finanzielle Situation der Unternehmen. Der Rentabilitäts- und Finanzierungssituation kommt somit besonderer Indikatorencharakter für die Existenzfähigkeit der Betriebe zu.

Eine schlechte finanzielle und ertragsmäßige Konstitution kann als Primär-Faktor zum Ausscheiden des Unternehmens aus dem Markt führen. Das ist immer dann der Fall, wenn Überschuldung und/oder Illiquidität vorliegen und das betreffende Unternehmen ex lege zur Anmeldung des Konkursverfahrens gezwungen wird bzw. wenn der Inhaber im Vorfeld des Konkurses die Auflösung seines Unternehmens betreibt. Von einer akzessorischen Wirkung auf den Ausleseprozeß kann man dagegen sprechen, wenn sich bei Vorliegen einer unbefriedigenden Rentabilitäts- und Liquiditätssituation in Verbindung mit Tod, schwerer Krankheit oder Erreichen der Altersgrenze des Firmeninhabers kein Nachfolger finden läßt und damit das Fortbestehen eines Unternehmens ernsthaft in Frage gestellt wird.

bb) „Maßgrößen" der Stärke des Einflusses

α) Zahl und Anteil der Insolvenzfälle

Um zu Vorstellungen darüber zu gelangen, welche Bedeutung die finanzielle Sphäre für den Ausleseprozeß im Handel hat, können zunächst einmal die Ergebnisse der amtlichen Insolvenzstatistik herangezogen werden[1]. Das Statistische Bundesamt registrierte im Jahr 1970 im Großhandel 421 und im Einzelhandel 510 Insolvenzfälle (Konkurse ohne Anschlußkonkurse, denen ein eröffnetes Vergleichsverfahren vorangegangen ist, und Vergleichsverfahren). Gemessen an der Gesamtzahl der Firmenabgänge in diesem Jahr — rd. 8000 im Großhandel und rd. 22 000 im Einzelhandel — ist der Anteil der wegen Überschuldung und Zahlungsunfähigkeit ausscheidenden Groß- und Einzelhandelsunternehmen damit relativ gering, (Großhandel 5 %, Einzelhandel 2,5 %). Bemerkenswert ist die Tatsache, daß der Anteil der Insolvenzen an der Gesamtzahl der Firmenabgänge im Großhandel doppelt so groß ist wie im Einzelhandel. Das erklärt sich in erster Linie daraus, daß der Großhandel sein Betriebsvermögen wesentlich riskanter finanziert als der Einzelhandel.

---

[1] Vgl. Statistisches Bundesamt: Fachserie J, Reihe 3, Zahlungsschwierigkeiten.

In der Insolvenzstatistik des Statistischen Bundesamtes ist jedoch nur ein geringer Teil derjenigen Firmen erfaßt, die wegen Finanzierungsschwierigkeiten aus dem Markt ausscheiden. Mehr Aufschluß über die tatsächliche Zahl der aus diesem Grund ausscheidenden Einzelhandelsunternehmen — für den Großhandel liegen keine Ergebnisse vor — liefern Erhebungen einiger Industrie- und Handelskammern über die Beweggründe für die Aufgabe von Einzelhandelsgeschäften. Faßt man sämtliche vorliegenden Kammerergebnisse zusammen, so zeigt sich, daß in den Jahren 1967 bis 1971 zwischen rd. einem Viertel und einem Drittel der befragten Einzelhandelsunternehmer ihr Geschäft wegen Finanzierungsschwierigkeiten oder mangelnder Rentabilität aufgegeben haben.

β) Zusammenhang zwischen der Entwicklung der Rentabilität und der Zahl der Unternehmen

Eine weitere Vorstellung über den Einfluß finanzieller und ertragsmäßiger Gegebenheiten auf den Ausleseprozeß im Einzelhandel gewinnt man durch Gegenüberstellung der Rentabilitätsentwicklung und der Entwicklung der Zahl der Unternehmen.

Tabelle 1

Rentabilität und Zahl der Unternehmen im Einzelhandel

Jahr	Umsatzrentabilität		Kapitalrentabilität		Zahl der Unternehmen[e] (1955 = 100)
	Steuerl. Gewinn[a]	Betriebswirtschaftl. Gewinn[b]	Gewinn[c] in % vom Eigenkapital	Gewinn[d] in % vom Gesamtkapital	
	in % vom Umsatz				
1955	5,7	0,7	8,5	6,3	100
1956	6,0	1,2	12,1	8,1	101,7
1958	6,3	1,3	12,2	8,0	105,9
1960	7,5	2,4	18,8	12,2	107,6
1962	7,5	2,3	17,8	11,9	106,6
1964	7,3	2,3	19,5	12,6	105,4
1966	6,8	1,0	12,2	9,0	103,5
1968	5,1	— 0,2	4,1	4,4	98,5
1970	6,3	0,9	10,9[f]	8,9[f]	94,6

a) Bruttogewinn (einschl. Skontoerträge) abzüglich Fremdhandlungskosten.
b) Steuerlicher Gewinn ohne Unternehmerlohn und Zinsen für Eigenkapital.
c) Steuerlicher Gewinn ohne Unternehmerlohn.
d) Steuerlicher Gewinn ohne Unternehmerlohn einschl. Zinsen für Fremdkapital.
e) Über 12 000 DM Jahresumsatz.
f) Kapitalwerte von 1969.

Quelle: Betriebsvergleichsergebnisse des Instituts für Handelsforschung, Köln, sowie Berechnungen des Ifo-Instituts.

Es läßt sich eine — wenn auch nicht sehr starke — Korrelation zwischen der Rentabilitätsentwicklung und der Entwicklung der Zahl der Einzelhandelsunternehmen erkennen. Dieser Zusammenhang zeigt sich insbesondere bei der Umsatzrendite: Im Zeitraum 1955 bis 1960, in dem die Zahl der Unternehmen leicht gestiegen ist, hat sich die Umsatzrentabilität ebenfalls leicht erhöht. Der Zeitraum nach 1960 ist durch einen permanenten Rückgang der Zahl der Unternehmen gekennzeichnet, der sich in den letzten Jahren spürbar verstärkt hat: Die Umsatzrendite ging ebenfalls zurück, jedoch nur bis 1968; seither ist wieder ein deutlicher Anstieg zu registrieren.

Berücksichtigt man, daß es sich beim Berichtskreis des Instituts für Handelsforschung, Köln, um Facheinzelhandelsgeschäfte gehobener Betriebsgröße handelt (1970: durchschnittlicher Jahresumsatz 1,4 Millionen DM gegenüber rd. 440 000 DM in der Umsatzsteuerstatistik) und daß mit steigender Betriebsgröße auch die Umsatzrentabilität (gemessen am betriebswirtschaftlichen Gewinn) zunimmt, so dürfte die tatsächliche Korrelation zwischen Rentabilität und Zahl der Unternehmen im Einzelhandel enger sein, als sie hier zum Ausdruck kommt. Die Betriebsvergleichsergebnisse für den Großhandel wurden bisher nicht veröffentlicht. Es spricht nichts gegen die Vermutung, daß auch hier eine ähnliche Korrelation vorliegt.

Die genannten Indikatoren lassen somit bereits erkennen, daß den finanziellen Verhältnissen und der Ertragssituation ein wesentliches Gewicht im Rahmen des gesamten, den Ausleseprozeß bestimmenden Kausalitätskomplexes zukommt.

γ) Betriebswirtschaftliche Konstitution der Unternehmen

Zum methodischen Ansatz der Analyse

Um einen tieferen Einblick in die Wirkweise der Finanzierungs- und Ertragsverhältnisse auf den Ausleseprozeß in Groß- und Einzelhandel zu bekommen, ist eine eingehende Analyse notwendig. Es geht hierbei in erster Linie um die Frage, inwieweit die derzeitigen und voraussichtlichen weiteren Ertragsmöglichkeiten im Handel eine tragfähige Basis für eine langfristige Sicherung der Unternehmensexistenz bilden. Eng verknüpft damit ist auch die Frage nach der adäquaten Unternehmensgröße, da grundsätzlich bestimmte Unternehmensgrößen erforderlich sind, um die Erträge zu erwirtschaften, die ein längerfristiges Verbleiben im Markt ermöglichen.

Die Existenzfähigkeit eines Unternehmens ist unter ertragswirtschaftlichen Gesichtspunkten dann als gesichert anzusehen, wenn der erzielte Bruttogewinn ausreicht, sämtliche Fremd-Handlungskosten abzudecken, eine angemessene Eigenkapitalsverzinsung, ein angemessenes Entgelt für die Unternehmertätigkeit sowie — falls das Unternehmen in eigenen Räumen arbeitet — einen angemessenen Mietwert zu gewährleisten. Geht man ferner davon aus, daß die Kapitalintensität im Handel im Zuge der erforderlichen Rationalisierungsmaßnahmen tendenziell zunimmt, daß aus Konkurrenzgründen die Notwendigkeit zur Umsatzexpansion und damit auch zur Ausweitung des Kapitaleinsatzes besteht, und schließlich, daß — bedingt durch die inflationäre Entwicklung — die Abschreibungen auf die Anschaffungswerte nicht mehr ausreichen, um die betriebliche Vermögenssubstanz zu erhalten, so muß neben der Deckung der Fremd-Handlungskosten und der kalkulatorischen Kosten noch ein betriebswirtschaftlicher Gewinn in einer bestimmten Höhe erzielt werden.

Die Frage nach der Mindesthöhe des betriebswirtschaftlichen Gewinns, der erforderlich ist, um die Voraussetzungen für ein markt- und wettbewerbsorientiertes Umsatzwachstum zu schaffen, kann mit Hilfe der Berechnung von Kapitalrenditen beantwortet werden. Geht man davon aus, daß heute praktisch jedes Unternehmen in mehr oder weniger großem Umfang auf Fremdfinanzierung angewiesen ist, und den Eigenkapitalanteil an der Gesamtfinanzierung nicht verringern will, so muß die im Unternehmen erzielte Gesamtkapitalrendite[2] auf jeden Fall ausreichen, um die Zinsen für das in Anspruch genommene Fremdkapital zu erwirtschaften.

Neben der Gesamtkapitalrentabilität spielt auch die Höhe der Eigenkapitalrentabilität für die Beantwortung der anstehenden Fragen eine Rolle. Es ist zu prüfen, inwieweit das im Handel eingesetzte Eigenkapital unter Rendite- und Risikogesichtspunkten mit anderen Formen der langfristigen Kapitalanlage konkurrieren kann.

Die Ertragssituation im Einzelhandel

Insgesamt

Als Materialbasis für eine derartige Analyse müssen wiederum die Betriebsvergleichsergebnisse des Instituts für Handelsforschung, Köln, herangezogen werden. Danach hat der Facheinzelhandel — mit Ausnahme von 1968 — in allen zurückliegenden Jahren seit 1950 ein positives betriebswirtschaftliches Ergebnis erzielt. Der „Gewinneinbruch" im Jahre 1968 war weitgehend durch die Umstellung der Allphasen-Umsatzsteuer auf die Mehrwertsteuer bedingt[3]. Seit 1968 hat sich die Ge-

---

[2] Steuerlicher Gewinn abzüglich Unternehmerlohn, aber einschließlich Zinsen für Fremdkapital, in % der Bilanzsumme.

[3] Vgl. Meyerhöfer, W.: Facheinzelhandel in den „roten Zahlen", in: Ifo-Schnelldienst, Nr. 1/2 vom 9. 1. 1970, S. 5 ff.

winnsituation des Facheinzelhandels deutlich gebessert. Im Jahre 1971 wurde ein betriebswirtschaftlicher Gewinn in Höhe von 1,4 % vom Umsatz erwirtschaftet.

Dieser betriebswirtschaftliche Gewinn muß um die in der konsolidierten Einzelhandelsbilanz ausgewiesenen Scheingewinne bereinigt werden. Legt man die vom Ifo-Institut im Rahmen des Investitionstests für den Einzelhandel ermittelte Investitionsquote in Höhe von 2,2 % vom Umsatz (1971) zugrunde und berücksichtigt, daß nur bei dem mit Eigenkapital finanzierten Teil, also bei rd. der Hälfte der jährlichen Investitionen, das Problem der Scheingewinne akut wird, so ist — selbst bei einer angenommenen jährlichen Teuerungsrate für die Investitionsgüter in Höhe von 10 % — der Scheingewinn nur mit rd. 0,1 % vom Umsatz zu beziffern. Der echte betriebswirtschaftliche Gewinn betrug somit — unterstellt man die genannte Teuerungsrate — 1971 rd. 1,3 % vom Umsatz. Addiert man zu dieser Gewinngröße die Zinsen für das in Anspruch genommene Eigen- und Fremdkapital (1,3 % vom Umsatz), so erhält man diejenige Größe, die dem gesamten Betriebskapital[4] gegenübergestellt werden muß, um die Gesamtkapitalrentabilität zu erhalten. Sie beläuft sich unter Zugrundelegung der Kapitalwerte von 1969 — neuere Zahlen liegen noch nicht vor — auf 9,5 %.

Dieser durchschnittlich erzielten Gesamtkapitalrendite ist die effektive Belastung des Facheinzelhandels mit Fremdkapitalkosten — ebenfalls ausgedrückt in einem Jahressatz — gegenüberzustellen. Exakte Zahlen hierüber liegen nicht vor. Stellt man die vom Facheinzelhandel im Jahre 1971 bezahlten Fremdkapitalzinsen (einschl. Nebenkosten des Finanz- und Geldverkehrs) in Höhe von 0,7 % vom Umsatz dem in Anspruch genommenen Fremdkapital in Höhe von 8,3 %[5] (1969) vom Umsatz gegenüber, so errechnet sich ein durchschnittlicher Fremdkapitalzinssatz von 8,3 %. Dem Facheinzelhandel ist es damit im Jahre 1971 — im Durchschnitt betrachtet — gelungen, die Fremdkapitalzinsen zu verdienen. Von der Ertragsseite her dürften somit im Berichtsjahr keine nennenswerten Restriktionen auf das Umsatzwachstum ausgegangen sein, wenngleich die Zahlen darauf hindeuten, daß das bisherige Umsatzwachstum den Eigenfinanzierungsspielraum weitgehend ausschöpft. Ein stärkeres Umsatzwachstum und vor allem eine verstärkte Rationalisierungstätigkeit ließen sich im wesentlichen nur über eine Ausweitung der Fremdkapitalquote, die im Jahre 1969 rd. 46 % betrug, finanzieren. Wegen der unterschiedlichen Ertragssituation und Kapitalstruktur in Abhängigkeit von der Betriebsgröße ist zu vermuten, daß — im Durchschnitt betrachtet

---

[4] Vereinfachend wird bei der Berechnung die Bilanzsumme verwendet.

[5] Ohne Schulden aus Warenlieferungen und Leistungen. Die Zinskosten für den offenen Buchkredit der Lieferanten sind in dem Skontoentgang zu sehen, der in der G + V-Rechnung buchungsmäßig keinen Niederschlag findet.

Entwicklung der Gesamtkapitalrentabilität und des Fremdkapitalzinssatzes des Facheinzelhandels

Abb. 1

in den Jahren 1954 - 1972

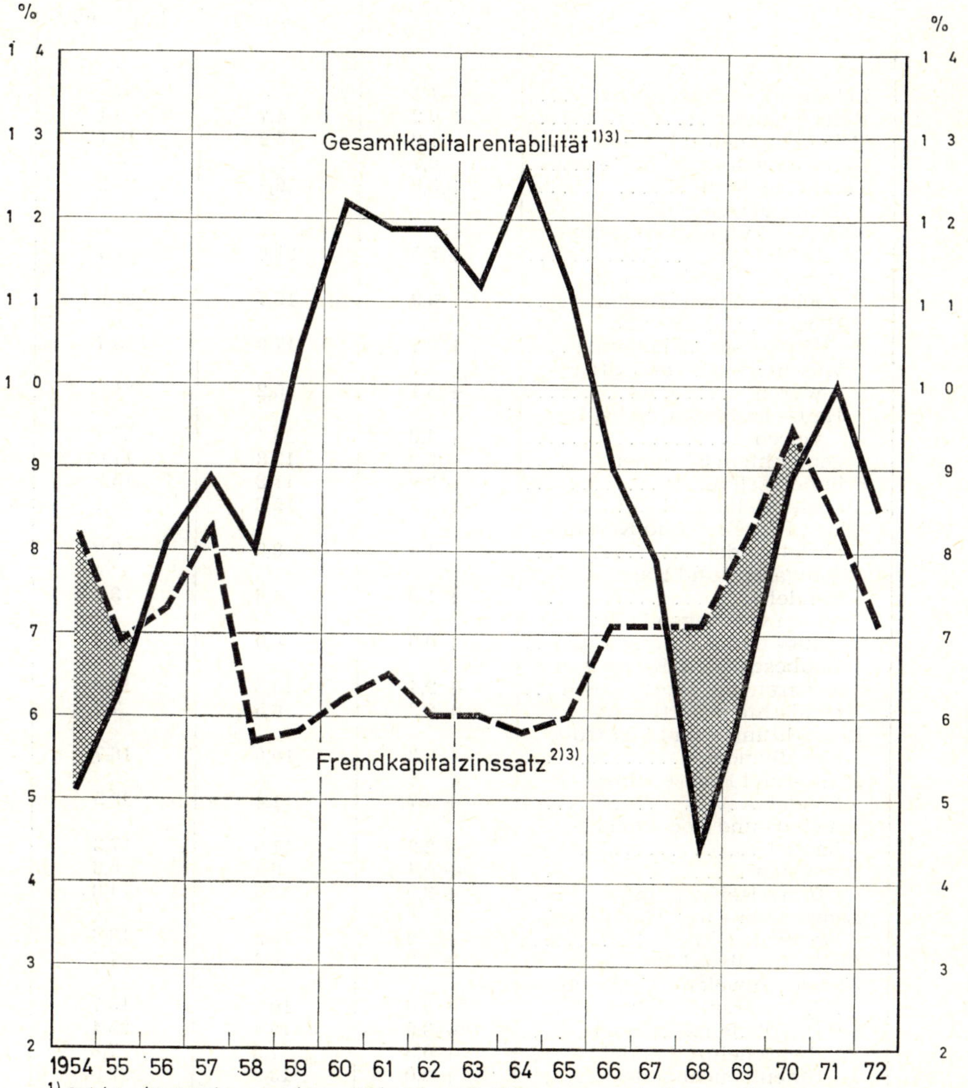

1) Betriebswirtschaftliches Betriebsergebnis + Zinsen für Eigen- u. Fremdkapital in % der Bilanzsumme.
2) Zinsen für Fremdkapital in % des Fremdkapitals (ohne Schulden aus Warenlieferungen u. Leistungen).
3) 1970 bis 1972: Kapitalwerte von 1969.

Quelle: Berechnungen des Ifo-Instituts aufgrund von Betriebsvergleichsergebnissen des Instituts für Handelsforschung an der Universität zu Köln.

IFO-INSTITUT für Wirtschaftsforschung München 240/73

Tabelle 2

Umsatz- und Kapitalrentabilität des Facheinzelhandels

nach Fachzweigen im Jahre 1971

Fachzweig	Betriebswirtschaftlicher Gewinn[a] in % vom Umsatz	Gewinn[b] in % vom Gesamtkapital[d]	Gewinn[c] in % vom Eigenkapital[d]
Lebensmitteleinzelhandel	— 1,1	—	—
Reformhäuser	+ 0,2	4,7	6,1
Tabakwareneinzelhandel	+ 1,2	15,2	19,1
Gemischtwarengeschäfte	— 0,7	2,5	—
Textileinzelhandel	+ 3,8	16,5	24,2
davon vorwiegend mit:			
Herren- und Knabenoberbekleidung	+ 5,5	21,6	31,7
Damen-, Mädchen- und Kinderoberbekleidung	+ 3,9	18,7	27,9
Herren-, Damen- und Kinderoberbekleidung	+ 3,7	17,0	23,7
Wäsche, Wirk- und Strickwaren	+ 3,1	15,2	21,5
Haus- und Bettwäsche, Bettwaren	+ 4,8	20,4	35,4
gemischtem Sortiment	+ 2,9	12,8	17,6
Schuheinzelhandel	+ 2,9	11,8	15,7
Möbeleinzelhandel	+ 4,3	15,6	24,4
Glas-, Porzellan und Keramikeinzelhandel	+ 1,4	8,5	9,9
Eisenwaren- und Hausrathandel	+ 1,0	4,6	3,3
davon vorwiegend mit:			
Haus- und Küchengeräten	+ 0,5	6,0	5,8
Baubeschlägen, Kleineisenwaren und Werkzeugen	+ 2,4	10,5	16,8
gemischtem Sortiment	+ 0,3	6,5	7,7
Beleuchtungs- und Elektroeinzelhandel	+ 2,3	10,0	16,7
Radio- und Fernseheinzelhandel	+ 2,7	11,4	23,5
Tapeten- und Bodenbelaghandel	+ 2,2	11,0	17,3
Drogerien	+ 0,4	6,3	6,6
Parfümerieeinzelhandel	+ 3,0	13,8	14,8
Lederwaren- und Galanteriewareneinzelhandel	+ 3,2	15,3	18,6
Photoeinzelhandel[e]	+ 3,5	16,4	27,4
Uhren-, Juwelen-, Gold- und Silberwareneinzelhandel	+ 3,6	10,7	15,7
Sportartikeleinzelhandel	+ 3,5	16,4	25,4
Spielwareneinzelhandel	+ 0,8	7,8	7,8
Sortimentsbuchhandel	+ 2,0	13,3	22,0
Papier-, Bürobedarf- und Schreibwareneinzelhandel	+ 1,0	8,3	9,8
Büromaschinen-, Büromöbel- und Organisationsmitteleinzelhandel	+ 3,4	17,6	37,5
Blumenbindereien	+ 0,8	14,9	25,0

— eine überproportionale Ausweitung der Fremdfinanzierung rasch auf Kapitalbeschaffungsschwierigkeiten stoßen würde.

Wie Abb. 1 erkennen läßt, ist die Ertragssituation des Facheinzelhandels für die zurückliegenden Jahre seit 1954 unterschiedlich zu beurteilen. Während im Zeitraum 1958 bis 1966 die Gesamtkapitalrentabilität z. T. beträchtlich über dem durchschnittlichen Zinssatz für Fremdkapital lag und damit Umsatzwachstum und finanzielle Konsolidierung von der Ertragsseite her im allgemeinen nicht behindert waren, konnten zu Beginn der fünfziger Jahre und insbesondere im Zeitraum 1967 bis 1970 die Fremdkapitalzinsen nicht verdient werden.

Das Bild einer unter betriebswirtschaftlichen Gesichtspunkten derzeit „gerade noch als ausreichend“ zu bezeichnenden Ertragssituation des Facheinzelhandels im Jahre 1971 wird gestützt durch die Analyse der Eigenkapitalrentabilität. Im Jahre 1971 verzinste sich das im Facheinzelhandel investierte Eigenkapital mit 13,6 % (Kapitalwerte von 1969). Dieser Berechnung liegen Bilanzwerte zu Grunde, die im Grundstücks- und Gebäudevermögen z. T. beachtliche stille Reserven beinhalten dürften. Es kann deshalb angenommen werden, daß eine auf Verkehrswerten basierende Berechnung einen geringeren Wert ergeben würde. Stellt man die Eigenkapitalrendite einmal derjenigen Rendite gegenüber, die die im Betrachtungszeitraum aus festverzinslichen Wertpapieren zu erzielen war, und berücksichtigt man hierbei auch die unterschiedliche Risikosituation und Mobilität beider Anlageformen, so erscheint der Kapitaleinsatz im Einzelhandel nicht besonders attraktiv.

Diese Renditeberechnungen vermitteln insgesamt den Eindruck, daß die derzeitige Ertragskraft des Facheinzelhandels im Durchschnitt an der betriebswirtschaftlich vertretbaren Untergrenze liegt.

Nach Fachzweigen

Gelangt man bei einer Durchschnittsbetrachtung schon zu dem Ergebnis, daß die Erträge an der betriebswirtschaftlich vertretbaren Unter-

---

a) Steuerliches Betriebsergebnis ohne Unternehmerlohn und Zinsen für Eigenkapital.
b) Steuerlicher Gewinn ohne Unternehmerlohn einschließlich Zinsen für Fremdkapital.
c) Steuerlicher Gewinn ohne Unternehmerlohn.
d) Werte von 1969.
e) Die Zahl der berichtenden Betriebe liegt unter 40.

Quelle: Sundhoff, E. (Hrsg.): Die Produktivitäts- und Rentabilitätsentwicklung der Einzelhandelsfachgeschäfte in den Jahren 1949 bis 1969, Nr. 49 der Schriften zur Handelsforschung, Göttingen 1973, Tabellen 40 und 41; Bericht über die Ergebnisse des Betriebsvergleichs des Einzelhandels im Jahre 1971, in: Mitteilungen des Instituts für Handelsforschung an der Universität zu Köln, Heft Nr. 9, 1972, S. 89 ff. sowie Berechnungen des Ifo-Instituts.

grenze liegen, so bedeutet das, daß die Erträge eines Teils des Facheinzelhandels im Sinne einer längerfristigen Existenzerhaltung als nicht ausreichend angesehen werden müssen. Das Betriebsvergleichsmaterial des Instituts für Handelsforschung, Köln, erlaubt eine Differenzierung der Ertragssituation nach Fachzweigen und — mit Einschränkungen — nach Größenklassen. Hierdurch ist es möglich, den Kreis der Unternehmen mit unzureichenden Erträgen näher zu bestimmen.

Mit Ausnahme des Lebensmitteleinzelhandels und der Gemischtwarengeschäfte wurde 1971 in allen Fachzweigen ein betriebswirtschaftlicher Gewinn erwirtschaftet, der allerdings von Fachzweig zu Fachzweig erhebliche Unterschiede aufweist. Die größten betriebswirtschaftlichen Gewinnspannen wurden in den Fachzweigen Herren- und Knabenoberbekleidung, Haus- und Bettwäsche sowie Bettwaren, Möbel und bei Damen-, Mädchen- und Kinderoberbekleidung erzielt, während die Reformhäuser, die Eisenwaren- und Hausratgeschäfte mit gemischtem Sortiment, die Drogerien, der Spielwareneinzelhandel sowie der Facheinzelhandel mit Haus- und Küchengeräten im Durschnitt nur einen betriebswirtschaftlichen Gewinn von unter einem Prozent vom Umsatz aufzuweisen hatte. Im Lebensmitteleinzelhandel und bei den Gemischtwarengeschäften reichte der erzielte Bruttogewinn nicht aus, um neben den Fremdhandlungskosten einen Unternehmerlohn und eine Verzinsung des Eigenkapitals zu erwirtschaften. Gelingt es in diesen Branchen nicht, die Ertragslage in absehbarer Zeit wesentlich zu verbessern, so wird sich das Auslesetempo hier noch beschleunigen.

Unter dem Gesichtspunkt der Existenzfähigkeit auf längere Sicht sind insbesondere Unternehmen aus jenen Fachzweigen gefährdet, deren Gesamtkapitalrendite im Durchschnitt kleiner als 10 % ist, auch wenn ein positives betriebswirtschaftliches Betriebsergebnis erzielt wird. Hier kann angenommen werden, daß die Ertragskraft des überwiegenden Teils der Unternehmen nicht ausreicht, um den Zinsendienst für das Fremdkapital bestreiten zu können. Das in Anspruch genommene Fremdkapital zehrt in diesen Fällen am Eigenkapital. Unter diesen Aspekten muß insbesondere die Ertragssituation der Reformhäuser, Drogerien und der Fachzweige Eisenwaren und Hausrat, Spielwaren sowie Papier, Bürobedarf und Schreibwaren im Durchschnitt als unzureichend angesehen werden. An der Zahl der Einzelhandelsunternehmen gemessen hatten die Fachzweige mit einer im Durchschnitt unter der 10 %-Marke liegenden Gesamtkapitalrentabilität im Jahre 1971 einen Anteil von knapp 60 %.

Nach Unternehmensgrößenklassen

Wesentlich komplizierter als die Beurteilung der Ertragssituation des Facheinzelhandels nach Fachzweigen ist diejenige nach der Unterneh-

Abb. 2

Rentabilitätssituation des Facheinzelhandels nach Fachzweigen[1] im Jahre 1971

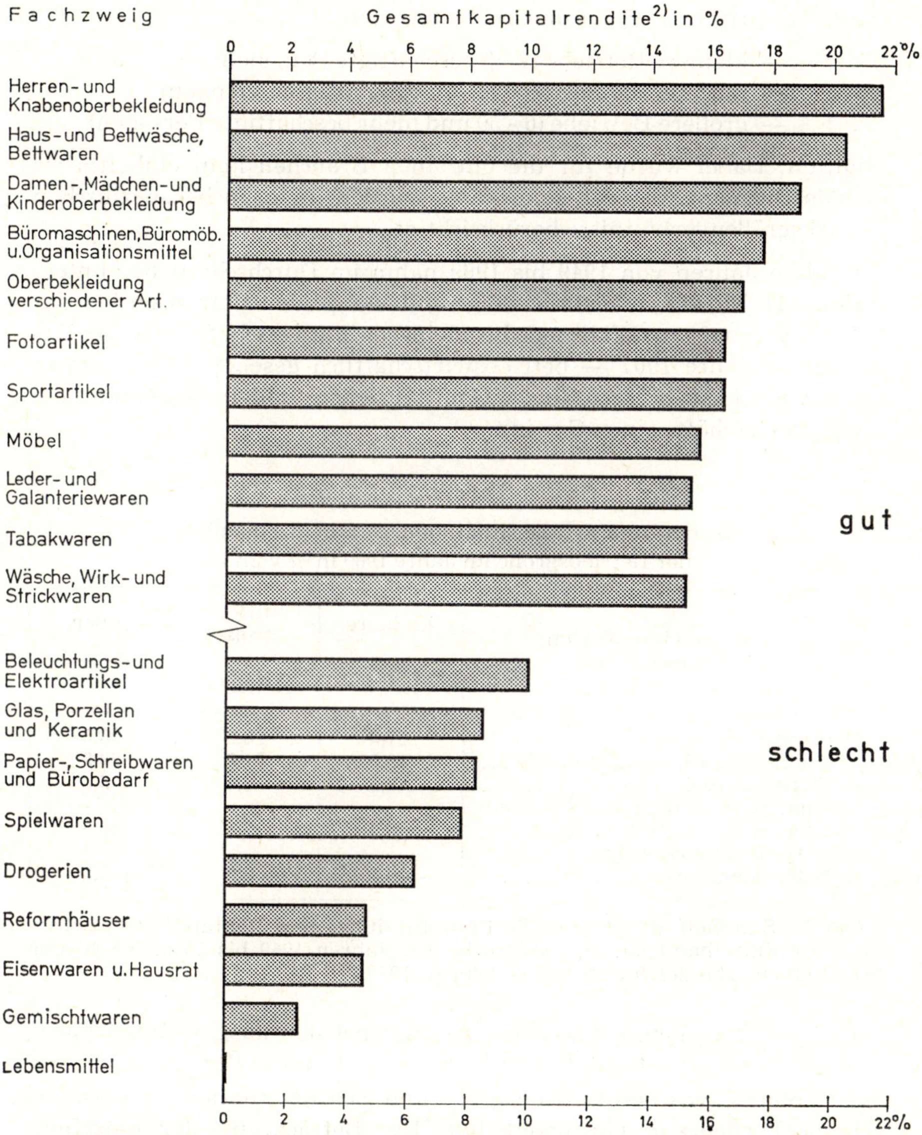

[1]) In das Schaubild wurden nur diejenigen Fachzweige aufgenommen, deren Gesamtkapitalrentabilität als gut (> 15 %) bzw. als schlecht (< 10 %) zu beurteilen ist.

[2]) Steuerlicher Gewinn ohne Unternehmerlohn, aber einschl. Zinsen für Fremdkapital, in % der Bilanzsumme.

Quelle: Berechnungen des Ifo-Instituts nach Unterlagen des Instituts für Handelsforschung an der Universität zu Köln.

IFO-INSTITUT für Wirtschaftsforschung München 241/73

mensgröße. Das Institut für Handelsforschung, Köln, hat nur einige relevante Daten für 11 Branchen nach ausgewählten Größenklassen für die Jahre 1949 bis 1969 veröffentlicht[6]. Das betriebswirtschaftliche Betriebsergebnis wurde hierbei für die drei Kategorien

— kleinere Betriebe (2 - 5 beschäftigte Personen)
— mittelgroße Betriebe (4 - 20 beschäftigte Personen)
— größere Betriebe (6 - 50 und mehr beschäftigte Personen)

ermittelt. Dabei wurde für die einzelnen Branchen kein einheitliches Größenschema verwendet, sondern es wurden die branchenspezifischen Betriebsgrößenverhältnisse berücksichtigt.

In allen Jahren von 1949 bis 1969 nahm im Durchschnitt der untersuchten 11 Einzelhandelsfachzweige mit steigender Betriebsgröße das Betriebsergebnis zu. Während die kleineren Fachgeschäfte seit der Rezession im Jahre 1967 — betriebswirtschaftlich gesehen — mit einem Verlust abschlossen, erzielten die mittelgroßen und insbesondere die größeren Geschäfte einen Gewinn.

Tabelle 3

Kosten- und Ertragssituation des Facheinzelhandels
nach der Betriebsgröße im Jahre 1969 in % vom Umsatz

Bruttogewinn, Kosten Betriebsergebnis	kleinere	mittel-große	größere
	Betriebe		
Bruttogewinn	27,3	28,2	28,8
⁒ Fremd-Handlungskosten	19,5	21,8	23,5
= Steuerlicher Gewinn	7,8	6,4	5,3
⁒ kalk. Kosten (Unternehmerlohn und Zinsen für Eigenkapital)	8,5	5,5	3,5
= Betriebswirtschaftliches Betriebsergebnis	— 0,7	+ 0,9	+ 1,8

Quelle: Sundhoff, E. (Hrsg.): Die Produktivitäts- und Rentabilitätsentwicklung der Einzelhandelsfachgeschäfte in den Jahren 1949 bis 1969, Nr. 49 der Schriften zur Handelsforschung, Göttingen 1973.

Es kann angenommen werden, daß der bei den ausgewählten Fachzweigen und Beschäftigtengrößenklassen festgestellte direkte Zusammenhang zwischen Betriebsgröße und Ertragssituation im Facheinzelhandel generelle Gültigkeit hat. Bei Betrachtung der einzelnen

[6] Vgl. Sundhoff, E. (Hrsg.): Die Produktivitäts- und Rentabilitätsentwicklung, ders.: Umsatz, Kosten, Spannen und Gewinn des Einzelhandels in der BRD in den Jahren 1967, 1968 und 1969, Nr. 48 der Schriften zur Handelsforschung, Göttingen 1972.

Gewinnkomponenten zeigt sich allerdings, daß die Überlegenheit der größeren Betriebe ausschließlich auf die im Vergleich zu den kleineren Geschäften wesentlich geringere Belastung mit den kalkulatorischen Kosten Unternehmerlohn und Zinsen für Eigenkapital zurückzuführen ist. Der Anteil der Fremdhandlungskosten am Umsatz nimmt dagegen mit steigender Betriebsgröße zu, der Anstieg wird durch die leichte Erhöhung der Betriebshandelsspanne nur zum Teil kompensiert.

Die mit steigender Betriebsgröße zunehmende Kostenspanne im Facheinzelhandel hängt einmal mit der im allgemeinen intensiveren Funktionserfüllung der größeren Geschäfte zusammen, zum anderen damit, daß diese Geschäfte vielfach von einem Geschäftsführer geleitet werden, dessen Gehalt in den Fremdpersonalkosten enthalten ist. Der nach Größenklassen stark unterschiedliche Anteil des Unternehmerlohnes am Umsatz ist außerdem eine Folge davon, daß der Unternehmerlohn mit steigender Betriebsgröße nicht im gleichen Maße zunimmt wie der Umsatz. Schließlich darf nicht übersehen werden, daß die kleinen Geschäfte ihr Betriebsvermögen in der Regel zu einem höheren Anteil mit Eigenkapital finanzieren als die größeren, wodurch sich eine relativ höhere Belastung mit Eigenkapitalzinsen ergibt. Festzuhalten bleibt, daß sich eine günstigere Ertragssituation der größeren Fachgeschäfte nur bei betriebswirtschaftlicher Betrachtungsweise zeigt, ein Tatbestand, der bei der weiteren Analyse von wesentlicher Bedeutung ist.

Die Berechnung von Kapitalrenditen für die in den drei Größenkategorien zusammengefaßten Einzelhandelsunternehmen stößt insofern auf Schwierigkeiten, als die zur Berechnung benötigten Daten (Zinsen für Eigenkapital und Fremdkapital, Eigenkapital und Bilanzsumme) nicht entsprechend aufgegliedert vorliegen. Verwendet man hilfsweise die Durchschnittsergebnisse für den gesamten Facheinzelhandel, so errechnen sich für 1969 überschlägig folgende Kapitalrenditen:

	Gesamtkapitalrentabilität (%)	Eigenkapitalrentabilität (%)
kleinere Betriebe	3,0	0,7
mittelgroße Betriebe	8,9	11,6
größere Betriebe	12,2	17,7

Geht man wiederum von der Annahme aus, daß mindestens eine Gesamtkapitalrendite von 10 % vorliegen muß, um die Existenzfähigkeit eines Unternehmens von der finanziellen Seite her auf längere Sicht zu gewährleisten, so wird deutlich, daß die Ertragssituation der kleineren Fachgeschäfte des Einzelhandels mit weniger als fünf Beschäftigten im Durchschnitt als völlig unzureichend angesehen werden muß. Selbst bei mittelgroßen Betrieben liegt die durchschnittliche Gesamtkapitalrendite noch unter der 10 %-Marke. Erst die größeren Fachgeschäfte erzielen im allgemeinen eine ausreichende Rendite. Nimmt man an, daß — wie von Menge festgestellt[7] — die kleineren Fachgeschäfte in Relation zum Umsatz mehr Kapital einsetzen als die größeren, so sind die Diskrepanzen bei den Kapitalrenditen zwischen kleineren und größeren Geschäften noch wesentlich größer.

Bei der Beurteilung der Zahlen ist noch zu berücksichtigen, daß sich die Ertragslage des Facheinzelhandels seit 1969 erheblich verbessert hat. So lag der durchschnittlich erzielte betriebswirtschaftliche Gewinn 1971 bei 1,4 % vom Umsatz gegenüber nur 0,1 % im Jahre 1969. Andererseits ist zu vermuten, daß es sich bei den am Betriebsvergleich Beteiligten um überdurchschnittlich gut situierte Unternehmen handelt.

Unter Abwägung all dieser nicht quantifizierbaren Einflüsse gelangt man zu der Auffassung, daß heute die Mehrzahl der kleinen Fachgeschäfte des Einzelhandels — betriebswirtschaftlich gesehen — unzureichende Erträge erwirtschaftet und bereits ein Großteil der mittelgroßen Fachgeschäfte an der Ertragsschwelle liegt. Nur die größeren und großen Geschäfte erwirtschaften im Durchschnitt Erträge, die die Existenzerhaltung auf längere Sicht gewährleisten.

Nach Fachzweigen ist die Ertragslage in den einzelnen Größenklassen z. T. sehr unterschiedlich. Die kleineren Fachgeschäfte (2 - 5 Beschäftigte) schließen in den meisten Fachzweigen mit einem betriebswirtschaftlichen Verlust ab. Lediglich die kleineren Möbel-, Schuh- und Strickwarengeschäfte konnten im Jahre 1969 ein positives betriebswirtschaftliches Ergebnis erzielen. Die mittelgroßen Geschäfte verzeichneten 1969 bei der Mehrzahl der Fachzweige einen betriebswirtschaftlichen Gewinn. Im Lebensmitteleinzelhandel, im Glas-, Porzellan- und Keramikeinzelhandel sowie — in geringem Maße — im Eisenwaren- und Hausrathandel lagen jedoch auch die mittelgroßen Fachgeschäfte noch im „Minusbereich". Die größeren Geschäfte konnten dagegen 1969 in allen Fachzweigen im Durchschnitt ein positives betriebswirtschaftliches Ergebnis, wenn auch sehr unterschiedlicher Höhe, erwirtschaften.

Errechnet man die Gesamtkapitalrentabilität für die einzelnen Größenklassen der untersuchten Fachzweige, so zeigt sich, daß von den kleineren Fachgeschäften lediglich die Wäsche-, Wirk- und Strickwarengeschäfte über der 10 %-Marke liegen, also unter betriebswirtschaft-

[7] Vgl. Menge, R.: Allgemeine Finanzierungsgrundsätze und ihr Wandel, in: Jahrbuch 1972 der Betriebswirtschaftlichen Beratungsdienste für den Einzelhandel, Köln 1972, S. 77 ff.; Meyerhöfer, W.: Finanzierungsverhältnisse im Großhandel, Nr. 16 der Studien zu Handelsfragen, Ifo-Institut, München 1970, S. 10 ff.

Tabelle 4

Umsatz- und Gesamtkapitalrendite des Facheinzelhandels

nach ausgewählten Fachzweigen und Größenklassen im Jahre 1969

Fachzweig	Betriebswirtschaftlicher Gewinn[a)] in % vom Umsatz			Gewinn[b)] in % vom Gesamtkapital		
	kleinere	mittelgroße	größere	kleinere	mittelgroße	größere
	Betriebe					
Lebensmittel ..	— 2,8	— 1,1	+ 0,1	—	—	6,2
Drogerieartikel	— 1,6	+ 0,2	+ 1,6	0,3	5,1	10,2
Textilien insgesamt ...	+ 0,5	+ 2,0	+ 3,3	8,1	11,3	13,9
Wäsche, Wirk- und Strickwaren	+ 1,3	+ 2,0	+ 2,0	10,8	11,8	11,5
gemischtes Sortiment	— 0,7	+ 1,2	+ 2,6	7,0	8,5	10,5
Schuhe	+ 0,9	+ 1,3	+ 1,0	7,4	7,7	7,0
Möbel	+ 1,6	+ 3,4	+ 2,7	9,9	13,8	11,4
Glas-, Porzellan- u. Keramikwaren ..	— 1,9	— 1,1	+ 1,4	1,2	3,2	8,1
Eisenwaren und Hausrat .	— 1,9	— 0,2	+ 1,0	1,0	4,1	6,5
Papier-, Bürobedarf und Schreibwaren	— 1,2	+ 0,9	+ 2,3	1,7	8,3	11,9
Bücher	— 0,4	+ 1,0	+ 1,6	2,6	9,9	10,7

a) Steuerlicher Gewinn ohne Unternehmerlohn und Zinsen für Eigenkapital.
b) Steuerlicher Gewinn ohne Unternehmerlohn einschl. Zinsen für Fremdkapital.

Quelle: Berechnungen des Ifo-Instituts anhand von Betriebsvergleichsergebnissen des Instituts für Handelsforschung, Köln.

lichen Gesichtspunkten eine ausreichende Rendite erwirtschaften. Von den mittelgroßen Fachgeschäften ist — unter Zugrundelegung der im Rahmen dieser Analyse getroffenen Annahmen — lediglich dem Textil- und Möbelfachhandel eine ausreichende Ertragskraft zu attestieren. Berücksichtigt man allerdings, daß sich die Ertragslage seit 1969 im Facheinzelhandel wesentlich gebessert hat, so dürfte diese Feststellung auch noch für weitere Branchen zutreffen. Bemerkenswert ist ferner die Tatsache, daß im Jahre 1969 in immerhin vier der untersuchten Branchen größere Fachgeschäfte eine durchschnittliche Gesamtkapitalrentabilität von weniger als 10 % erzielten.

Um eine Vorstellung davon zu bekommen, bei welcher Umsatzgröße im Einzelhandel in etwa die Rentabilitätsschwelle liegt, d. h. die Umsatzgrenze, bei deren Unterschreitung die Unternehmensexistenz erheb-

Abb. 3

Ertragssituation des Facheinzelhandels
nach Betriebsgrößen und ausgewählten Fachzweigen im Jahre 1969

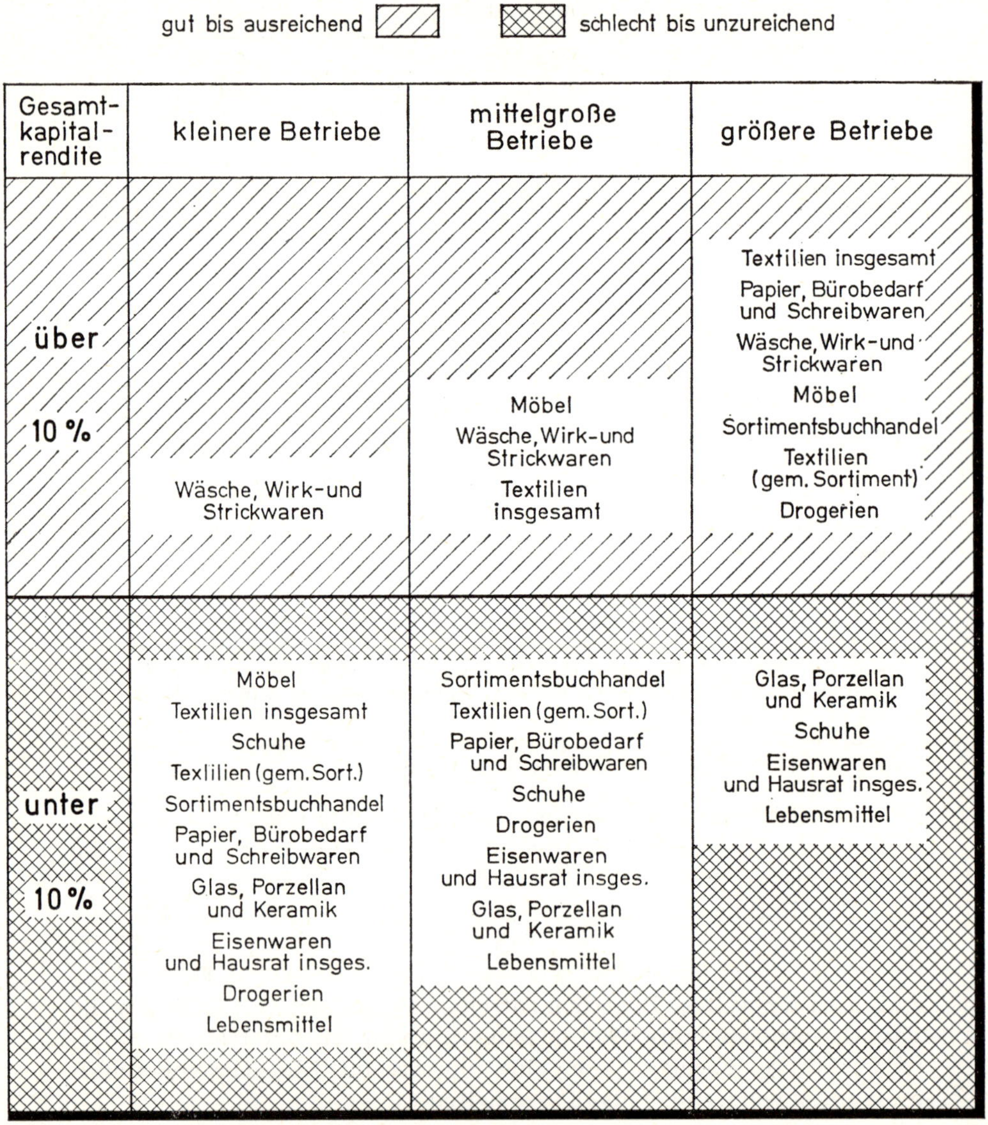

Quelle: Berechnungen des Ifo-Instituts anhand von Betriebsvergleichsergebnissen des Instituts für Handelsforschung an der Universität zu Köln.

IFO-INSTITUT für Wirtschaftsforschung München 239/73 ifo

lich gefährdet ist, und um denjenigen Firmenanteil abschätzen zu können, der unterhalb dieser Rentabilitätsschwelle liegt, ist es erforderlich, die Personengrößenklassen in Umsatzgrößenklassen zu überführen. Das kann anhand des vorliegenden Materials nur in der Weise geschehen, daß der vom Institut für Handelsforschung für die Personengrößenklassen ausgewiesene Umsatz je beschäftigte Person mit dem arithmetischen Mittel aus der in der jeweiligen Personengrößenklasse niedrigsten und höchsten Zahl der Beschäftigten je Unternehmen multipliziert wird. Der so errechnete Durchschnittsumsatz je Unternehmen und Personengrößenklasse kann naturgemäß nur als Annäherungsgröße für den effektiv erzielten Durchschnittsumsatz verstanden werden. Das gilt insbesondere für die mittelgroßen und vor allem die größeren Geschäfte, da hier die Betriebsgrößen beachtliche Unterschiede aufweisen und die zur Berechnung herangezogenen Durchschnitts-Beschäftigtenzahlen vom arithmetischen Mittelwert erheblich abweichen können. Aus diesem Grunde wurde auf eine rechnerische Darstellung des Durchschnittsumsatzes der größeren Fachgeschäfte verzichtet.

Der errechnete Durchschnitts-Jahresumsatz der kleineren Fachgeschäfte lag 1969 bei rd. 270 000 DM, der der mittelgroßen Fachgeschäfte bei rd. 800 000 DM. Da — wie festgestellt wurde — diese Betriebe des Facheinzelhandels an der Rentabilitätsschwelle liegen, ist somit die Umsatzschwelle für eine betriebswirtschaftlich ausreichende Gewinnerzielung bei etwa 800 000 DM zu sehen.

Überträgt man diesen Wert auf die Ergebnisse der Umsatzsteuerstatistik, in der die Zahl der steuerpflichtigen Einzelhandelsunternehmen nach Umsatzgrößenklassen ausgewiesen ist, so zeigt sich, daß die Rentabilitätsschwelle in der Größenklasse 500 000 DM bis 1 Mill. DM Jahresumsatz liegt und damit über vier Fünftel sämtlicher Einzelhandelsunternehmen in der BRD nicht die Rentabilitätsvoraussetzungen erfüllt, die bei Anwendung eines strengen betriebswirtschaftlichen Maßstabes unter dem Aspekt der längerfristigen Substanzerhaltung erfüllt sein müßten.

Zu einem ähnlichen Resultat gelangt man, wenn man die Ergebnisse der Kostenstrukturerhebungen des Statistischen Bundesamtes für 1969 heranzieht. In dieser Zählung ist das steuerliche Betriebsergebnis der verschiedenen Einzelhandelsfachzweige nach Umsatzgrößenklassen ausgewiesen. Bereinigt man dieses Betriebsergebnis um die kalkulatorischen Kostenarten Unternehmerlohn und Zinsen für Eigenkapital, wie sie vom Institut für Handelsforschung in Ansatz gebracht werden, so erhält man für die einzelnen Fachzweige das nach Umsatzgrößenklassen gegliederte betriebswirtschaftliche Betriebsergebnis in % vom Umsatz.

Tabelle 5: **Durchschnittsumsatz der kleineren und mittelgroßen Einzelhandelsfachgeschäfte**

nach Fachzweigen im Jahre 1969

Fachzweig	Kleinere Geschäfte			Mittelgroße Geschäfte		
	Durchschnittl. Zahl der beschäftigten Personen[a] je Unternehmen	Umsatz je beschäftigte Person in 1000 DM	Durchschnittl. Umsatz je Unternehmen in 1000 DM	Durchschnittl. Zahl der beschäftigten Personen[a] je Unternehmen	Umsatz je beschäftigte Person in 1000 DM	Durchschnittl. Umsatz je Unternehmen in 1000 DM
Lebensmittel	2,5	113,0	283	4,5	116,4	524
Drogerieartikel	2,5	74,7	187	4,5	65,9	297
Textilien insgesamt	3,5	77,7	272	12,5	77,5	969
darunter:						
Wäsche, Wirk- und Strickwaren	4,5	70,1	316	7,5	72,6	545
Gemischtes Sortiment	3,5	70,3	246	12,5	70,6	883
Schuhe	4,5	65,7	296	7,5	69,0	518
Möbel	3,5	116,0	406	7,5	132,9	997
Glas-, Porzellan- und Keramikwaren	3,5	66,7	234	7,5	63,1	473
Eisenwaren und Hausrat	3,5	69,3	243	12,5	80,9	1 011
Papier-, Bürobedarf und Schreibwaren	3,5	65,9	231	7,5	67,2	504
Bücher	3,5	88,8	311	7,5	77,7	583
Insgesamt	3,4	79,8	273	10,0	81,3	816

a) Arithmetisches Mittel aus der angegebenen niedrigsten und höchsten Beschäftigtenzahl.

Quelle: Berechnungen des Ifo-Instituts anhand von Betriebsvergleichsergebnissen des Instituts für Handelsforschung, Köln, sowie Sundhoff, E. (Hrsg.): Die Produktivitäts- und Rentabilitätsentwicklung der Einzelhandelsfachgeschäfte in den Jahren 1949 bis 1969, Nr. 49 der Schriften zur Handelsforschung, Göttingen, 1973.

Tabelle 6: **Betriebswirtschaftliches Betriebsergebnis in den Fachzweigen des Einzelhandels**
nach Umsatzgrößenklassen im Jahre 1969

Fachzweig	Unternehmen mit Jahresumsätzen von ... DM bis unter ... DM												
	20000	50000	100000	250000	500000	1 Mill.	2 Mill.	5 Mill.	10 Mill.	25 Mill.	50 Mill.	100 Mill.	500 Mill. und mehr
Waren verschiedener Art[a)]				-0,7		+2,1	+2,7	+2,1	+0,7	+2,2			+3,1
Nahrungs- und Genußmittel verschiedener Art		-10,9	-7,4	-4,2	-0,6	-0,4	+0,7	+0,9	+0,6	+0,8		+1,4	
Waren verschiedener Art[b)]		-11,5	-4,3	-3,1		+0,2			+0,5				
Nahrungs- und Genußmittel verschiedener Art, einzelwirtschaftl. Einzelhandel		-10,9	-7,4	-4,2	-0,6	-0,4	+0,5	+1,3	+1,1	+1,5		+1,5	
Konsumgenossenschaften						+0,3			+0,2	+0,1		+1,4	
Lebensmittelfilialunternehmen (ab 20 Verkaufsst.)							-0,4			+0,3		+1,5	
Reformwaren	-10,1		-4,9	-2,5	+1,4								
Kartoffeln, Gemüse, Obst und Südfrüchte	-15,8		-1,2	-1,7	+0,5	+0,6							
Milch, Milcherzeugnisse, Fettwaren und Eier		-9,6	-6,8	-2,5	-0,1								
Fische, Fischerzeugnisse	-12,8		-1,6	-2,1	+3,6								
Süßwaren	-15,2		-5,3	-2,9		+1,2							
Kaffee, Tee und Kakao			-5,4	-4,3	-0,4								
Brot, Klein- und Feingebäck	-13,8		-4,3	+1,3									
Fleisch und Fleischwaren	-15,8		-6,2	-0,8	+0,8	+3,4							
Wein und Spirituosen	-16,1		-2,0	+0,5		+0,4							

Tabelle 6 (Fortsetzung)

Fachzweig	Unternehmen mit Jahresumsätzen von ... DM bis unter ... DM												
	20000	50000	100000	250000	500000	1 Mill.	2 Mill.	5 Mill.	10 Mill.	25 Mill.	50 Mill.	100 Mill.	500 Mill. und mehr
Bier und alkoholfreie Getränke	-31,3	- 9,8	-4,1	-2,1	+0,7								
Tabakwaren	-14,4		-5,8	-2,3	-1,0		+0,5	+0,7					
Textilwaren verschied. Art		- 8,7	-6,2	-2,8	-0,3	+2,5	+3,0	+3,4	+3,6				
Tuche, Futterstoffe und Meterware	-14,0		-4,7	-0,9	+1,8	+0,3							
Oberbekleidung verschied. Art			-5,9	-0,3	+1,8	+1,9	+3,2	+3,9					
Oberbekleidung für Herren und Knaben			-3,2	-0,5	+2,8	+4,2	+5,0	+6,5					
Oberbekleidung für Damen, Mädchen und Kinder			-4,2	-1,0	+1,1	+2,6	+3,6	+5,3					
Leibwäsche, Wirk- und Strickwaren, Strümpfe und Babyartikel	-15,2		-4,6	-0,5	+1,4	+1,7	+2,9						
Handarbeiten u.Handarbeitsbedarf	-12,0		-5,1	-0,7									
Hüte und Mützen	-11,0		-0,5	+3,5									
Teppiche, Gardinen und -Zubehör sowie sonst.Heimtext.		± 0		+0,8	+5,8	+3,8	+4,0	+5,1					
Bettwaren		-11,2	-5,8	-0,9	+1,2	+2,0							
Sport- und Campingartikel	-12,1		-3,0	+1,0	-1,0	+2,8							

Tabelle 6 (Fortsetzung)

Fachzweig	Unternehmen mit Jahresumsätzen von ... DM bis unter ... DM												
	20000	50000	100000	250000	500000	1 Mill.	2 Mill.	5 Mill.	10 Mill.	25 Mill.	50 Mill.	100 Mill.	500 Mill. und mehr
Schuhe und Schuhwaren	-23,4	- 9,3	-6,4	-2,9	+1,5	± 0	+1,9		+2,9				
Eisen-, Metall- und Kunststoffwaren verschied. Art		-17,1	-6,1	-4,2	-2,9	+0,1	-0,2						
Hausrat aus Eisen, Metall und Kunststoffen		-16,5	-2,4		-4,0	-0,3	+1,1						
Öfen, Herde, Kühlschränke und Waschmaschinen				-3,1		± 0	+2,5						
Feinkeramische Erzeugnisse und Glaswaren		-19,4	-5,9	-2,1	-0,1		+1,5						
Möbel und sonstige Einrichtungsgegenstände			-2,2		+0,9	+1,6	+3,6	+4,8		+3,6			
Elektrotechnische Erzeugn.		-16,3	-4,4	+1,4	+0,9	+0,2		+1,9					
Rundfunk-, Fernseh- und Phonogeräte sowie Schallplatten			-2,8	-2,8	+0,9	+0,9		+1,2					
Foto- und Kinoapparate sowie -bedarf			-1,0	+1,1	+1,2	+1,2		+1,3					
Uhren, Edelmetall- und Schmuckwaren	-22,7	- 3,9	-1,6	+3,6	+5,4	+5,2		+5,6					
Leder- u. Täschnerwaren			-0,8	-1,6	+2,2		+3,5						
Spielwaren		- 4,3		-0,9	+0,6		+3,3						
Schreib- und Papierwaren, Schul- u. Büroartikel	-26,6	-10,1	-4,8		-1,7		+2,7						

Tabelle 6 (Fortsetzung)

Fachzweig	Unternehmen mit Jahresumsätzen von ... DM bis unter ... DM												
	20000	50000	100000	250000	500000	1 Mill.	2 Mill.	5 Mill.	10 Mill.	25 Mill.	50 Mill.	100 Mill.	500 Mill. und mehr
Bücher, wissenschaftl. und Fachzeitschriften			-4,4	-1,5	+1,4	+2,7	+2,6		± 0				
Drogerien		- 7,5	-4,8	-1,6	+0,5		+2,6						
Kosmet. Artikel und Körperpflegemittel		- 9,9	-2,4	-1,7		+2,7							
Feinseifen u. Bürstenwaren, Wasch-, Putz- und Reinigungsmittel	-23,9	- 7,5	-4,8	-1,8	+0,5		+1,3						
Brennstoffe	-29,4	- 7,2	-5,2	-3,8	+0,2	+1,1		+1,6					
Mineralölerzeugnisse			-1,4	-3,6	-2,7	-0,2		-0,3					
Kraftwagen u. Krafträder			-0,8	+0,1	+1,9	+1,3	+2,5	+3,4		+2,1			
Kraftfahrzeugteile, -Zubehör und -Reifen			-4,3	± 0		+3,1		+3,4					
Fahrräder, deren Teile und Zubehör sowie Mopeds	-30,5	- 8,8	-5,9	-1,5	+1,0								
Büromaschinen, Büromöbel, Organisationsmittel			+0,7			+4,8		+4,4					
Nähmaschinen			-4,4		-1,4		+2,2						
Landmaschinen und landwirtschaftl. Geräte			-2,8		-3,0	+0,6		+1,5					
Sämereien, Futter- und Düngemittel	-29,6	- 9,6	-6,3	-0,8	-1,0		-1,5						
Blumen und Pflanzen	-17,6	- 3,5	-0,2	+0,8		+2,8							

Tabelle 6 (Fortsetzung)

Fachzweig	Unternehmen mit Jahresumsätzen von ... DM bis unter ... DM												
	20000	50000	100000	250000	500000	1 Mill.	2 Mill.	5 Mill.	10 Mill.	25 Mill.	50 Mill.	100 Mill.	500 Mill. und mehr
Lacke, Farben und sonstiger Anstrichbedarf	-22,7	-10,3	-3,3	± 0		+1,7							
Tapeten, Linoleum u. ä. Fußbodenbelag		-14,9	-4,3	±1,8	+1,8		+2,0						

a) Hauptrichtung Bekleidung, Textilien, Hausrat und Wohnbedarf. — b) Hauptrichtung Nahrungs- und Genußmittel.

Quelle: Berechnungen des Ifo-Instituts anhand von Unterlagen des Statistischen Bundesamtes (Die Kostenstruktur in der Wirtschaft, Reihe 1, VII Einzelhandel 1960) und Betriebsvergleichsergebnissen des Instituts für Handelsforschung, Köln, (Umsatz, Kosten, Spannen und Gewinn des Einzelhandels in der BRD in den Jahren 1967, 1968 und 1969, Nr. 48 der Schriften zur Handelsforschung, Göttingen 1972).

Es läßt sich auch hier ein enger Zusammenhang zwischen der Höhe des betriebswirtschaftlichen Betriebsergebnisses und der Umsatzgröße der Einzelhandelsunternehmen feststellen. In nahezu sämtlichen Fachzweigen verbessert sich das betriebswirtschaftliche Ergebnis mit steigender Unternehmensgröße. Es wird auch hier in den meisten Fachzweigen erst in den höheren Umsatzgrößenklassen positiv, d. h. es wird ein betriebswirtschaftlicher Gewinn erwirtschaftet.

Unter der Marke 500 000 DM Jahresumsatz ist das Betriebsergebnis lediglich in den Fachzweigen Büromaschinen, Büromöbel und Organisationsmittel, Foto- und Kinoapparate, Blumen und Pflanzen, elektrotechnische Erzeugnisse, Sport- und Campingartikel, Kraftwagen und -räder sowie Uhren und Schmuckwaren positiv. Bei elf Fachzweigen wird das Betriebsergebnis erst in der Größenklasse 500 000 bis 1 Mill. DM, bei weiteren acht zwischen 1 Mill. und 2 Mill. DM Jahresumsatz positiv. Im Lebensmitteleinzelhandel, Hausrateinzelhandel und im Gemischtwareneinzelhandel wird im Durchschnitt erst bei einem Jahresumsatz von annähernd 3 Mill. DM ein betriebswirtschaftlicher Gewinn erzielt.

Es sei hier nochmals darauf hingewiesen, daß die echte betriebswirtschaftliche Umsatzschwelle nur anhand der Gesamtkapitalrendite ermittelt werden kann, für deren Berechnung aber entsprechende Kapitalwerte nicht zur Verfügung stehen. Diese liegt in der Regel höher als die ersatzweise vorgeführten Umsatzschwellen, deren Berechnung lediglich auf der betriebswirtschaftlichen Umsatzrendite basiert.

Die Ertragssituation im Großhandel

Für den Großhandel läßt sich eine derartige Analyse des Ertrags und der Rentabilitäts-Umsatzschwellen nicht vornehmen, da das Institut für Handelsforschung, Köln, soweit es einen Betriebsvergleich für bestimmte Großhandelsfachzweige durchführt, die Ergebnisse bisher nicht veröffentlicht hat und da — wie für den Einzelhandel — aus anderen Quellen keine brauchbaren Informationen zur Verfügung stehen. Die vom Institut für Handelsforschung auf Veranlassung der jeweiligen Großhandelsverbände zur Verfügung gestellten Betriebsvergleichsergebnisse aus einigen Großhandelsfachzweigen lassen vermuten, daß die betriebswirtschaftliche Umsatzrendite im Jahre 1971 etwas größer war als die des Einzelhandels. Da gleichzeitig wegen des im Vergleich zum Facheinzelhandel spürbar höheren Fremdkapitalanteils an der Bilanzsumme die Belastung des Umsatzes mit Fremdkapitalzinsen größer ist als im Facheinzelhandel, kann davon ausgegangen werden, daß die zur Berechnung der Gesamtkapitalrendite benötigte Gewinngröße in % vom Umsatz 1971 etwas höher lag als im Facheinzelhandel.

Umsatz-Schwellenwerte*) des Einzelhandels in ausgewählten Fachzweigen im Jahre 1969 Abb. 4

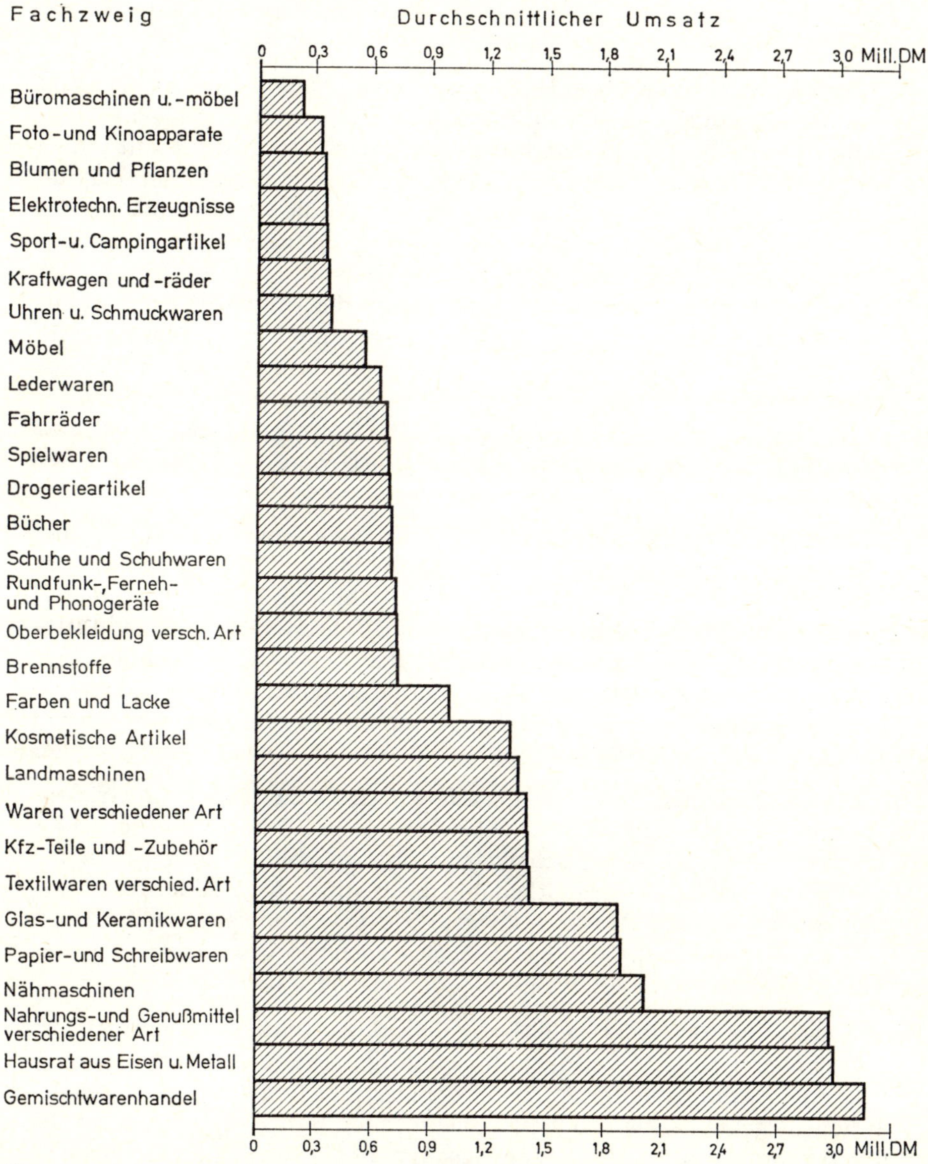

*) *Durchschnittlicher Umsatz je Unternehmen in der ersten Umsatzgrößenklasse mit einem positiven betriebswirtschaftlichen Betriebsergebnis.*

Quelle: Berechnungen des Ifo-Instituts aufgrund von Unterlagen des Statistischen Bundesamtes (Kostenstrukturstatistik 1969) und des Instituts für Handelsforschung an der Universität zu Köln (Betriebsvergleichsergebnisse).

IFO-INSTITUT für Wirtschaftsforschung München 238/73

Auf der anderen Seite ist jedoch — wie Erhebungen des Ifo-Instituts aus dem Jahre 1968 zeigen — die Kapitalbindung im Großhandel etwas stärker als im Einzelhandel. Während der Facheinzelhandel 1968 einen durchschnittlichen Kapitalbestand von 27 % seines Umsatzes hatte, waren es im Großhandel 32 %.

Berücksichtigt man diese Umstände — eine Quantifizierung ist nicht möglich — so dürfte die Gesamtkapitalrendite des Großhandels geringfügig über der des Einzelhandels liegen. Da im Großhandel mit einem ähnlichen Zinssatz für das im Anspruch genommene Fremdkapital gerechnet werden muß wie im Einzelhandel, ist die Ertragssituation des Großhandels für 1971 ähnlich zu beurteilen wie die des Einzelhandels. Die Erträge dürften im Durchschnitt gerade ausgereicht haben, das Umsatzwachstum ohne Verschlechterung der Eigen-/Fremdkapitalrelation zu finanzieren. Der im Vergleich zum Einzelhandel relativ geringe Eigenkapitalanteil an der Gesamtfinanzierung läßt allerdings vermuten, daß der Kreditspielraum im Großhandel im Durchschnitt weitgehend ausgeschöpft und eine stärkere Umsatzexpansion bzw. eine Konsolidierung der Finanzierungsverhältnisse von der Ertragsseite her nicht möglich ist.

Die Entwicklung der betriebswirtschaftlichen Umsatzrendite in ausgewählten Großhandelsfachzweigen deutet darauf hin, daß auch hier eine ähnliche Entwicklung der Gesamtkapitalrentabilität vorgelegen hat wie im Einzelhandel. Insbesondere in den Jahren 1966 bis 1968 dürfte die Gesamtkapitalrendite niedriger als der Zinssatz für Fremdkapital gewesen sein und damit eine unter dem Gesichtspunkt der längerfristigen Substanzerhaltung unbefriedigende Ertragssituation vorgelegen haben.

Eine Ertragsanalyse des Großhandels nach Fachzweigen und Größenklassen ist nicht möglich. Das betriebswirtschaftliche Betriebsergebnis ist zwar ebenfalls nach Fachzweigen unterschiedlich, doch lassen die vorliegenden Betriebsvergleichsdaten des Instituts für Handelsforschung den Schluß zu, daß die Extremwerte nicht so weit auseinanderliegen wie im Einzelhandel. Damit dürfte sich auch die Gesamtkapitalrentabilität der einzelnen Fachzweige enger um den Mittelwert gruppieren.

Soweit die Betriebsvergleichsergebnisse für einzelne Großhandelsfachzweige nach Umsatzgrößenklassen aufgegliedert sind, läßt sich auch hier ein Zusammenhang zwischen Betriebsgröße und betriebswirtschaftlichem Ergebnis erkennen: Mit zunehmender Betriebsgröße nimmt die Umsatzrendite zu, doch ist der Zusammenhang offensichtlich nicht so eng wie im Facheinzelhandel. Es kann davon ausgegangen werden, daß die Umsatz-Rentabilitätsschwelle im Großhandel — ähnlich wie im Einzelhandel — im Durchschnitt bei annähernd 1 Mill. DM Jahresumsatz liegt. Unternehmen mit weniger als 1 Mill. DM Jahresumsatz — das sind rd. 70 % aller Steuerpflichtigen im Großhandel — dürften nur in relativ seltenen Fällen eine Ertragskraft aufweisen, die die Leistungs- und Wettbewerbsfähigkeit auf längere Sicht gewährleistet.

δ) Diskrepanz zwischen Zielanspruchsniveau und Realisierung der unternehmenspolitischen Leitlinien

Die Vermutung, daß im Handel das einkommenswirtschaftliche Denken weit verbreitet ist und daß deshalb die Gewinnerzielung unter etwas anderem Blickwinkel gesehen wird als bei streng betriebswirtschaftlicher Betrachtungsweise, wird durch die Ergebnisse spezieller Erhebungen des Ifo-Instituts zu diesem Fragenkreis nicht gestützt. Auf die Frage, welches das vorrangige Ziel ihrer unternehmerischen Tätigkeit sei, gaben nur 5 % der an der Umfrage teilnehmenden Einzelhändler und 6 % der Großhändler die Sicherung des Unternehmereinkommens an. Über die Hälfte will darüber hinaus einen Gewinn erzielen, der eine Umsatzexpansion ermöglicht. Diese Leitmaxime entspricht den Annahmen, die im Rahmen der vorausgegangenen Ertragsanalyse gemacht wurden. Am zweithäufigsten, nämlich von 29 % der befragten Einzelhändler und 24 % der Großhändler, wurde die Substanzerhaltung des Unternehmens als oberste Leitmaxime angesehen. Gewinn- und Umsatzmaximierung oder gar eine außerhalb des rechnerischen Bereichs liegende Zielsetzung, wie die Erhaltung der Selbständigkeit, wurden dagegen vergleichsweise selten genannt.

In den einzelnen Fachzweigen ist die Rangfolge der unternehmerischen Zielvorstellungen z. T. unterschiedlich. So wird im Einzelhandel auf die finanzielle Absicherung der Umsatzexpansion, insbesondere in den Sparten Nähmaschinen, Möbel, Spielwaren sowie Nahrungs- und Genußmittel besonderes Gewicht gelegt. Die Zielsetzung, vor allem die Substanz zu erhalten, steht im Uhren- und Schmuckwareneinzelhandel, im Glas-, Porzellan- und Keramikeinzelhandel sowie bei den Drogerien stark im Vordergrund. Die Sicherung des Unternehmereinkommens als Hauptzielsetzung ist im Brennstoffhandel sowie im Einzelhandel mit Büromaschinen, Büromöbeln und Organisationsmitteln weit überdurchschnittlich häufig zu finden.

Im Großhandel ist die unternehmerische Zielsetzung Sicherung des Unternehmenswachstums von der Ertragsseite her überdurchschnittlich häufig in den Fachzweigen optische Artikel, Eisen- und Metallwaren, Heizungsbedarf, Papier und Pappe sowie Werkzeuge und Maschinen zu finden. Auf Substanzerhaltung wird insbesondere in den Fachzweigen Uhren und Schmuckwaren, Fahrräder und Zubehör sowie Häute und Felle Wert gelegt. Gewinnerzielung zur Sicherung des Unternehmereinkommens wurde überdurchschnittlich häufig in den Fachzweigen Fotoartikel, Häute und Felle sowie Drogen, Pharmazeutika und Körperpflegemittel als Leitmaxime der unternehmerischen Tätigkeit genannt.

Sowohl im Groß- als auch im Einzelhandel läßt sich kein eindeutiger Zusammenhang zwischen unternehmerischer Zielvorstellung und Umsatzgröße erkennen. Tendenziell wurde Gewinnerzielung zur Sicherung des Unternehmenswachstums von den größeren und großen Unternehmen häufiger genannt als von den kleineren und mittleren. Sicherung des Unternehmereinkommens und Erhaltung der Selbständigkeit werden dagegen etwas häufiger von kleineren und mittleren Unternehmen als Unternehmensziele bezeichnet.

Zwischen der insgesamt starken Gewinnorientierung und der in weiten Bereichen des Einzelhandels unbefriedigenden Ertragssituation besteht eine große Diskrepanz. Sie ist zu einem erheblichen Teil damit zu erklären, daß der Handel großenteils einem scharfen Wettbewerb ausgesetzt ist, der es ihm nicht gestattet, die für das Unternehmenswachstum erforderlichen Gewinne zu erwirtschaften. Daneben spielt jedoch auch zweifellos die Tatsache eine nicht unmaßgebliche Rolle, daß in vielen Unternehmen — insbesondere kleineren — die Qualität der Unternehmensführung nicht ausreicht, um das gesetzte Zielanspruchsniveau zu realisieren.

Die Kontrolle des Betriebsergebnisses erfolgt in weiten Kreisen des Handels offensichtlich in der Weise, daß der steuerliche Gewinn, wie er sich aus dem Jahresabschluß ergibt, ins Verhältnis zum Umsatz gesetzt und die ermittelte Quote mit der entsprechenden Quote des Vorjahres verglichen wird. Gerade bei den kleinen Unternehmen ist jedoch — wie die Ertragsanalyse für den Einzelhandel gezeigt hat — der Anteil des steuerlichen Gewinns am Umsatz im Durchschnitt wesentlich höher als bei den großen. Das veranlaßt offensichtlich gerade die kleineren Unternehmen häufig dazu, ihre Ertragslage für ausreichend oder sogar für gut zu halten, obwohl ihr betriebswirtschaftliches Ergebnis wesentlich ungünstiger ist als das der größeren Unternehmen.

Das Institut für Handelsforschung, Köln, errechnet im Rahmen des Betriebsvergleichs die betriebswirtschaftliche Umsatzrendite, zieht also von dem steuerlichen Gewinn die kalkulatorischen Kosten Unternehmerlohn und Zinsen für Eigenkapital ab. Selbst dieses am Umsatz gemessene betriebswirtschaftliche Ergebnis ist noch eine unzulängliche Maßgröße. Erst wenn man den Umsatz als Bezugsbasis verläßt und zur Berechnung von Kapitalrenditen übergeht, ist es möglich, die tatsächliche Ertragskraft eines Unternehmens betriebswirtschaftlich zu beurteilen. Nach den gewonnenen Erfahrungen werden derartige Überlegungen und Berechnungen im Groß- und Einzelhandel nur von einem kleinen Teil der Firmen vorgenommen.

cc) Zur Wirkgeschwindigkeit des Einflusses

An der großenteils unzureichenden Ertragssituation des Groß- und Einzelhandels gemessen erscheint das bisherige Ausmaß des Ausleseprozesses als relativ gering. Eine Erklärung kann nur darin gesehen werden, daß zwischen dem Zeitpunkt des Beginns einer ungenügenden Ertragssituation eines Unternehmens und seinem effektiven Ausscheiden aus dem Markt oft eine erhebliche Spanne liegt. Wird etwa ein Handelsunternehmen in erster Linie unter dem Gesichtspunkt der Einkommenserzielung für den tätigen Inhaber und seine Familie betrieben, so stehen — zumindest zeitweise — für private Entnahmen im Extremfall der gesamte steuerliche Gewinn, ein Teil der Abschreibungserlöse und — soweit in eigenen Räumen gearbeitet wird — auch ein erheblicher Teil des kalkulatorischen Mietwertes zur Verfügung. Daneben sind in verschiedenen Kostenpositionen, wie z. B. den Kfz-Kosten (private Nutzung des firmeneigenen Pkw) und den Werbungskosten (Spesen für Bewirtung und dgl.) Einkommensbestandteile enthalten. Auch die Naturalentnahmen dürfen in diesem Zusammenhang nicht außer acht gelassen werden. Insgesamt ergeben diese Einkommens- bzw. Kostenbestandteile selbst bei kleinen und mittleren Geschäften einen recht ansehnlichen Betrag. Die Gefahr des Ausscheidens aus dem Markt wird in derartigen Fällen erst akut,

— wenn durch überhöhte Privatentnahmen Überschuldung oder Zahlungsunfähigkeit eintreten, die beide als materielle Konkursgründe anzusehen sind,

— wenn der Inhaber aus Altersgründen oder wegen Krankheit an der Fortsetzung seiner Tätigkeit gehindert ist und infolge der schlechten Finanzlage kein Nachfolger gefunden werden kann,

— wenn sich der Wettbewerb so verschärft, daß nur durch Neuinvestitionen die Marktposition gehalten werden könnte, die Realisierung des Investitionsprogrammes aber an der schlechten finanziellen Verfassung scheitert.

dd) Zusammenfassung der wichtigsten Ergebnisse

Faßt man die Ergebnisse der Analyse der Finanzierungs- und Ertragssituation als Auslesefaktor im Handel zusammen, so lassen sich thesenartig folgende Feststellungen treffen:

— Die Ertragssituation und -entwicklung im Handel ist ein zentraler Faktor für den Ausleseprozeß. In ihr finden die Auswirkungen der meisten anderen Ursachefaktoren ihren Niederschlag.

— Ungenügende Ertragssituation kann sowohl primär als auch akzessorisch als Kausalität der Auslese wirken. Eine Quantifizierung des

Einflusses ist nicht möglich. Eine Primär-Kausalität liegt dann vor, wenn infolge von Überschuldung oder Zahlungsunfähigkeit ein Konkurs- oder Vergleichsverfahren eingeleitet werden muß oder wenn der Inhaber wegen Finanzierungsschwierigkeiten die Auflösung seiner Firma betreibt. Um eine akzessorische Einwirkung handelt es sich dagegen, wenn aus Alters- und Krankheitsgründen sowie im Todesfalle des Inhabers ein Nachfolger gesucht und wegen unzureichender Ertragssituation des Unternehmens nicht gefunden wird.

— Dem finanziell bedingten Ausscheiden im Vorfeld des Konkurses bzw. des Vergleichs kommt mit Abstand die größte Bedeutung zu. Der Anteil der Insolvenzfälle ist — gemessen an der Gesamtzahl der ausscheidenden Unternehmen — relativ gering.

— Versucht man, das Gewicht von primärem und akzessorischem Einfluß der Ertragssituation auf den Ausleseprozeß zu erfassen, so gelangt man zu der Erkenntnis, daß die Primär-Einflüsse erheblich stärker sind als die akzessorische Wirkung. Diese Hypothese stützt sich in erster Linie auf die Tatsache, daß heute die Ertragskraft der überwiegenden Mehrheit der Handelsunternehmen nicht ausreicht, um die Substanzerhaltung und die Finanzierung des aus Wettbewerbsgründen erforderlichen Umsatzwachstums auf längere Sicht sicherzustellen.

— Eine betriebswirtschaftlich unzureichende Ertragssituation zeigt sich in allen Bereichen und Branchen. Besonders betroffen sind einige Fachzweige wie der Lebensmittelhandel sowie die unteren und mittleren Umsatzgrößenklassen in nahezu allen Branchen. Nach den vorgenommenen Berechnungen dürfte heute die Umsatz-Rentabilitätsschwelle im Einzelhandel — vorsichtig gerechnet — im Durchschnitt bei rd. 800 000 DM, im Großhandel bei rd. 1 Mill. DM Jahresumsatz, liegen.

— Zwischen der tatsächlichen Ertragslage und den unternehmerischen Zielvorstellungen besteht großenteils eine deutliche Diskrepanz. Über die Hälfte der Unternehmen strebt die Erzielung eines Gewinnes an, der ein weiteres Unternehmenswachstum sichert und knapp 30 % die Erzielung eines Gewinnes, der die Substanzerhaltung sicherstellt. Eine entsprechende Zielrealisierung ist aber nur bei einem kleinen Teil der Unternehmen gegeben. Die unbefriedigende Ertragssituation bei einem Großteil der Unternehmen ist vorwiegend auf die hohe Wettbewerbsintensität zurückzuführen, teilweise jedoch auch auf mangelnde betriebswirtschaftliche Qualifikation der Geschäftsinhaber und leitenden Kräfte.

b) Veränderungen im Wettbewerb

aa) Wettbewerbsintensität

Eine Reihe von Indikatoren weist darauf hin, daß sich der Wettbewerb im Groß- und Einzelhandel in den vergangenen Jahren erheblich verschärft hat. Die Wettbewerbsräume haben sich beträchtlich ausgeweitet. Die Zahl der Konkurrenten ist in den einzelnen Wettbewerbsräumen wesentlich größer und vielfältiger geworden.

Das führte zu einer erheblichen Verbreiterung und Gewichtsverschiebung im Einsatz des wettbewerbspolitischen Instrumentariums. Vor allem die kleineren und mittleren Unternehmen waren vielfach gezwungen, mehr Wettbewerbsmittel und -instrumente einzusetzen als bisher und sich so den veränderten Verhältnissen anzupassen.

Umfangreiche Erhebungen, die das Ifo-Institut 1972 durchgeführt hat, zeigen für den Einzelhandel, daß heute nicht nur in den Großstädten und in den Hauptgeschäftszentren Unternehmen verschiedenster Größe und Betriebsform miteinander in Wettbewerb stehen, sondern daß auch in mittleren und kleineren Ortsgrößen sowie in Nebengeschäftslagen verschiedenste Angebotsformen und -typen zu finden sind bzw. bestimmte Betriebs- und Angebotsformen in diese Lagen ausstrahlen.

Als stärkste Konkurrenz werden vom Facheinzelhandel im allgemeinen die Waren- und Kaufhäuser, die Großverbrauchermärkte und SB-Warenhäuser sowie sonstige Discountgeschäfte, daneben aber auch andere Fachhandelsgeschäfte empfunden. Ein überraschend starkes Gewicht als Wettbewerber hat auch der Versandhandel. Sein tatsächlicher Wettbewerbseinfluß ist offensichtlich wesentlich größer, als es in seinem Marktanteil zum Ausdruck kommt. In kleineren Orten wird sein Wettbewerbseinfluß wesentlich stärker empfunden als in den Mittel- und Großstädten.

Ein weiterer auffallender Befund im Rahmen der Analyse der Erhebungsergebnisse ist die starke Wettbewerbsrelevanz, die man den C & C-Großhandelslagern beimißt. Vor allem in den kleineren Orten, die sich im Einzugsbereich großer Städte befinden, werden solche Betriebe überdurchschnittlich häufig als stärkste unmittelbare Konkurrenten bezeichnet.

Auch auf der Großhandelsstufe sind die Wettbewerbsbeziehungen der Unternehmen differenzierter und intensiver geworden. Heute konkurriert das einzelwirtschaftliche Unternehmen mit einer wesentlich größeren Zahl von Betriebsformen und Angebotstypen als noch vor einer Reihe von Jahren. Herstellereigene Vertriebsorgane treten zunehmend in Wettbewerb zu einzelwirtschaftlichen unabhängigen Großhandelsunterneh-

Tabelle 7: **Die stärksten Konkurrenten des Facheinzelhandels in unterschiedlichen Standortlagen**

Standortlage	Von ... % der Fachhändler wurden als stärkste unmittelbare Konkurrenten angesehen[a]									
	Waren- und Kaufhäuser	Versandunternehmen	Großverbrauchermärkte, SB-Warenhäuser, Fachdiscounter	Neue Einkaufszentren	Geschäfte von Filialunternehmen	Coop-Geschäfte	Geschäfte von Eink.-vereinig. u. Freiwill. Ketten	Ungebundene Einzelhandelsgeschäfte	Handwerksbetriebe	C & C Großhandel
Ortsgrößenklasse (Einw.) darunter:										
Orte im Einzugsgebiet größerer Städte										
unter 10 000	31	22	28	5	18	14	24	14	7	36
10 000 bis 50 000 ..	39	23	27	11	18	8	13	23	7	21
50 000 bis 100 000 ..	44	17	24	6	15	5	8	33	8	24
Orte, die nicht im Einzugsgebiet größerer Städte liegen										
unter 10 000	21	28	15	8	19	4	23	17	17	34
10 000 bis 50 000 ..	33	18	27	14	16	6	11	35	7	19
50 000 bis 100 000 ..	42	14	30	9	14	2	4	35	9	27
100 000 und mehr ..	46	16	27	9	18	8	10	31	6	21
Geschäftslage										
Hauptgeschäftslage	46	19	24	9	18	6	10	30	6	21
Nebengeschäftslage	37	18	31	9	17	10	14	26	7	24
Streulage	22	15	26	11	17	8	12	26	14	31

a) Mehrfachmeldungen waren möglich.

Quelle: Erhebungen des Ifo-Instituts im Jahre 1972.

Tabelle 8: **Die stärksten Konkurrenten im Großhandel im Urteil der verschiedenen Betriebsformen**

Betriebsform	Von ... % der Firmen wurden als stärkste unmittelbare Konkurrenten angesehen[a]					
	Selbständige ungebundene Großhändler	Selbständige, im Rahmen von Hersteller-vertrags-vertiebs-systemen operierende Großhändler	Werkshandels- und Vertriebs-gesellschaften	Rechtllich unselbständige hersteller-eigene Ver-triebsorgane (Ausliefe-rungslager, Verkaufs-niederlass.)	Selbständige Handels-vertreter mit oder ohne Auslieferungs-lager	Großhandels-zentralen von Filial-unternehmen, Einkaufs-vereinigungen u. Freiwilligen Ketten
Selbständige ungebundene Großhändler ..	68	11	19	17	7	24
Selbständige, im Rahmen von Herstellervertragsvertriebssystemen operierende Großhändler	41	46	28	33	9	8
Werkshandels- und Vertriebsgesellschaften	57	26	52	26	9	7
Großhandelszentralen von Filialunternehmen, Einkaufsvereinigungen und Freiwilligen Ketten	32	5	11	4	4	71

a) Mehrfachmeldungen waren möglich.

Quelle: Erhebungen des Ifo-Instituts im Jahre 1972.

men. Regionale und lokale Großhandelsdispositionszentralen von Kooperationsformen und Großbetriebsformen gewinnen größere Bedeutung. Die Konkurrenzstruktur stellt sich aus der Sicht der einzelnen Betriebsformen des Großhandels recht unterschiedlich dar. Nahezu alle Betriebsformen stehen jedoch in Konkurrenz zu anderen Arten und Formen des Großhandels.

Der selbständige ungebundene Großhandel fühlt sich vor allem in Konkurrenz zu anderen selbständigen Großhandelsunternehmen. Die im Rahmen von Vertragsvertriebssystemen operierenden Großhandelsunternehmen befinden sich vor allem im Wettbewerb mit anderen Vertragsgroßhändlern, mit unabhängigen Großhandelsunternehmen sowie mit rechtlich unselbständigen Vertriebsorganen der Hersteller. Daneben kommt rechtlich selbständigen Vertriebsgesellschaften der Hersteller als Konkurrenten ein erhebliches Gewicht zu.

Wie breit gefächert heute das wettbewerbspolitische Instrumentarium aller Betriebsformen des Einzelhandels geworden ist und mit welcher Intensität die einzelnen Instrumente eingesetzt werden, wird ebenfalls bei der Analyse der Erhebungsergebnisse deutlich. Es zeigt sich, daß bei allen Betriebsformen dem Preis eine hervorragende Rolle als Wettbewerbsinstrument zukommt. Das gilt allerdings in etwas abgeschwächter Form auch für den ungebundenen Facheinzelhandel. Daneben kommt jedoch bei allen Betriebsformen Sonderangeboten sowie der Werbung ein beachtliches Gewicht zu. Ein Vergleich mit Ergebnissen gleichartiger Erhebungen, die erst vor wenigen Jahren (1969) durchgeführt worden sind, zeigt, daß der Facheinzelhandel den Einsatz der genannten Instrumente in bemerkenswertem Umfange forciert hat, ein Beweis für die zunehmende wettbewerbliche Konfrontation mit der großbetrieblichen Konkurrenz.

Der Wettbewerb mit Qualität und Service wird nach Auffassung des Facheinzelhandels weitgehend in seinen eigenen Kreisen sowie mit dem Handwerk ausgetragen. Den anderen Betriebsformen billigt man bei diesem Instrument keine besonders hohe Aktivität bzw. Wirksamkeit zu. Auch wenn man annimmt, daß der Facheinzelhandel die tatsächliche Bedeutung dieser Instrumente bei den Großsortimentern etwas unterschätzt, so zeigt seine Einstellung doch, daß der Einsatz dieser Instrumente durch die anderen Betriebsformen für ihn von geringerer Wettbewerbsrelevanz ist als Preis, Werbung und Sonderangebot.

Im Großhandel hat die Bedeutung der Preis- und Rabattpolitik als wettbewerbspolitisches Instrument in den vergangenen Jahren beträchtlich an Gewicht gewonnen. Nach den Firmenmeldungen spielt die Preis- und Rabattpolitik in allen Betriebsformen die dominante Rolle. Ganz ausgeprägt ist der Wettbewerb mit dem Preis bei den herstellereigenen

Tabelle 9: **Bedeutung der Wettbewerbsinstrumente im Einzelhandel**

nach Betriebsformen

Betriebsform	Auf die einzelnen Wettbewerbsinstrumente legen nach Meinung von ... % der Firmen die folgenden Betriebsformen besonderes Gewicht[a]					
	Preis	Qualität	Sortiment	Werbung	Sonder-angebot	Sonstige (Service usw.)
Waren- und Kaufhäuser	67	2	30	62	64	12
Versandunternehmen	75	1	25	77	28	3
Großverbrauchermärkte, SB-Warenhäuser, Fachdiscounter	85	—[b]	15	51	58	2
Filialunternehmen	75	7	24	50	59	10
Coop-Geschäfte	64	3	12	44	61	7
Anschlußgeschäfte von Einkaufsvereinigungen und Freiwilligen Ketten	64	10	27	42	53	9
Ungebundene Fachgeschäfte	46	36	39	25	27	31
Handwerksbetriebe	55	12	17	33	29	49
C & C-Großhandel	89	4	12	24	30	6

a) Mehrfachmeldungen waren möglich. — b) Der Anteil liegt erheblich unter 1.

Quelle: Erhebungen des Ifo-Instituts im Jahre 1972.

Tabelle 10: **Bedeutung der Wettbewerbsinstrumente im Großhandel**

nach Betriebsformen

Betriebsform	Auf die einzelnen Wettbewerbsinstrumente legen nach Meinung von ... % der Firmen die folgenden Betriebsformen besonderes Gewicht[a]						
	Preis/ Rabatt	Sortiment	Qualität	Kreditgewährung	Kundendienst	Lieferbereitschaft	Sonstige (Verkaufsförderung usw.)
Selbständige ungebundene Großhändler	88	13	4	27	10	13	12
Selbständige, im Rahmen von Hersteller-Vertragsvertriebssystemen operierende Großhändler	91	3	2	42	6	12	16
Werkshandels- und -vertriebsgesellschaften	95	9	4	28	10	7	20
Rechtl. unselbständige herstellereigene Vertriebsorgane (Auslieferungslager, Verkaufsniederlassungen usw.)	93	2	3	40	9	13	19
Selbständige Handelsvertreter mit oder ohne Auslieferungslager	86	1	2	7	11	5	15
Großhandelszentralen von Filialunternehmen, Einkaufsvereinigungen und Freiwilligen Ketten	83	11	2	18	4	12	20

a) Mehrfachmeldungen waren möglich.

Quelle: Erhebungen des Ifo-Instituts im Jahre 1972.

Vertriebsgesellschaften und -organen. Daneben entfalten die Großhandelsunternehmen jedoch auch bei einer Reihe anderer Wettbewerbsinstrumente zunehmende Aktivität. Das gilt etwa für die Kreditgewährung an die Abnehmer, die Lieferbereitschaft sowie die Sortimentsgestaltung. In den beiden Hauptbereichen des Großhandels, dem Konsumgütergroßhandel und dem Rohstoff- und Produktionsverbindungshandel, weisen die Verhältnisse hierbei — von Abweichungen auf Grund branchenspezifischer Gegebenheiten abgesehen — keine Unterschiede auf.

bb) Wettbewerbslage

Die Verschärfung des Wettbewerbs im Handel hat beim überwiegenden Teil der Firmen eine erhebliche Veränderung der Wettbewerbslage bewirkt. Während sich für einen Teil der Firmen die Konkurrenzsituation seit Mitte der sechziger Jahre mehr oder weniger stark verschlechtert hat, trat bei einem anderen Teil der Firmen eine fühlbare Verbesserung der Wettbewerbsposition ein. Zwischen der Verbesserung und der Verschlechterung der Wettbewerbslage besteht ein gegenseitiges Wirkungsverhältnis. Unternehemen, die bislang mehr im „Windschatten" des Wettbewerbs agieren konnten, etwa weil sie in kleinen Wettbewerbsräumen mit einer geringen Zahl von leistungsstarken Wettbewerbern angesiedelt waren oder über Standortmonopole verfügten, mußten im Zuge der Erweiterung der Wettbewerbsräume eine Verschlechterung ihrer Wettbewerbsposition hinnehmen. Diese Verschlechterung resultiert aus Umsatzeinbußen sowie aus einer Einengung der Bruttomargen und Gewinnspannen auf Grund höherer Kosten infolge erhöhter Anstrengungen im Wettbewerb sowie durch Druck auf die Verkaufspreise im Rahmen eines verstärkten Preiswettbewerbs. Vor allem leistungsstarke Unternehmen mit bislang schon hoher Wettbewerbsaktivität konnten durch Erweiterung der Wettbewerbsräume bzw. durch Vordringen in neue Märkte und Standorte zum Teil erhebliche Umsatzgewinne erzielen und hierbei teilweise auch die Ertragssituation verbessern. Diese Verbesserung ging teilweise zu Lasten anderer Betriebe bzw. resultierte aus der Verschlechterung der Position anderer Betriebe.

Die Ifo-Erhebungsergebnisse zu Fragen des Wettbewerbs belegen diese Vorgänge. Sie zeigen, daß sich in den unteren Umsatzgrößenklassen des Einzelhandels wie auch des Großhandels tendenziell die Wettbewerbsposition bei einem etwas größeren Teil der Firmen verschlechtert hat als bei den umsatzstärkeren Unternehmen. Ein ausgeprägter Umsatzgrößenbezug zeigte sich bei den Ergebnissen allerdings nicht. Eine Verschlechterung der Wettbewerbslage trat vor allem bei Handelsfirmen ein, die ihren Standort in den besonders wettbewerbsintensiven großstädtischen Agglomerationsräumen haben und hierbei vor allem bei Firmen in Nebengeschäftslagen, die zunehmend zu Standorten der Großbetriebsformen wurden.

Die Beurteilung der Entwicklung der Wettbewerbslage durch die vom Ifo-Institut befragten Firmen läßt deutlich die besonderen Gefährdungsbereiche nach Unternehmensgrößenklassen, Standorten und Branchen erkennen. Die Erhebungsergebnisse lassen den Schluß zu, daß dort, wo der Anteil der Meldungen über eine Verschlechterung der Geschäftslage sehr hoch ist, der Wettbewerb als Faktor für den Ausleseprozeß besondere Bedeutung hat.

Im Einzelhandel insgesamt hat sich bei gut der Hälfte der Firmen in den letzten Jahren die Wettbewerbslage nach ihrem eigenen Urteil verbessert. Dieser Anteil mag auf den ersten Blick überraschend hoch erscheinen. Er findet seine Erklärung darin, daß in den vergangenen Jahren bereits eine beachtliche Zahl von Firmen dem Wettbewerb zum Opfer gefallen ist. Das Ausscheiden dieser Firmen hat die Position eines großen Teils der im Markt verbliebenen Unternehmen gestärkt. Eine Verschlechterung der Wettbewerbsposition bzw. gar das Ausscheiden einer Firma kommt häufig mehreren verbleibenden Einzelhandelsunternehmen des gleichen Wettbewerbsraumes zugute.

Der Anteil der durch den Wettbewerb gefährdeten Einzelhandelsfirmen ist insgesamt noch beachtlich hoch. Er ist auf gut ein Viertel zu veranschlagen. Dieser Firmenanteil erscheint außerordentlich hoch, wenn man berücksichtigt, daß ja bereits eine große Zahl von Firmen aus dem Markt ausscheiden mußte. Die generelle Wettbewerbsverschärfung hat offensichtlich den Gefährdungsbereich im Einzelhandel kaum kleiner werden lassen.

Im Großhandel stellt sich die Situation etwas anders dar. Der Anteil der Firmen, bei denen sich die Wettbewerbssituation verschlechtert hat, ist größer als der Anteil derjenigen Unternehmen, die eine Verbesserung der Wettbewerbslage zu verzeichnen hatten. Auf der Großhandelsstufe hat der Wettbewerb in den letzten Jahren eine noch intensivere Ausprägung erfahren als im Einzelhandel, was u. a. — wie schon erwähnt — auf das zunehmende Auftreten neuer, vor allem herstellereigener und -gesteuerter Vertriebsorgane zurückzuführen ist. Hierdurch geriet vor allem ein erheblicher Teil des traditionellen einzelwirtschaftlichen Großhandels in Bedrängnis.

Die Aufgliederung der Erhebungsergebnisse über die Entwicklung der Wettbewerbslage läßt erkennen, daß keineswegs nur Firmen der unteren Größenklassen eine Verschlechterung der Wettbewerbslage zu verzeichnen hatten, wenngleich hier in relativ starkem Maße eine erhebliche Verschlechterung eingetreten ist. Die Verbesserung der Wettbewerbsposition konzentrierte sich aber ebenfalls keineswegs nur auf die um-

Tabelle 11: **Wettbewerbslage im Urteil der Unternehmen**

Bereich	Bei ... % der Firmen hat sich die Wettbewerbslage seit Mitte der sechziger Jahre				
	erheblich verbessert	etwas verbessert	nicht nennenswert verändert	etwas verschlechtert	erheblich verschlechtert
Einzelhandel	27	24	22	16	11
Großhandel	16	17	26	24	17

Quelle: Erhebungen des Ifo-Instituts im Jahre 1972.

Tabelle 12: **Wettbewerbslage im Einzelhandel im Urteil der Unternehmen**
nach Umsatzgrößenklassen

Größenklasse (in DM)	Bei ... % der Firmen hat sich die Wettbewerbslage seit Mitte der sechziger Jahre				
	erheblich verbessert	etwas verbessert	nicht nennenswert verändert	etwas verschlechtert	erheblich verschlechtert
bis unter 250 000	15	27	23	17	18
250 000 bis unter 500 000	23	28	21	16	12
500 000 bis unter 1 Mill.	25	23	24	18	9
1 Mill. bis unter 2 Mill.	26	24	21	20	10
2 Mill. bis unter 5 Mill.	38	17	18	17	10
5 Mill. bis unter 10 Mill.	25	21	32	13	10
10 Mill. und mehr	19	20	27	20	14

Quelle: Erhebungen des Ifo-Instituts im Jahre 1972.

satzstarken Unternehmen. Auch einem beachtlichen Teil von kleineren und mittleren Unternehmen ist es gelungen, eine recht gesicherte Marktposition zu erringen.

Im Großhandel läßt sich kein eindeutiger Zusammenhang zwischen Unternehmensgröße und Veränderung der Wettbewerbssituation feststellen. Sowohl in den unteren als auch in den oberen Umsatzgrößenklassen hat sich die Situation z. T. verschlechtert, z. T. spürbar verbessert. Es darf hierbei aber nicht übersehen werden, daß sich eine Wettbewerbsverschlechterung in den oberen Größenklassen oft nur in einer ungünstigeren Entwicklung der Ertragslage auswirkt, die die Existenz der Unternehmen noch nicht in Frage stellt, während sie bei den kleineren und mittleren Betrieben sehr viel häufiger zu einer Existenzgefährdung des Unternehmens führt, da oft das erforderliche Mindesteinkommen nicht mehr erzielt werden kann.

Die Aufgliederung der Erhebungsergebnisse nach kooperierten und nicht kooperierten Unternehmen im Einzelhandel zeigt graduell eine stärkere Wettbewerbsverbesserung im Kooperationsbereich, macht andererseits aber deutlich, daß auch in diesem Bereich ein beachtlicher Teil der Firmen eine Verschlechterung der Wettbewerbsposition in den vergangenen Jahren hinnehmen mußte und insgesamt der Gefährdungsbereich kaum kleiner ist als im nicht kooperierten Bereich. Ein ähnliches Bild zeigen die entsprechenden Ergebnisse für den Großhandel. Die häufig anzutreffende Auffassung, daß die Integration in eine Kooperationsform grundsätzlich zu einer Verbesserung der Wettbewerbsposition führt, wird durch diese Ergebnisse in erheblichem Maße in Frage gestellt, wenn nicht entkräftet. Wettbewerbsintensität und Wettbewerbslage hängen eben in erster Linie von den örtlichen bzw. von den regionalen Gegebenheiten in den für die einzelnen Firmen relevanten Marktgebieten ab und lassen sich nur bis zu einem gewissen Grad durch gemeinsame Aktivitäten im Rahmen einer Kooperationsgruppe beeinflussen.

Nach Ortsgrößenklassen zeigen die Erhebungsergebnisse, daß in den Großstädten anteilsmäßig mehr Unternehmen unter verstärkten Wettbewerbsdruck geraten sind als in Mittel- und Kleinstädten sowie in den ländlichen Gemeinden. Unterschiede zeigen sich in diesen Ortsgrößenklassen jedoch danach, ob die Orte im engeren geschäftlichen Einzugsgebiet einer größeren Stadt liegen oder nicht. Während bei den Gemeinden, die im Einzugsbereich von Großstädten liegen, ein doch beachtlicher Teil die Firmen eine Verschlechterung der Wettbewerbslage erfuhr, war das in den Gemeinden außerhalb der Einflußphäre von großstädtischen Agglomerationen nicht im gleichen Maße der Fall. Hier meldete ein kleinerer Teil der Firmen eine spürbare Verschlechterung der Konkurrenzposition.

Tabelle 13: **Wettbewerbslage im Großhandel im Urteil der Unternehmen**

nach Umsatzgrößenklassen

Größenklasse (in DM)	Bei ... % der Firmen hat sich die Wettbewerbslage seit Mitte der sechziger Jahre				
	erheblich verbessert	etwas verbessert	nicht nennenswert verändert	etwas verschlechtert	erheblich verschlechtert
bis unter 1 Mill.	9	17	31	25	19
1 Mill. bis unter 2 Mill.	19	21	23	26	11
2 Mill. bis unter 5 Mill.	15	19	27	22	17
5 Mill. bis unter 10 Mill.	18	18	25	24	16
10 Mill. bis unter 25 Mill.	20	18	25	22	15
25 Mill. und mehr	21	11	30	22	16

Quelle: Erhebungen des Ifo-Instituts im Jahre 1972.

Innerhalb der Großstädte kam neben den Geschäften in Nebengeschäftslagen ein beachtlicher Teil der in Streulagen angesiedelten Geschäfte in eine ungünstigere Wettbewerbssituation. Auch in den Hauptgeschäftslagen hat sich die Wettbewerbsposition für einen erheblichen Teil der Firmen verschlechtert. Dem steht hier jedoch ein überdurchschnittlich hoher Anteil von Firmen mit einer Verbesserung der Wettbewerbsposition gegenüber.

Nach Branchen zeigt sich im Einzelhandel ein außerordentlich differenziertes Bild der Entwicklung der Wettbewerbslage. In einigen Branchen (Nahrungs- und Genußmittel, Leder- und Galanteriewaren, Fotoartikel, Uhren und Schmuckwaren) führte die Wettbewerbsintensivierung bei einem beachtlichen Teil der Firmen zu einer Verbesserung der Wettbewerbsposition und bei einem ebenfalls sehr hohen Anteil zu einer Verschlechterung. In den anderen Branchen hat sich die Wettbewerbssituation zwar ebenfalls in beide Richtungen entwickelt, doch lag hierbei jeweils ein eindeutiges Übergewicht einer Richtung vor. So zeigt sich in den Fachzweigen Textilien und Bekleidung, Möbel, Rundfunk-, Fernseh- und Phonoartikel, Elektrogeräte, Schreib- und Papierwaren, Bücher sowie Spielwaren und Sportartikel bei einem Großteil der Einzelhandelsfirmen eine Verbesserung der Wettbewerbslage, in den Branchen Drogerieartikel sowie Brennstoffe dagegen eine Verschlechterung auf sehr breiter Basis.

Die Erhebungsergebnisse machen deutlich, daß insbesondere in den Einzelhandelsbranchen mit Artikeln des Nahbedarfs bzw. des allgemeinen Bedarfs wettbewerblich bedingt nach wie vor breite Gefährdungsbereiche bestehen bzw. neu entstanden sind.

Im Konsumgütergroßhandel zeigen sich ähnlich starke Unterschiede in der Entwicklung der Wettbewerbslage der Firmen nach Branchen wie im Einzelhandel. Eine erhebliche Verbesserung der Wettbewerbssituation für einen beachtlichen Teil der Firmen ging auch hier in einigen Fachzweigen einher mit einer gleichzeitigen Verschlechterung bei einem ebenfalls sehr hohen Anteil von Firmen. Das war z. B. recht ausgeprägt im Nahrungs- und Genußmittelgroßhandel der Fall sowie in den Fachzweigen Beleuchtungs- und Elektroartikel, Rundfunk-, Fernseh- und Phonoartikel sowie im Großhandel mit Fahrrädern und Zubehör. Eine überwiegend positive Entwicklung der Wettbewerbssituation lag in den Branchen Möbel sowie optische Artikel vor. Ausgeprägt negativ hat sich dagegen die Wettbewerbssituation in den Großhandelsbereichen Fotoartikel sowie Drogen und Pharmazeutika entwickelt.

Im Bereich des Rohstoff- und Produktionsverbindungshandels ist das Entwicklungsbild des Wettbewerbs ebenfalls sehr differenziert. In den Branchen Kfz-Ersatzteile und -Zubehör, Heizungsbedarf, Brennstoffe

Tabelle 14: **Wettbewerbslage im Einzelhandel im Urteil der Unternehmen**
nach Fachzweigen

Fachzweig	Bei ... % der Firmen hat sich die Wettbewerbslage seit Mitte der sechziger Jahre				
	erheblich verbessert	etwas verbessert	nicht nennenswert verändert	etwas verschlechtert	erheblich verschlechtert
Nahrungs- und Genußmittel	30	25	17	15	13
Textilien und Bekleidung	29	29	23	11	8
Eisenwaren und Hausrat	19	19	29	27	6
Drogerieartikel	14	19	20	31	16
Büromaschinen und Organisationsmittel	25	26	12	31	7
Fahrzeuge	17	25	22	28	9
Möbel	37	20	23	12	8
Rundfunk-, Fernseh-, Phonogeräte	24	24	26	17	9
Beleuchtungs- und Elektroartikel	26	20	40	6	7
Glas-, Porzellan-, Keramikwaren	24	16	38	16	7
Schuhe	18	30	30	13	10
Leder- und Galanteriewaren	21	9	30	35	5
Papier- und Schreibwaren	34	23	26	10	7
Fotoartikel	25	14	16	7	37
Bücher	36	27	22	15	1
Uhren und Schmuckwaren	14	29	23	27	7
Spielwaren	43	17	29	11	1
Sportartikel	42	24	13	18	2
Brennstoffe	4	17	17	18	45

Quelle: Erhebungen des Ifo-Instituts im Jahre 1972.

und Mineralölerzeugnisse, NE-Metalle sowie Häute und Felle geriet ein sehr großer Teil der Firmen in den vergangenen Jahren unter starken Wettbewerbsdruck und befindet sich wohl großenteils im Stadium der akuten Gefahr.

c) *Standortumwertungen*

aa) Die Standortwertfaktoren und ihre Veränderung

Als Hauptfaktoren für die Bewertung eines Standortes lassen sich die vier Faktorenkomplexe Nachfrage, Verkehr, Konkurrenz und Geschäftsraum bezeichnen. Der Komplex Nachfrage umfaßt die Zahl der Bedarfsträger, die Häufigkeit der Bedarfsdeckung und die Konsumwertigkeit. Der Standortfaktor Verkehr findet seinen Ausdruck in der Verkehrsfrequenz und -akkumulation und steht in enger Beziehung mit der Zentralisation und Dezentralisation des Handels. Der Faktor Konkurrenz wirkt standortpolitisch in zwei Richtungen, d. h. die Konkurrenzverhältnisse üben je nach Branche, Warengruppe, Betriebsform einen unterschiedlichen Einfluß auf die Standortwahl und den Standortwert aus. Waren des täglichen Bedarfs neigen zur Konkurrenzevitation, da sich die Etablierung von Konkurrenzbetrieben in einem nur begrenzten Einzugsbereich ertragsmindernd auswirkt. Waren des höherwertigen und langfristigen Bedarfs bevorzugen die Konkurrenzakkumulation. Die Agglomerierung von branchengleichen und komplementären Betrieben erhöht den Attraktionsgrad des einzelnen Geschäfts, da der Verbraucher die Möglichkeit des Vergleichs eines umfassenden Angebots hat. Der Faktor Raum umfaßt die Gesichtspunkte Raumbedarf, Raumqualität, Raumkosten. Er ist die hauptsächlich von der Kostenseite her wirkende Einflußgröße auf den Standort.

Die Systemgrößen „Standortbedingungen und Standortanforderungen" sind in einer dynamischen Wirtschaft nicht konstant, sondern unterliegen im Zeitablauf mehr oder weniger starken Veränderungen. Wie die Ausführungen in den vorhergehenden Abschnitten gezeigt haben, fanden erhebliche Veränderungen im Verkehrsbereich, in der Mobilität der Bevölkerung, im Wachstum der Städte sowie in der Standortpolitik der verschiedenen Betriebsformen statt, die zu beachtlichen Standortumwertungen führten und weiterhin führen werden.

Veränderungsvorgänge im Standortfaktorenkranz sowie im Standortgefüge von Handelsunternehmen resultieren aber nicht nur aus autonomen Entwicklungsvorgängen in Wirtschaft und Gesellschaft. Auch der Statt greift direkt oder indirekt in das Standortgefüge ein. Entsprechend raumordnungspolitischen Leitlinien haben Raumordnung und Landesplanung in den letzten Jahren in erheblichem Maße Einfluß genommen auf Strukturfaktoren wie Bevölkerungszahl, Siedlungsstruktur, Ein-

Tabelle 15

Wettbewerbslage im Großhandel im Urteil der Unternehmen

nach Fachzweigen

Fachzweig	Bei ... % der Firmen hat sich die Wettbewerbslage seit Mitte der sechziger Jahre				
	erheblich verbessert	etwas verbessert	nicht nennenswert verändert	etwas verschlechtert	erheblich verschlechtert
Nahrungs- und Genußmittel	16	20	27	21	17
Textilien und Bekleidung	25	23	25	16	11
Schuhe	42	17	7	28	6
Bürobedarf	13	29	23	28	8
Eisen- und Metallwaren	15	15	33	25	13
Beleuchtungs- und Elektroartikel	25	16	23	20	15
Rundfunk-, Fernseh- und Phonogeräte	28	15	12	26	19
Uhren u. Schmuckwaren	14	23	27	29	7
Fotoartikel	24	14	5	14	43
Optische Artikel	24	43	24	5	5
Hohlglas und Keramik	20	32	25	18	5
Drogen, Pharmazeutika	5	15	24	18	38
Fahrräder und Zubehör	33	6	22	22	17
Möbel	60	13	10	9	10
Konsumgütergroßhandel insgesamt	18	20	26	21	17
Eisen und Stahl	14	12	33	27	15
Werkzeuge, Maschinen	19	20	21	25	15
Kfz-Teile und -Zubehör	23	10	11	30	26
Heizungsbedarf	19	16	21	30	13
Sanitäres Installationsmaterial	11	23	42	18	6
Elektrisches Installationsmaterial	16	17	33	24	11
Baustoffe	18	22	33	19	8
Holz	20	16	38	17	9
Papier und Pappe	18	18	36	21	7
Technische Chemikalien	16	10	40	26	8
Häute und Felle	5	9	18	46	21
Leder	25	25	25	8	17
Brennstoffe, Mineralölerzeugnisse	7	12	17	28	37
NE-Metalle	16	4	17	28	34
Landhandel	15	14	27	34	10
Rohstoff- und Produktionsverbindungshandel insgesamt	14	14	27	28	17

Quelle: Erhebungen des Ifo-Instituts im Jahre 1972.

kommensniveau, Verkehrsverhältnisse, die vor allem für den Einzelhandel, seine Standortwahl und den Standortwert wesentlich sind. Im Rahmen der Bauleitplanung nehmen die Kommunen nicht nur auf den Standordfaktorenkranz, sondern auch direkt auf das Standortgefüge des Handels durch vorbereitende Planungsmaßnahmen für den Ansatz von Einzelhandels-, Handwerks- und sonstigen Dienstleistungsbetrieben und Ausweisung von Flächen Einfluß. Auch wenn im Bundesbaugesetz die wirtschaftlichen Einrichtungen zur Versorgung der Bevölkerung nicht expressis verbis angesprochen sind, so hat sich doch die Meinung durchgesetzt, daß Handels-, Handwerks- und Diestleistungsbetriebe im Interesse einer optimalen Bedarfsdeckung genau so sorgfältig eingeplant werden müssen wie andere „der Allgemeinheit dienende bauliche Anlagen und Einrichtungen". Der unterschiedliche Grad des Problembewußtseins bei den Städten hinsichtlich der Handelsstandorte hat dabei einen starken Einfluß auf das örtliche und regionale Standortgefüge des Handels und damit auf den Standortwert unterschiedlicher Lagen. Im Rahmen städtebaulicher Erneuerungsmaßnahmen in den Kernbereichen wirken vor allem enge räumliche Zuordnung von verdichteten Wohnbereichen zu den Geschäftsbereichen, Trennung der Verkehrsarten durch Differenzierung der Verkehrsflächen in Fußgängerbereiche, Anliegerstraßen für den Wirtschaftsverkehr, Flächen für den ruhenden Verkehr außerhalb der Flächen für den fließenden Verkehr und gesonderte Führung der öffentlichen Verkehrsmittel sowie enge räumliche Zuordnung von Kurzparkflächen für Kunden und Besucher nachhaltig auf das großstädtische und regionale Standortgefüge des Einzelhandels ein.

bb) Ausprägungen von Standortumwertungen im Einzelhandel und ihre Auswirkungen

α) Zur Problematik der Erfaßbarkeit

Die Auswirkungen von Standortumwertungen speziell unter dem Aspekt der Auslese können nicht eindeutig ermittelt werden.

Bis zu einem gewissen Grad lassen sich Standortumwertungen durch entsprechende Reaktion des Betriebes in Form einer Anpassung an die veränderten Standortbedingungen — etwa durch Veränderung des Sortiments, des Betriebstyps, des Geschäftsprinzips — kompensieren und werden somit nicht als „Auslesefaktor" wirksam. Ab einem bestimmten „Schwellenwert" können aber Standortumwertungen nicht mehr durch Anpassungsmaßnahmen des Betriebes ausgeglichen werden, sei es, daß das Ausmaß der Umwertung sehr stark ist oder der Betrieb sich bereits in einer „schwachen" Konstitution befindet und die Veränderung der Standortqualität den letzten Ausschlag zur Betriebsauflösung gibt. Der Schwellenwert, von dem ab Standortumwertungen als Auslese induzierender oder beschleunigender Faktor wirken, ist somit von Betrieb zu Betrieb verschieden. Durch die Beobachtung der Veränderung von Standortwertfaktoren und der Standortqualität in verschiedenen Lagen und in den einzelnen Branchen lassen sich Vorstellungen darüber gewinnen, wo und bei welchen Branchen Standortumwertungen tendenziell zur Betriebsauslese beitragen bzw. welche Faktorenänderungen in Richtung Ausleseprozeß wirken.

β) Attraktionsveränderungen der City

Diskussionen über die Standortstruktur des Einzelhandels beziehen sich in erster Linie auf die Geschäftszentren der Großstädte, auf die Citys, zumal die Ballungsräume in der BRD die Standorte des Einzelhandels auch künftig entscheidend bestimmen werden. Veränderungen im Standortwert, in der Attraktivität der City, können in jedem Fall als Ursachenfaktor der Auslese wirken. Von einem Attraktionsgewinn der City werden Betriebe anderer Standortlagen negativ betroffen, von einem Attraktionsverlust die in Citylagen ansässigen Betriebe.

Nach Befragungsergebnissen des Ifo-Instituts im Einzelhandel hat sich die Attraktivität der City insgesamt gesehen deutlich erhöht, womit gewisse Attraktivitätsverluste in anderen Standortlagen und damit auslesefördernde Wirkungen verbunden sind. Als dominante Gründe hierfür erwiesen sich überraschenderweise die Verbesserung der Verkehrsverhältnisse sowie die Schaffung zusätzlicher Parkmöglichkeiten, daneben werden aber auch Gesichtspunkte absatzpolitischer und kaufpsychologischer Natur genannt, die dem City-Zentrum einen Attraktionsvorteil gegenüber anderen Einkaufslagen bringen. Die Errichtung von Fußgängerzonen und Einkaufsstraßen kam dem Verbraucherbedürfnis zum „Window Shopping" entgegen. Die Konzentration des Angebots und der verschiedensten Angebotsformen auf relativ engem Raum, das nunmehr viel bequemer und schneller überschaut werden kann, bietet dem Konsumenten eine Markttransparenz wie keine andere Standortlage. Die Konzentrationsdichte bzw. die Ausstrahlungsintensität wurde durch die Neuerrichtung von Waren- und Kaufhäusern vielfach noch verstärkt, die wiederum Fach- und Spezialgeschäften die Möglichkeit zu einem attraktionserhöhenden „Kontrastangebot" gaben. Die Erhöhung der Betriebsformen- und Angebotstypenvielfalt in der City und die damit verbundene Intensivierung des Wettbewerbs haben sich nach Meinung sehr vieler Cityunternehmen besonders positiv ausgewirkt. Gemeinschaftsaktionen wie sie in der Durchführung von Gemeinschaftswerbung oder in der Errichtung gemeinsamer Parkhäuser zum Ausdruck kommen, sind ebenfalls sehr häufig genannte Gründe für den gestiegenen Attraktionsgrad des City-Geschäftszentrums.

Die Entwicklung ist allerdings sowohl nach Branchen als auch innerhalb der Branchen teilweise recht differenziert. Wie Tabelle 16 zeigt, wurden City-Geschäfte vor allem in den Branchen Nahrungs- und Genußmittel, Büromaschinen, Beleuchtungsartikel sowie Papier, Bürobedarf und Schreibwaren besonders stark von Standortumwertungen betroffen. Hier fanden deutliche Verlagerungen zu städtischen Nebenzentren sowie zu Einkaufszentren in neuen Wohnvierteln statt. Bei Glas-, Porzellan- und Keramikwaren, bei Lederwaren sowie bei Fotoartikeln

Tabelle 16

Attraktivität der City-Zentren im Urteil des Einzelhandels

Branche	Die Attraktivität der City ist in den letzten 5 Jahren nach Meinung von ... % der Einzelhändler in den einzelnen Branchen			Soweit die Attraktivität sank, fand nach Meinung von ... % der Firmen vor allem eine Aufwertung folgender Standortlagen statt		
	gestiegen	gleichgeblieben	gesunken	1a)	2a)	3a)
Nahrungs- und Genußmittel	35	40	25	20	40	30
Textilien u. Bekleidung	33	51	16	33	22	34
Eisenwaren und Hausrat	31	52	17	—	67	17
Drogerieartikel	31	61	8	33	67	—
Büromaschinen	24	36	40	45	11	22
Möbel	26	55	19	21	36	43
Rundfunk-, Fernseh-, Phonogeräte	36	50	14	—	50	50
Beleuchtungsartikel	32	47	21	20	60	20
Glas-, Porzellan-, Keramikwaren	45	39	16	—	20	60
Schuhe	33	58	9	100	—	—
Lederwaren	43	38	19	17	17	33
Papier, Bürobedarf, Schreibwaren	39	40	21	57	29	14
Fotoartikel	42	46	12	25	75	—
Bücher	37	46	17	67	20	13
Uhren und Schmuckwaren	33	50	17	—	40	60
Spielwaren	36	50	14	25	—	50
Sport- und Campingartikel	37	50	13	40	—	60
Einzelhandel insgesamt	35	44	21	27	37	28

a) 1 ... Nebenzentren der Stadt bzw. des Ortes.
2 ... Neue Einkaufszentren in Wohnsiedlungen.
3 ... Neue Einkaufszentren und Verbrauchermärkte außerhalb von Wohnsiedlungen.

Quelle: Erhebungen des Ifo-Instituts im Jahre 1971.

dagegen hatten Citylagen eine deutlich überdurchschnittliche Attraktivitätszunahme zu verzeichnen.

Nimmt man diese überdurchschnittlich hohen Anteile von Firmenmeldungen über einen Attraktionsverlust und einen Attraktionsgewinn der Cityzentren als Indikator für das Vorliegen einer sehr nachhaltigen Standortumwertung, so läßt sich schließen, daß für die angeführten Branchen der Attraktionswandel der City zu einem wesentlichen den Ausleseprozeß mitverursachenden Faktor wurde.

γ) Entstehen geplanter Standortagglomerationen

Entstehen neuer Einkaufszentren

Einkaufszentren sind Elemente in der Standortstruktur des Einzelhandels, die auf Grund ihrer hohen Ausstrahlungskraft erhebliche Standortumwertungen bewirken können. Je nach Standortlage und Größe sowie nach dem Ausstattungsniveau eines Gebietes mit Einzelhandelsbetrieben übt das Einkaufszentrum einen mehr oder weniger großen Einfluß auf das bestehende Einzelhandelsnetz aus. Befragungsergebnisse des Ifo-Instituts über Konkurrenzverhältnisse von Einkaufszentren zum örtlichen Einzelhandel und über Geschäftsauflösungen lassen zwar keine Information über die Konkurrenzintensität der Zentren sowie die Zahl der auf Grund der Zentrenerrichtung aus dem Markt aus-

Tabelle 17

Der Einfluß von Einkaufszentren auf den örtlichen Einzelhandel

Größenklasse der Zentren (Geschäftsfläche in qm) / Standortlage der Zentren	... % der Einkaufszentren in den einzelnen Größenklassen/Standortlagen: stehen in unmittelbarer Konkurrenz zu bestehenden Einzelhandelsgeschäften	... % der Einkaufszentren in den einzelnen Größenklassen/Standortlagen: haben zur Auflösung bestehender Geschäfte in ihrem Einzugsgebiet beigetragen
1 000 bis unter 5 000	14	6
5 000 bis unter 25 000	38	16
25 000 und mehr	54	36
Zwischenstädtisch	38	43
Am Ortsrand	41	20
Wohnviertel	14	6
City	51	24
Insgesamt[a]	25	12

a) Einschließlich der Zentren, für die keine Größen- oder Ortsangaben vorlagen.

Quelle: Erhebungen des Ifo-Instituts im Jahre 1971.

geschiedenen Betriebe zu. Sie ermöglichen aber „Tendenzaussagen“ über die selektive Wirkung von Einkaufszentren auf den örtlichen Einzelhandel.

Die Befragungsergebnisse zeigen, daß bei immerhin 25 % der Einkaufszentren eine unmittelbare Konkurrenzbeziehung zu bereits bestehenden Einzelhandelsgeschäften vorliegt. Überdurchschnittlich häufig gilt das in Größenklassen über 5000 qm. Aber auch kleinere Zentren stehen zu einem beachtlichen Teil in einem direkten Konkurrenzverhältnis zu anderen Betrieben. Das Konkurrenzverhältnis ist nicht so stark, daß es grundsätzlich zu einem Ausscheiden von Firmen aus dem Markt führen muß. Bei etwa der Hälfte der Zentren die in direkter Konkurrenz zu anderen Betrieben stehen, kam es allerdings auch zu Geschäftsauflösungen im Einzugsgebiet.

Eine Differenzierung der Ergebnisse nach dem Standorttyp des Einkaufszentrums zeigt, daß es im Zuge der Errichtung von zwischenstädtischen und stadtperipheren Zentren sehr häufig zu Geschäftsauflösungen in deren Ausstrahlungsbereich kam. Auch City-Einkaufszentren waren vielfach ein neuer Konkurrenzfaktor, der zu einer Betriebsselektion führte. Wohnviertel-Zentren dagegen hatten nur in relativ wenigen Fällen auslesebeeinflussende Wirkung.

Sicherlich ist der Einfluß von Einkaufszentren auf bestehende Betriebe insgesamt noch etwas größer, als er in diesen Erhebungsergebnissen zum Ausdruck kommt. Die Meldungen bezogen sich auf den Einzelhandel innerhalb der Verwaltungsgrenzen der Gemeinde, in der das Einkaufszentrum errichtet wurde. Die Auswirkungen auf Geschäfte in kleineren Nachbargemeinden der „Zentrengemeinde“ sind — wie Beispiele zeigen — oftmals weit nachhaltiger.

Zusammenfassend kann gesagt werden, daß die Errichtung von Einkaufszentren — vor allem größerer Dimension — in zahlreichen Fällen zum Ausscheiden kleinerer Betriebe geführt hat. Soweit das nicht geschah, wurden die Unternehmen zu Anpassungsmaßnahmen am bisherigen Standort veranlaßt. Im Zuge derartiger Anpassungsmaßnahmen werden sie teilweise auch zu einer Änderung ihrer Standortanforderungen auf ein niedrigeres Anspruchsniveau gezwungen.

Entstehen von Verbrauchermärkten

Auch die Verbrauchermärkte als Betriebsform des Einzelhandels haben zu erheblichen Verschiebungen in der Standortstruktur geführt. Ihre Standorttendenz in Randgebiete von Gemeinden und in Lagen außerhalb von Wohngebieten hat bewirkt, daß sich zahlreiche Betriebe, vor allem in kleineren Gemeiden im Umkreis von Groß- und Mittelstädten sowie in städtischen Nebenlagen, geographisch vollkommen veränderten Konkurrenzbeziehungen gegenübersehen. Vor allem die Möglichkeit, in unmittelbarer Nähe der Einkaufsstätte parken zu können, hat diese peripheren Standortlagen aufgewertet. Auftreten und Geschäftspolitik der Verbrauchermärkte können zwar — auf Grund der meist fehlenden Waren- und Angebotskongruenz zwischen Verbrauchermarkt und Fachhandel — nicht als unmittelbar wirkende Kausalität des Ausleseprozesses, sicherlich aber als mitinduzierende Größen angesehen werden. Verbrauchermärkte stellen Wettbewerber dar, die auf Grund ihrer speziellen Standortpolitik gerade in solchen Räumen und Standortlagen zu Umwertungen beigetragen haben, die bislang nicht im unmittelbaren Konkurrenz- und Ausstrahlungsbereich von Großsortimentern lagen.

Zahlreichen Unternehmen wurde durch das Auftreten dieser neuen Wettbewerber so viel Umsatzpotential entzogen, daß eine Fortführung des Geschäfts in Frage gestellt wurde bzw. nur noch auf einem Ertragsniveau möglich ist, das eine langfristige Betriebserhaltung sehr erschwert. Der selektionsinduzierende Einfluß, der von dieser Form der Standortumwertung ausgeht, dürfte aber in den nächsten Jahren, bedingt vor allem durch die Novellierung der Baunutzungsverordnung[8], geringer werden.

δ) Anstieg der Mietkosten

Mietkosten bzw. Mietkostenbelastung der Unternehmen sind eine Komponente des Standortwertes, die im vergangenen Jahrzehnt im Zuge der verstärkten Agglomerationsbildung und der starken Konkurrenz der Einzelhandelsbetriebe und Dienstleistungsunternehmen um zentrale Standorte und Geschäftsflächen zunehmendes Gewicht erhalten hat. Erhöhungen des Standortwertes im Zuge der Attraktionserhöhung bestimmter Lagen bei den betriebsexternen Komponenten wurden durch die Steigerung der Mietpreise relativiert, teilweise überkompensiert. Die Mietkosten je qm Geschäftsraum und Jahr stiegen im Zeitraum 1961/1971 im Durchschnitt des Einzelhandels von knapp 67 DM auf gut 107 DM bzw. um über 60 %. Weit über dem Durchschnitt liegt das Mietpreisniveau in den Hauptverkehrslagen sowie den mittleren Verkehrslagen der Großstadtzentren mit 171 bzw. 130 DM je qm Geschäftsraum. Die Diskrepanz der Mietpreise in diesen Standortlagen zu weniger zentralen Lagen hat sich in den vergangenen Jahren noch vergrößert. Recht beachtlich sind in den letzten Jahren die Mietpreise in den Hauptverkehrs-

---

[8] Danach sind Einkaufszentren und Verbrauchermärkte mit übergemeindlicher Bedeutung, die außerhalb von Kerngebieten errichtet werden sollen, als Sondergebiete auszuweisen (§ 11 Abs. 3). Die Errichtung von Einkaufszentren und Verbrauchermärkten übergemeindlicher Bedeutung in Gewerbe- und Industriegebieten ist unzulässig, sofern sie nicht im Rahmen dieser Gebiete als Sondergebiete ausgewiesen sind (§ 8 Abs. 2 Nr. 1; § 9 Abs. 2 Nr. 1).

lagen von Vororten gestiegen, doch liegt ihr absolutes Niveau noch unter dem Gesamtdurchschnitt.

Die Erhöhung der Raumproduktivität im Einzelhandel war wesentlich schwächer als der Anstieg der Mietpreise, so daß sich die Mietkostenbelastung des Umsatzes verstärkte. Besonders betroffen davon waren die Geschäfte in den großstädtischen Hauptverkehrslagen. Die Raumproduktivität konnte hier bei dem bereits erreichten hohen Niveau nur noch wenig gesteigert werden, die Mietpreise nahmen aber — wie aufgezeigt — überdurchschnittlich stark zu. Betrug die Mietkostenbelastung in dieser Standortlage 1961 3,0 % des Umsatzes, so belief sie sich 1971 auf 3,8 %. In Hauptverkehrslagen der Vororte oder Außenbereiche von Großstädten erhöhte sich die Mietkostenbelastung des Umsatzes ebenfalls überdurchschnittlich stark. Der Kostensatz stieg von 2,1 % des Umsatzes im Jahre 1961 auf 2,7 % im Jahre 1971. Weit schwächer als im Einzelhandelsdurchschnitt nahm die Mietkostenbelastung in den Städten und Orten unter 100 000 Einwohner zu. Zwar stiegen hier — vor allem in den letzten fünf Jahren — die Mietpreise sehr stark an, doch konnte die Erhöhung der Kostenbelastung durch eine überdurchschnittliche Steigerung der Raumproduktivität teilweise gedämpft werden.

Die umsatzschwächeren Betriebe in den Citylagen sowie zentralen Vorortlagen kamen in den vergangenen zehn Jahren verstärkt unter Mietkostendruck. Eine Erhöhung der Raumproduktivität war — bedingt durch starke bzw. verstärkte Konkurrenz von Großbetrieben sowie auf Grund fehlender Finanzierungsmöglichkeiten für Rationalisierungsmaßnahmen — kaum gegeben, die Mietkosten dagegen stiegen permanent an.

Die Ertragslage der Einzelhandelsgeschäfte in den Großstädten ist zwar im Durchschnitt trotz der höheren Mietkostenbelastung besser als in kleineren Orten, da in den größeren Orten und in zentralen Lagen die durchschnittlichen Spannen noch etwas stärker stiegen als die Kosten. Viele kleine Einzelhändler in Citylagen können aber sehr häufig nur Spannen erzielen, die kaum höher sind als bei vergleichbaren Betrieben in weniger agglomerativen Standortlagen, so daß die höhere Mietkostenbelastung sich in einer Ertragsschmälerung niederschlägt.

Mietpreise und Mietkostenbelastung schwanken nach Branchen recht deutlich. Das ist in erster Linie ein Ergebnis der unterschiedlichen Standorterfordernisse und -qualitäten sowie des unterschiedlichen Flächenbedarfs der Sortimente. Eine weit überdurchschnittliche Belastung mit Mietkosten zeigt sich im Einzelhandel mit Leder- und Galanteriewaren sowie im Einzelhandel mit Glas-, Porzellan- und Keramikwaren. Während sich im Einzelhandelsdurchschnitt die Mietkostenbelastung im Jahre 1971 auf 2,8 % des Umsatzes belief, betrug sie in diesen beiden Sparten 4,6 % bzw. 4,2 %. Auch in den Textilfachzweigen Baby- und Kin-

Tabelle 18: **Mietkosten des Einzelhandels in % vom Absatz**
nach Ortsgrößenklassen und Geschäftslagen

Ortsgröße und Geschäftslage	1961	1962	1963	1964	1965	1966	1967	1968	1969	1970	1971
Betriebe insgesamt	2,4	2,4	2,5	2,6	2,6	2,7	3,0	3,1	3,0	2,9	2,8
Betriebe in Orten mit über 100 000 Einwohnern	2,6	2,6	2,7	2,8	2,8	3,0	3,2	3,3	3,2	3,1	3,0
davon:											
in Hauptverkehrslagen der Innenstadt	3,0	3,0	3,2	3,1	3,1	3,7	3,9	3,9	3,9	3,8	3,8
in mittleren Verkehrslagen der Innenstadt	2,8	2,8	2,8	3,0	2,9	3,1	3,3	3,4	3,5	3,3	3,1
in Hauptverkehrslagen der Vororte oder Außenbezirke	2,1	2,1	2,2	2,4	2,5	2,5	2,7	2,8	2,7	2,7	2,7
Betriebe in Orten mit weniger von 100 000 Einwohnern ..	2,2	2,2	2,3	2,3	2,3	2,5	2,7	2,8	2,7	2,6	2,5

Quelle: Betriebsvergleichsergebnisse des Instituts für Handelsforschung, Köln.

derausstattung sowie Miederwaren liegt die Mietkostenbelastung des Umsatzes mit 3,8 % sehr hoch.

In einigen Branchen hat sich der Mietkostendruck vor allem in den Jahren seit 1967/1968 erheblich verstärkt. Hierzu zählen vor allem der Schuheinzelhandel, der Sportartikeleinzelhandel, die Textilfachzweige Herren-, Damen- und Kinderoberbekleidung sowie Herren- und Knabenoberbekleidung, daneben der Einzelhandel mit Baubeschlägen, Kleineisenwaren und Werkzeugen. Die starke Diskrepanz der Entwicklung von Mietpreis und Raumproduktivität dürfte gerade in diesen — vorzugsweise zentrenorientierten — Branchen sehr häufig ausleseverstärkende Wirkungen gehabt haben.

ε) Herausbildung von Standortschwerpunkten

Die Standortstruktur des Einzelhandels befindet sich in quantitativer, vor allem aber in qualitativer Hinsicht in einem permanenten Wandlungsprozeß. Die Veränderungen gehen dabei nicht in Form von „revolutionierenden" Strukturbrüchen vor sich, sondern haben „evolutionären" Charakter. Auch für die nächsten Jahre lassen die standortpolitischen Konzeptionen der Betriebsformen des Einzelhandels keine außerordentlichen Standortumwertungen erwarten. Standortkooperative Gebilde in Form von Einkaufszentren, Gemeinschaftswarenhäusern und auch Verbrauchermärkten werden künftig weit mehr als bisher in Standortlagen errichtet werden, die bereits vom Einzelhandel erschlossen sind und sich somit verstärkt in die bestehende Standortstruktur einfügen. Im Zuge dieser Entwicklung und bedingt durch die zunehmende Neigung der Konsumenten zum „Verbundeinkauf" werden sich allerdings in erheblich stärkerer Ausprägung als bisher für bestimmte Bedarfsbündel und -gruppen Standortschwerpunkte herausbilden.

Ergebnisse einer Erhebung des Ifo-Instituts im Einzelhandel, bei der die Unternehmer nach ihrer Meinung zu den künftigen Standortschwerpunkten der einzelnen Warengruppen befragt wurden, ergaben eindeutige Entwicklungstendenzen. Dabei mußten aus Vereinheitlichungs- und fragetechnischen Gründen Kategorisierungen bei den Warengruppen wie den Standorttypen vorgenommen werden.

Für Standardartikel des täglichen Bedarfs zeichnet sich kein ausgeprägter Standortschwerpunkt ab. Zwar wird den Einkaufszentren und Ladengruppen in Wohnvierteln die größte Bedeutung zukommen, aber auch die Haupt- und Nebengeschäftszentren der Städte werden — vor allem mit den dort ansässigen Großbetriebsformen — zu einem beachtlichen Teil Einkaufsstandorte für diese Bedarfskategorie bleiben. Erheblich geringeres, aber doch nicht zu übersehendes Gewicht wird Ein-

Tabelle 19: **Standorttendenzen im Urteil des Einzelhandels**

Warengruppe	Nach Meinung von ... % der Einzelhändler[a] wird die Konsumentenversorgung bei den einzelnen Warengruppen künftig vorzugsweise an folgenden Standorten stattfinden			
	Hauptgeschäftszentren der City	Nebengeschäftszentren der Stadt	Einkaufszentren/ Ladengruppen innerhalb von Wohnsiedlungen	Einkaufszentren an der Stadtperipherie bzw. auf der „Grünen Wiese", Großeinkaufsstätten in peripherer Lage
Standardartikel des täglichen Bedarfs	23	24	42	11
Exklusivartikel des täglichen Bedarfs	73	11	14	2
Längerlebige Gebrauchsgüter unterer und mittlerer Qualitäts- u. Preisklassen	47	14	11	28
Längerlebige hochwertige Gebrauchsgüter der oberen Qualitäts- und Preisklassen	85	6	1	8
Hochwertige, besonders beratungsbedürftige Artikel des persönlichen Bedarfs .	95	5	—	—

a) Aussagen zusammengewichtet nach der Anzahl der Unternehmen in den einzelnen Branchen laut Handels- und Gaststättenzählung 1968.

Quelle: Erhebungen des Ifo-Instituts im Jahre 1971.

kaufszentren an der Peripherie und auf der Grünen Wiese sowie sonstigen Einkaufsstätten an nicht integrierten Standorten (wie Verbrauchermärkten) zukommen.

Exklusivartikel des täglichen Bedarfs werden wie bisher vorzugsweise im City-Geschäftszentrum gekauft werden. Wohnviertelzentren sowie Nebengeschäftszentren werden jedoch bei der Deckung dieses Bedarfs eine größere Rolle spielen als bisher.

Bei den längerlebigen Gebrauchsgütern unterer und mittlerer Qualität zeichnet sich ähnlich wie bei den Standardartikeln des täglichen Bedarfs eine Gewichtsverlagerung ab. Die größte Bedeutung wird auch weiterhin den Citygeschäften zukommen, doch dürfte ein zunehmender Teil der Nachfrage bei dieser Warengruppe an peripheren Standorten gedeckt werden. Andere Standorttypen werden nur eine untergeordnete Rolle spielen.

Bei längerlebigen Gebrauchsgütern hoher Qualität sowie bei besonders beratungsbedürftigen Artikeln des persönlichen Bedarfs behält das City-Geschäftszentrum die eindeutige Dominanz. Nachfrage und Angebot von Waren dieses Genres werden sich noch stärker als bisher auf diesen Standort konzentrieren.

Die Neuakzentuierung der Standortschwerpunkte für die einzelnen Bedarfsgruppen wird bei vielen Unternehmen Anpassungsreaktionen erforderlich machen, sei es in Form eines Standortwechsels, sei es durch Veränderung wesentlicher Strukturmerkmale wie Sortiment, Angebotstyp und dgl. mehr. Vielen Unternehmen dürfte diese Anpassung jedoch aus betriebsinternen Gründen nicht gelingen bzw. auf Grund einer zu starken Umwertung ihres Standortes nicht möglich sein.

cc) Standortumwertungen im Großhandel

Im Großhandel haben Veränderungen im sozio-ökonomischen Datenkranz ebenfalls zu Standortumwertungen beigetragen. Ihr Ausmaß ist allerdings geringer als im Einzelhandel, da die Absatzraumorientierung hier nicht so dominant ist bzw. Veränderungen im Absatzraum nicht immer auch entsprechende Auswirkungen auf den Standortwert des Großhandelsunternehmens haben. Darüber hinaus ist im Rohstoff- und Produktionsverbindungshandel die Beschaffungsorientierung viel ausschlaggebender für die Standortwahl. Hier aber sind keine so gravierenden Verschiebungen vor sich gegangen. Standortumwertungen erfolgten aber bei den Faktoren Verkehr und Geschäftsraum. Soweit Großhandelsunternehmen in zentralen bzw. integrierten Geschäftslagen angesiedelt sind, hat sich in den letzten Jahren — bedingt vor allem durch die steigenden Mietkosten sowie durch die häufig fehlende Möglichkeit zur Betriebserweiterung — für sie eine Verschlechterung des

Standortwertes ergeben. Daneben haben auch die steigende Verkehrsdichte und die dadurch bedingte Erschwerung des Transports in und aus innerstädtischen Lagern die Standortqualität dieser Plätze geschmälert. Rationalisierungsmöglichkeiten in der Lager- und Ladetechnik konnten nicht im erforderlichen Umfange verwirklicht werden (Erfordernis eingeschossiger Lagerflachbauten). Im Zuge dieser Entwicklung ergaben sich zum großen Teil Verlagerungen an periphere Standorte, in Gewerbe- und Industriegebiete, teilweise aber auch Geschäftsaufgaben. Stadtplanungs- und Stadtsanierungsmaßnahmen haben diesen Prozeß teilweise beschleunigt, indem sie versuchten, eine Funktionsentflechtung der Kerngebiete durchzuführen und die Unternehmen und Institutionen, die nicht ausgesprochen zentrale Funktionen erfüllen, an periphere Standorte zu verlagern.

Nach den Befragungsergebnissen des Ifo-Instituts im Handel sind immerhin rd. 18 % der Großhandelsfirmen der Meinung, daß ihr derzeitiger Standort auf längere Sicht nicht mehr den Geschäftserfordernissen entspricht. Konsumgütergroßhändler klagen dabei häufiger über eine Diskrepanz zwischen Standorterfordernissen und Standortbedingungen als die Unternehmen des Rohstoff- und Produktionsverbindungsbereichs. Rund 11 % aller befragten Großhandelsfirmen haben bereits konkrete Pläne für eine Standortverlagerung, 7 % der Unternehmen aber müssen die Standortverschlechterung hinnehmen, ohne entsprechend reagieren zu können. Eine langfristige Betriebserhaltung ist diesen Unternehmen allein aus diesem Grunde nicht möglich.

d) Qualität der Unternehmensführung

Leistung, Wettbewerbskraft und Ertragssituation eines Unternehmens und somit seine Existenzfähigkeit hängen weitgehend von der Qualität der Unternehmensführung ab. Im Rahmen der Erhebungen des Ifo-Instituts wurde dem Faktor „Führungsqualität" entsprechende Aufmerksamkeit geschenkt. Hierbei stellte sich das Problem der Erfassung, das nicht mit Hilfe quantitativer Maßstäbe gelöst werden kann. Es wurden daher Indikatoren als Hilfsgrößen herangezogen. Ein Unternehmen muß bestimmte Führungsinstrumente anwenden und Verhaltensweisen praktizieren, um auf längere Sicht im Markt verbleiben zu können. Die Erfüllung dieser Bedingungen erlaubt Rückschlüsse auf die Führungsqualität.

Folgende Indikatoren wurden ausgewählt:

— Vorhandensein einer Umsatzstatistik und einer kurzfristigen Erfolgsrechnung nach Artikeln und Artikelgruppen.

  Die Ausweitung der Sortimente und die damit verbundene Expansion der Lagerhaltung führen im Handel zu einer wachsenden

Kapitalbindung und Erhöhung der Entwertungsrisiken. Das erfordert ein Instrument zur Sortiments- und Lagerkontrolle sowie darüber hinaus zur Gewinnsteuerung. Das Vorhandensein einer kurzfristigen Erfolgsrechnung, zumindest aber einer differenzierten Umsatzstatistik, ist deshalb unter betriebswirtschaftlichen Gesichtspunkten ein unabdingbares Erfordernis.

— Preispolitische Aktivität.
Sowohl im Großhandel als auch im Einzelhandel ist eine flexible, markt- und kostenorientierte Preispolitik unerläßlich, um sich dem raschen Wandel von Wettbewerbskonstellationen anpassen zu können. Im Rahmen der preispolitischen Aktivitäten kommt daneben auch der Durchführung von Sonderangeboten ein besonderes Gewicht zu.

— Nutzung von Skontierungsmöglichkeiten.
Die zunehmende Kapitalintensität im Handel bei tendenziell stagnierender bis sinkender Gewinnspanne erfordert das konsequente Ausnutzen sämtlicher Rationalisierungsmöglichkeiten auch in der Finanzierungssphäre. Da der offene Buchkredit des Lieferanten die mit Abstand teuerste Kreditart darstellt und in der Regel durch wesentlich billigere Kredite ersetzt werden kann, ist der Grad der Skontierung der Warenrechnungen in den meisten Fällen ein Indiz für rationelles, kostenbewußtes Finanzierungsverhalten. Aus denselben Gründen muß die Kenntnis der Unternehmer über die prinzipiellen Möglichkeiten zur Erlangung zinsverbilligter Kredite als Kriterium für unternehmerische Qualifikation im Finanzierungsbereich angesehen werden.

— Vorhandensein einer längerfristigen Finanz- und Investitionsplanung.
Unternehmen, die längerfristig ihre Marktposition erhalten bzw. ausbauen wollen, kommen an einer Planung in den wichtigsten unternehmerischen Teilbereichen, z. B. im Finanzierungs- und Investitionsbereich, nicht vorbei. Diese stellt somit einen wichtigen Indikator für eine zukunftsorientierte Unternehmenspolitik dar.

— Mitgliedschaft in einer Kooperation sowie Inanspruchnahme der von der Kooperationsgemeinschaft angebotenen Leistungen.
Geht man davon aus, daß insbesondere die kleinen und mittleren Unternehmen vielfach nicht mehr dazu in der Lage sind, alle Führungsaufgaben allein im erforderlichen Umfange wahrzunehmen und die Kooperation die Möglichkeit zur Verbesserung der Unternehmensführung bietet, so kann die Mitgliedschaft in einer solchen

Gemeinschaft und die Inanspruchnahme der von ihr angebotenen Leistungen ebenfalls als Indikator für die Qualität der Unternehmensführung angesehen werden.

Sowohl im Großhandel als auch im Einzelhandel trägt der überwiegende Teil der Firmen diesen betriebswirtschaftlichen Erfordernissen Rechnung, im Großhandel allerdings etwas häufiger als im Einzelhandel.

Im Großhandel führen vier Fünftel der befragten Firmen eine kurzfristige Erfolgsrechnung durch. Das deutet darauf hin, daß man dem Instrument der detaillierten Sortiments- und Erfolgskontrolle große Bedeutung beimißt. Ein erheblicher Teil der frei kalkulierbaren Waren wird im Großhandel je nach Wettbewerbslage bzw. nach Kostensituation kalkuliert. Das zeigt, daß sich die Firmen in ihrer Preispolitik flexibel verhalten. Auch das Ausmaß des Skontierens von Lieferantenrechnungen und der Kooperationsgrad[9] deuten zunächst auf ein den Erfordernissen weitgehend angepaßtes unternehmenspolitisches Verhalten im Großhandel hin. Untersucht man allerdings das „Kooperationsbewußtsein" der Unternehmen sowie den Inhalt und das Ausmaß kooperativer Funktionserfüllung, so schwächt sich dieser Eindruck beträchtlich ab.

Ein erheblicher Teil der kooperierten Firmen nimmt die von der Gemeinschaft angebotenen Leistungen wie Beratung in absatz- und betriebswirtschaftlichen Fragen, Schulungsveranstaltungen, Betriebsvergleich, Übernahme von Aufgaben des betrieblichen Rechnungswesens durch zentrale EDV-Anlagen, nicht in Anspruch. Das ebenfalls unter Aspekten der längerfristigen Existenzsicherung wichtige Instrument der Finanz- und Investitionsplanung ist in weiten Bereichen des Großhandels nicht vorhanden.

Die Aufbereitung der Erhebungsergebnisse nach Umsatzgrößenklassen ergibt, daß zwischen der Unternehmensgröße und dem Einsatz der genannten Instrumente bzw. der Praktizierung der erwähnten Verhaltensweisen ein enger Zusammenhang besteht. Mit zunehmender Größe der Großhandelsunternehmen nimmt der Anteil der Firmen, die den betriebswirtschaftlichen Anforderungen Rechnung tragen, zu. Ganz deutlich kommt das bei den Instrumenten Umsatzstatistik und kurzfristige Erfolgsrechnung, längerfristige Finanz- und Investitionsplanung sowie bei der Kenntnis von öffentlichen Kredithilfen zum Ausdruck, weniger hingegen im Skontierverhalten und in der Kalkulations- und Preispolitik. Der ab der Umsatzgrößenschwelle von

[9] Der Begriff Kooperation ist hier im weitesten Sinne zu verstehen; er umfaßt auch die Mitgliedschaft bei einem Verband.

Tabelle 20: **Indikatoren für die Qualität der Unternehmensführung im Großhandel**

insgesamt und nach Umsatzgrößenklassen

Indikator	Insgesamt[a]	Unternehmen mit Jahresumsätzen von ... Mill. DM							
		unter 1	1 bis unter 2	2 bis unter 5	5 bis unter 10	10 bis unter 25	25 bis unter 50	50 bis unter 100	100 und mehr
— Vom Umsatz mit frei kalkulierbaren[b] Waren werden ... % kalkuliert									
— mit branchenüblichen Aufschlagsätzen	32	39	39	35	33	31	29	27	26
— nach der Konkurrenzsituation	46	38	38	41	41	43	48	46	57
— nach Kostengesichtspunkten	22	22	23	24	26	27	24	27	18
... % der befragten Unternehmen									
— führen eine Umsatzstatistik nach Artikeln bzw. Artikelgruppen	72	44	53	64	73	83	85	92	90
— haben eine kurzfristige Erfolgsrechnung	79	62	69	72	78	82	87	86	96
— skontieren normalerweise ihre Lieferantenrechnungen									
— voll	66	57	63	68	73	72	71	70	65
— teilweise	20	29	30	25	23	18	16	14	23
— nicht	14	14	8	8	5	9	12	16	13
— sind über öffentliche, zinsverbilligte Kreditprogramme informiert	63	44	50	55	65	66	69	80	81
— erstellen eine längerfristige Finanz- und Investitionsplanung	41	16	22	32	41	50	56	71	75
— sind Mitglied einer Kooperationsform	57	28	51	52	60	60	53	55	39

a) Gewichteter Durchschnitt aus den Fachzweigergebnissen. — b) Das sind die nicht preisgebundenen und nicht preisempfohlenen Waren, deren Anteil am Sortiment in den einzelnen Größenklassen allerdings etwas unterschiedlich sein kann. Im Durchschnitt beträgt der Anteil rd. drei Viertel.

Quelle: Erhebungen des Ifo-Instituts im Jahre 1972.

Tabelle 21: **Inanspruchnahme der von den Kooperationen angebotenen Leistungen durch die angeschlossenen Unternehmen des Großhandels und Einzelhandels**

insgesamt und nach Umsatzgrößenklassen

Angebotene Leistungen	. . . % der kooperierten Unternehmen nehmen Leistungen der genannten Art in Anspruch								
	Insgesamt a)	Großhandelsunternehmen mit Jahresumsätzen von . . . Mill. DM							
		unter 1	1 bis unter 2	2 bis unter 5	5 bis unter 10	10 bis unter 25	25 bis unter 50	50 bis unter 100	100 und mehr
— Beratung in absatz- und betriebswirtschaftlichen Fragen	71	47	47	37	80	77	63	79	62
— Übernahme von Aufgaben des betrieblichen Rechnungswesens mittels zentraler EDV-Anlagen	46	19	38	40	51	43	38	47	67
— Seminare und Schulungsveranstaltungen	75	37	62	70	74	79	77	80	64
— Betriebsvergleich	76	42	64	72	83	81	80	84	72
		Einzelhandelsunternehmen mit Jahresumsätzen von . . . Mill. DM							
		unter 0,25	0,25 bis unter 0,5	0,5 bis unter 1	1 bis unter 2	2 bis unter 5	5 bis unter 10	10 und mehr	
— Beratung in absatzwirtschaftlichen Fragen	77	60	77	78	81	84	88	82	
— Beratung in betriebswirtschaftlichen Fragen	60	30	48	61	68	64	68	75	
— Übernahme von Aufgaben des betrieblichen Rechnungswesens mittels zentraler EDV-Anlagen	56	31	52	54	59	61	61	61	
— Seminare und Schulungsveranstaltungen	65	41	60	63	74	70	83	73	
— Betriebsvergleich	74	51	66	69	78	80	84	76	
— Zurverfügungstellung bzw. Vermittlung zinsgünstiger Kredite	37	29	20	43	43	24	33	46	

a) Gewichteter Durchschnitt aus den Fachzweigergebnissen. — *Quelle:* Erhebungen des Ifo-Instituts im Jahre 1972.

25 Mill. DM rückläufige Kooperationsgrad ist vermutlich u. a. darauf zurückzuführen, daß ab einer bestimmten Größe die zwischenbetriebliche Zusammenarbeit für die Unternehmen nicht mehr in dem Maße unabdingbare Voraussetzung für eine langfristige Unternehmensexistenz bildet wie in den unteren und mittleren Größenklassen. Der starke „Anteilssprung" der kooperierten Großhandelsfirmen zwischen den Umsatzgrößenklassen „weniger als 1 Mill. DM" und „1 bis 2 Millionen DM" deutet auf eine ausgesprochen geringe Kooperationsbereitschaft und/oder Kooperationsfähigkeit bei den Kleinbetrieben hin. Auch die von den Kooperationen angebotenen Leistungen werden von den kleineren Unternehmen bei weitem nicht in dem Umfang genutzt wie von den umsatzstärkeren Firmen.

Im Einzelhandel wird den einzelnen Anforderungen an eine „zeitgemäße" Unternehmensführung nicht ganz in dem Maße wie im Großhandel entsprochen. Umsatzstatistik und kurzfristige Erfolgsrechnung finden sich bei rd. zwei Dritteln der befragten Firmen, Informationen über zinsverbilligte Kreditprogramme sind ebenfalls recht verbreitet. Ein großer Teil der Firmen skontiert die Lieferantenrechnungen, der überwiegende Teil der Einzelhändler gehört einer Kooperationsgemeinschaft im weitesten Sinne an, nimmt allerdings die von der Kooperation angebotenen Dienste nur teilweise in Anspruch.

Das Gefälle zwischen den großen und kleinen Firmen hinsichtlich der Praktizierung von Instrumenten und Verhaltensweisen ist im Einzelhandel noch größer als im Großhandel. Besonders auffallend ist das häufige Fehlen einer Umsatzstatistik, einer kurzfristigen Erfolgsrechnung und von Sondergebotsaktionen bei den kleineren Firmen. Auch die Nutzung des Serviceangebots der Kooperationen ist in diesem Firmenkreis erheblich geringer als bei den größeren Unternehmen.

Korreliert man die angeführten Indikatoren der „Führungsqualität" mit der Beurteilung der längerfristigen Existenzchancen durch die Testfirmen, so läßt sich ersehen, in welchem Maße die Führungsqualität die Leistungs- und Wettbewerbsfähigkeit der Groß- und Einzelhandelsunternehmen bestimmt. Eine solche Analyse der Ifo-Erhebungsdaten führt zu dem Ergebnis, daß der Zusammenhang im allgemeinen nicht so eng ist wie erwartet. Das zeigt, daß es nicht nur auf das Vorhandensein von Führungsinstrumenten, Plänen, Informationen usw. ankommt, sondern mehr noch darauf, wie diese genutzt werden. Die Erhebungsergebnisse lassen vermuten, daß es mit der Handhabung des Führungsinstrumentariums in weiten Bereichen des Handels nicht gut bestellt ist. Vielen Unternehmern — vornehmlich Inhabern kleinerer und mittlerer Betriebe — mangelt es offensichtlich an der Fähigkeit zur Nutzung von Führungsinstrumenten sowie an Durchsetzungskraft und Bereit-

Tabelle 22: **Indikatoren für die Qualität der Unternehmensführung im Einzelhandel**

insgesamt und nach Umsatzgrößenklassen

Indikator	Insgesamt[a]	Unternehmen mit Jahresumsätzen von ... Mill. DM						
		unter 0,25	0,25 bis unter 0,5	0,5 bis unter 1	1 bis unter 2	2 bis unter 5	5 bis unter 10	10 und mehr
— Vom Umsatz mit freikalkulierbaren[b] Waren werden ... % kalkuliert								
— mit branchenüblichen Aufschlagsätzen	52	61	60	56	53	51	52	49
— nach der Konkurrenzsituation	21	20	18	22	23	23	20	23
— nach Kostengesichtspunkten	27	19	22	22	24	27	28	27
... % der befragten Unternehmen								
— führen eine Umsatzstatistik nach Artikeln bzw. Artikelgruppen	62	27	47	57	68	84	90	93
— haben eine kurzfristige Erfolgsrechnung	68	41	58	66	64	80	94	86
— führen im Rahmen des normalen Geschäftsbetriebes Sonderangebotsaktionen[c] durch	50	24	41	44	50	53	45	59
— skontieren normalerweise ihre Lieferantenrechnungen								
— voll	71	51	62	67	75	77	83	80
— teilweise								
— nicht	20	31	28	23	19	16	10	15
— sind über öffentliche, zinsverbil-	9	18	9	10	7	8	8	5
ligte Kreditprogramme informiert	67	52	59	62	65	70	82	85
— sind Mitglied einer Kooperationsform	68	37	63	64	72	79	60	63

a) Gewichteter Durchschnitt aus den Fachzweigergebnissen. — b) Das sind die nicht preisgebundenen und nicht preisempfohlenen Waren, deren Anteil am Sortiment in den einzelnen Größenklassen allerdings etwas unterschiedlich sein kann. Im Durchschnitt beträgt der Anteil rd. zwei Drittel. — c) Nicht Sonderangebote, die im Zusammenhang mit Sonderveranstaltungen, wie Saisonausverkäufen, Teilausverkäufen, Jubiläumsverkäufen usw. stehen.

Quelle: Erhebungen des Ifo-Instituts im Jahre 1972.

schaft zur konsequenten Realisierung der Zielvorstellungen. Das gilt gleichermaßen für den Großhandel wie für den Einzelhandel[10].

Geht man davon aus, daß zwischen Art und Intensität der Ausbildung der Inhaber bzw. Leiter von Handelsunternehmen und der Art der Betriebsführung ein Zusammenhang besteht, so kann auch der derzeitige Ausbildungsstand zur Beurteilung der Unternehmerqualifikation mitherangezogen werden. Nach Erhebungen des Instituts für Handelsforschung, Köln, hat ein Viertel der Inhaber kleinerer Einzelhandelsunternehmen keine berufsbildende Schule besucht. Rund die Hälfte der Kleinunternehmer hat keine kaufmännische Lehre absolviert[11].

Tendenziell die gleichen Ergebnisse liegen aus Erhebungen der Hauptgemeinschaft des Deutschen Einzelhandels über die Aus- und Fortbildung im Einzelhandel vor[12]. Der Besuch einer berufsbildenden Schule bzw. die Absolvierung einer kaufmännischen Lehre müssen heute im allgemeinen als Mindestvoraussetzung für die Führung auch kleiner Unternehmen im Handel angesehen werden. Häufig ist eine darüber hinausgehende Fortbildung unerläßlich. Im Einzelhandel scheint hierfür jedoch nur wenig Interesse vorhanden zu sein. Von den Inhabern kleiner Handelsbetriebe nahmen beispielsweise in den beiden Jahre 1966 und 1967 rd. vier Fünftel weder an Vorträgen, Seminaren usw. noch an einem Erfahrungsaustausch teil[13]. Wie wichtig jedoch eine nach der Grundausbildung einsetzende Weiterbildung für die Qualität der Betriebsführung und damit den Leistungsstand eines Unternehmens ist, zeigen Erhebungsergebnisse von Sundhoff und Klein-Blenkers. In den von ihnen untersuchten Fachgeschäften mit einem sehr niedrigen Leistungsstand hatte keines einen Inhaber mit Fortbildung, während der Anteil

---

[10] Zu ähnlichen Erkenntnissen gelangt eine Prognos-Studie. Vgl. Wolff, H. unter Mitarbeit von Schröder, D. und Schwietert, A.: Die öffentliche Förderung kleiner und mittlerer Unternehmen. Danach sind die Leiter kleinerer und mittlerer Unternehmen vielfach für eine moderne wirtschaftliche Unternehmensführung nicht ausreichend qualifiziert. Die Unternehmer wären zwar in der Regel gute Fachkräfte, stünden jedoch der eigentlichen unternehmerischen Aufgabe, nämlich der optimalen Kombination aller Unternehmensfunktionen, teilweise hilflos gegenüber. Oft sei auch keine Informationswilligkeit oder -fähigkeit vorhanden, eine entsprechende Dispositionsbasis für unternehmerische Entscheidungen durch ein entsprechend ausgebautes Rechnungswesen oder die Inanspruchnahme externer Dienste zu schaffen. Wenn auch berechtigte Zweifel angemeldet werden, ob auf Grund der sehr schmalen Erhebungsbasis dieser Studie derartige allgemeingültige Aussagen gemacht werden können, so dürften die getroffenen Feststellungen in der Tendenz den Realitäten entsprechen.

[11] Vgl. Sundhoff, E. (Hrsg.): Die Lage der Kleinbetriebe des Einzelhandels in der Bundesrepublik Deutschland, S. 96, Tab. 38.

[12] Vgl. Hauptgemeinschaft des Deutschen Einzelhandels: Einzelhandel 1975/1985, S. 130 f.

[13] Vgl. Sundhoff, E. (Hrsg.): Die Lage der Kleinbetriebe des Einzelhandels in der Bundesrepublik Deutschland, S. 101.

der Unternehmer mit einer über die Einzelhandelslehre hinausgehenden Fortbildung bei den „guten“ Betrieben mehr als 60 % betrug[14].

Eine Insolvenzanalyse kleinerer und mittlerer Einzelhandelsunternehmen bestätigt die bisher gewonnenen Erkenntnisse weitgehend. Sie kommt zu dem Ergebnis, daß die Ursachen für den weitaus überwiegenden Teil der Geschäftsaufgaben wegen Zahlungsunfähigkeit in der mangelnden Unternehmerqualität, nur relativ selten dagegen in außerbetrieblichen Faktoren oder Mitarbeiterproblemen zu suchen sind[15].

Versucht man, auf Grund der vorliegenden Untersuchungsergebnisse ein generelles Urteil über Stand und Qualität der Unternehmensführung in Groß- und Einzelhandel zu fällen, so kommt man zu der Feststellung, daß in weiten Bereichen des Handels, insbesondere bei den kleinen und mittleren Unternehmen, erhebliche Schwachstellen im Führungsbereich vorhanden sind und die Auslese von Firmen hierin eine wesentliche, allerdings nicht quantifizierbare Ursache hat.

Die mangelhafte Betriebsführung ist im wesentlichen auf ungenügende Aus- und Weiterbildung der Geschäftsinhaber, teilweise aber auch auf die zeitliche Überbelastung der Inhaber und Leiter von Unternehmen zurückzuführen. Der Wettbewerb verlangt heute die Wahrnehmung der unternehmerischen Funktionen in einer Breite und Intensität, der insbesondere die Inhaber kleiner und mittlerer Unternehmen, die — im Gegensatz zu größeren und vor allem großen Unternehmen — kaum die Möglichkeit der Delegation von Führungsaufgaben haben, nicht gewachsen sind.

e) Persönliche Gründe

Unter persönlichen Gründen sind im wesentlichen das Erreichen einer bestimmten Altersgrenze, Krankheit oder Tod des Inhabers sowie das Nachfolgeproblem zu verstehen. Alter, Krankheit und Tod des Geschäftsinhabers führen im allgemeinen zur Geschäftsaufgabe, wenn die Nachfolgefrage nicht gelöst werden kann.

Bei den kleinen Handelsunternehmen vermischen sich häufig geschäftlicher und privater Bereich. Die Unternehmerfunktion wird damit stark von der privaten Sphäre beeinflußt. Das geht auch aus einer vom Institut für Handelsforschung, Köln, in Zusammenarbeit mit dem Institut für Mittelstandsforschung, Köln, durchgeführten Untersuchung[16]

---

[14] Vgl. Sundhoff, E. und Klein-Blenkers, F.: Struktur- und Leistungsanalysen von Einzelhandelsbetrieben der hauptsächlichen Branchen, S. 34 ff.

[15] Vgl. Keiser, H.: Betriebswirtschaftliche Analyse von Insolvenzen bei mittelständischen Einzelhandlungen, S. 102 ff.

[16] Vgl. Sundhoff, E. (Hrsg.): Die Lage der Kleinbetriebe des Einzelhandels in der Bundesrepublik Deutschland.

über die Lage der Kleinbetriebe[17] des Einzelhandels hervor. Die enge Verbindung zeigt sich u. a. an der Häufigkeit der Weitervererbung eines Unternehmens an die nächste Generation, der überdurchschnittlich großen zeitlichen Belastung der Inhaber durch das Geschäft, an dem Grad der Zufriedenheit mit der Selbständigen-Tätigkeit sowie an der Häufigkeit der Mitarbeit von Familienangehörigen im Betrieb[18].

Da eine solche starke Verflechtung zwischen Beruf, Familie und Privatbereich bei den Kleinbetrieben wesentlich häufiger anzutreffen ist als bei den großen Unternehmen, sind persönliche Gründe als Auslesefaktor im Bereich der kleinen Firmen von erheblich größerer Relevanz als bei den großen.

Nach Erhebungen von Industrie- und Handelskammern waren 1971 in deren Bezirken für 35 % der Geschäftsschließungen persönliche Gründe maßgebend, 1967 waren es noch 54 % gewesen. Zu tendenziell den gleichen Ergebnissen kommt die Hauptgemeinschaft des Deutschen Einzelhandels, die ebenfalls für die Jahre 1967 bis 1971 in ihrem Mitgliederkreis die Gründe für Geschäftsaufgaben ermittelt hat. Hiernach ist der Anteil der wegen persönlicher Gründe ausscheidenden Firmen seit 1967 kontinuierlich zurückgegangen. Das zeigt, daß die wirtschaftlichen, insbesondere die wettbewerbsbedingten Einflußfaktoren auf den Ausleseprozeß in den vergangenen Jahren gegenüber den persönlichen Gründen zunehmend an Bedeutung gewonnen haben.

Tabelle 23

Bedeutung persönlicher Gründe für Geschäftsaufgaben im Einzelhandel

Jahr	... % der Unternehmen gaben ihren Geschäftsbetrieb wegen persönlicher Gründe auf	
	Nach Erhebungen von Industrie- und Handelskammern	Nach Erhebungen der Hauptgemeinschaft des Deutschen Einzelhandels
1967	54	43
1968	44	46
1969	29	44
1970	30	42
1971	35	38

Der relative Bedeutungsrückgang der persönlichen Gründe ist wohl auch damit zu erklären, daß der „natürliche" Ausleseprozeß im Einzelhandel offensichtlich seinen Kulminationspunkt überschritten hat. Das

[17] Das sind Unternehmen bis 120 000 DM Jahresumsatz.

[18] Vgl. Sundhof, E. (Hrsg.): Die Lage der Kleinbetriebe des Einzelhandels in der Bundesrepublik Deutschland, S. 91 ff.

läßt sich u. a. auch aus der Veränderung der Altersstruktur der tätigen und mithelfenden Familienangehörigen ableiten.

Da im Großhandel eine ähnliche Verschiebung der Altersstruktur stattgefunden hat wie im Einzelhandel, ist anzunehmen, daß auch in diesem Bereich die persönlichen Gründe als Auslesefaktor in den letzten Jahren etwas an Bedeutung verloren haben.

Über die Problematik der Nachfolgeregelung wurde vom Ifo-Institut 1972 eine Sonderumfrage im Großhandel und Einzelhandel durchgeführt. Drei Viertel der befragten Firmen gaben an, daß sich das Nachfolgeproblem in jüngster Zeit gestellt hat oder in absehbarer Zeit stellen wird. Der hohe Firmenanteil unterstreicht, wie bedeutend dieses Problem im Handel ist.

Nach Fachzweigen zeigt sich teilweise ein unterschiedliches Bild. Im Großhandel sind beispielsweise in den Branchen sanitäres Installationsmaterial, Papier und Pappe, Schreibwaren sowie optische Erzeugnisse und Fotoartikel über vier Fünftel der Firmen mit der Nachfolgefrage konfrontiert. Erheblich kleiner ist demgegenüber der Anteil der Firmen mit Nachfolgeproblemen in den Fachzweigen elektrisches Installationsmaterial, Möbel sowie Uhren und Schmuckwaren.

Im Einzelhandel ist der Anteil der Firmen, die sich in den letzten Jahren mit der Nachfolgeregelung zu befassen hatten oder demnächst haben werden, insbesondere in den Branchen Büromaschinen, Büromöbel und Organisationsmittel sowie Papier- und Schreibwaren recht hoch.

Nach Größenklassen ist hinsichtlich des Nachfolgeproblems keine eindeutige Tendenz festzustellen; lediglich für die großen Unternehmen des Großhandels und Einzelhandels stellt sich dieses nicht ganz in dem Maße wie für die anderen Unternehmen.

Nach den Erhebungsergebnissen des Ifo-Instituts ist es rd. einem Fünftel der Großhandels- und einem Drittel der Einzelhandelsfirmen mit Nachfolgeproblem nicht möglich, diese Frage zu lösen. Die Schwierigkeiten, eine Nachfolgeregelung herbeizuführen, nehmen mit zunehmender Unternehmensgröße spürbar ab. Betroffen sind also vor allem die kleinen und mittleren Unternehmen.

Überträgt man einmal — um eine Größenvorstellung in absoluten Zahlen zu erhalten — die Erhebungsergebnisse auf die Gesamtzahl der Unternehmen, die sich 1970 im Großhandel auf rd. 108 000 und im Einzelhandel auf 396 000 stellte, so ergibt sich, daß 1970 rd. 14 000 der bestehenden Großhandelsfirmen und rd. 98 000 der Einzelhandelsunternehmen nicht imstande waren, das Nachfolgeproblem zu lösen. Davon sind im Großhandel rd. vier Fünftel Unternehmen mit weniger als

Tabelle 24: **Die Bedeutung des Nachfolgeproblems im Großhandel und Einzelhandel**

nach Umsatzgrößenklassen

Größenklassen (in DM)	Bei ... % der Firmen stellt(e) sich das Nachfolgeproblem	davon ist bei ... % der Firmen die Nachfolgefrage bereits gelöst	die Lösung der Nachfolgefrage in Sicht	keine Lösung der Nachfolgefrage in Sicht
		Großhandel		
unter 1 Mill.	68	38	28	34
1 Mill. bis unter 2 Mill.	80	39	32	29
2 Mill. bis unter 5 Mill.	71	47	35	18
5 Mill. bis unter 10 Mill.	73	56	32	12
10 Mill. bis unter 25 Mill.	71	65	29	6
25 Mill. bis unter 50 Mill.	65	74	14	12
50 Mill. bis unter 100 Mill.	76	50	50	—
100 Mill. und mehr	60	88	12	—
Insgesamt[a]	72	50	32	18
		Einzelhandel		
unter 250 000	76	24	24	52
250 000 bis unter 500 000	78	32	24	44
500 000 bis unter 1 Mill.	77	42	27	31
1 Mill. bis unter 2 Mill.	72	46	32	22
2 Mill. bis unter 5 Mill.	73	55	35	10
5 Mill. bis unter 10 Mill.	84	55	41	4
10 Mill. bis unter 50 Mill.	63	54	35	11
50 Mill. und mehr	60	33	67	—
Insgesamt[a]	75	39	28	33

a) Arithmetisches Mittel aus den Firmenmeldungen.

Quelle: Erhebung des Ifo-Instituts im Jahre 1972.

1 Mill. DM, im Einzelhandel etwa vier Fünftel Unternehmen mit weniger als 250 000 DM Jahresumsatz.

Der überwiegende Teil der Unternehmen, bei denen das Nachfolgeproblem nicht gelöst werden kann, hegt — den Ifo-Erhebungsergebnissen nach — Verkaufsabsichten, rd. ein Drittel will das Geschäft auflösen. Die Verkaufschancen werden allerdings vor allem in den unteren Größenklassen (Großhandel bis 1 Mill. DM, Einzelhandel bis 500 000 DM Jahresumsatz) als ungünstig angesehen.

Die Analyseergebnisse lassen die zusammenfassende Aussage zu, daß dem Nachfolgeproblem als dem wesentlichsten unter den persönlichen Gründen im Rahmen der Bestimmungsfaktoren des Ausleseprozesses auch in den nächsten Jahren eine große Bedeutung zukommen wird.

II. Die amtlichen statistischen Quellen als „Zählwerke" des Ausleseprozesses — kritische Wertung ihrer Aussagefähigkeit

1. Umsatzsteuerstatistik

a) Charakteristische Merkmale

Die Umsatzsteuerstatistik (USTST) basiert auf einer Totalerhebung, die vom Statistischen Bundesamt nach dem zweiten Weltkrieg erstmals 1950, dann von 1954 - 1962 jährlich durchgeführt wurde. Seit 1962 erfolgt die Erhebung im Zwei-Jahres-Turnus.

Erhebungsgegenstand ist die rechtliche Einheit „Unternehmen". Erfaßt werden grundsätzlich nur die umsatzsteuerpflichtigen Unternehmen. Während bis 1955 praktisch alle Unternehmen umsatzsteuerpflichtig waren, wurden ab 1956 nur Unternehmen mit einem Jahresumsatz von 8000 DM und mehr und ab 1961 von 12 000 DM und mehr zur Umsatzsteuer herangezogen und damit in der USTST erfaßt. Der tatsächliche Schwellenwert für die Erfassung in der USTST lag jedoch — je nach Höhe des gültigen Stuersatzes — zwischen 500 und 2000 DM über der jeweiligen Freibetragsgrenze. Für die Jahre 1956 und 1957 wurden auch die Unternehmen mit weniger als 8000 DM Jahresumsatz ausgewiesen.

Die Dauer der Geschäftstätigkeit wird bei der Erfassung eines Unternehmens in der USTST nicht berücksichtigt. Dadurch werden Firmen, die im Erhebungsjahr ausscheiden, noch mitgezählt, Firmen aber, bei denen ein Inhaberwechsel erfolgt, werden doppelt gezählt.

Kriterium für die Zuordnung zu einzelnen Wirtschaftsbereichen (Großhandel, Einzelhandel, Handelsvermittlung) war bis 1961 der Umsatzschwerpunkt. Seit 1962 besteht die Anweisung an die Finanzämter, die Zuordnung nach dem Schwerpunkt der Wertschöpfung vorzunehmen. Diese sollte am Rohertrag gemessen werden. Wegen fehlender Unterlagen bei den Finanzbehörden dürfte jedoch weiterhin vielfach der Umsatzschwerpunkt als Zuordnungskriterium für die einzelnen Bereiche gedient haben. Bei der Eingliederung der steuerpflichtigen Unternehmen in die Untergruppen und Wirtschaftsklassen sind die Finanzämter weitgehend auf die Firmenangaben angewiesen.

Die Ergebnisse der USTST wurden bis 1961 nach dem — im Verlauf teilweise modifizierten — systematischen Verzeichnis der Arbeitsstätten aufgegliedert, 1962 erfolgte erstmals eine Aufbereitung nach der neuen Systematik der Wirtschaftszweige für die Arbeitsstättenzählung 1961. Dabei erfolgten zahlreiche Umsetzungen, die einen direkten Vergleich der Ergebnisse für die einzelnen Gruppen und Klassen vor und nach dem Umstellungszeitpunkt erheblich erschweren.

Durch die Umstellung des Steuersystems im Jahre 1968 von der Brutto-Allphasensteuer auf die Mehrwertsteuer erfolgte ein Bruch in der Kontinuität der Statistik, der zu einer Beeinträchtigung der Vergleichbarkeit, insbesondere bei den Umsätzen, führte.

Seit Anfang 1958 wird die umsatzsteuerliche Organschaft anerkannt. Ein Organkreis bzw. eine Organgesellschaft ist gegeben, wenn ein Unternehmen nach dem Gesamtbild der tatsächlichen Verhältnisse finanziell, wirtschaftlich und organisatorisch in ein übergeordnetes Unternehmen eingegliedert ist und dem übergeordneten Unternehmen mehr als 51 % (bis 1960) bzw. 75 % (ab 1961) der Anteile und der Stimmrechte gehören.

Ab 1956 wurde in den Gebietsstand der USTST erstmals West-Berlin einbezogen, ab 1959 auch das Saarland.

b) Die Aussagefähigkeit zum Ausleseprozeß

Einige charakteristische Merkmale und Eigenheiten der USTST stellen für die Verwendbarkeit dieses Zählwerkes für Aussagen zum Ausleseprozeß erhebliche „Störfaktoren“ dar. Zusammengefaßt handelt es sich im wesentlichen um folgende Eigenheiten bzw. Änderungen von Erhebungsprinzipien:

- Änderungen des Schwellenwertes für die Umsatzsteuerpflicht
- Nichtberücksichtigung der Dauer der Geschäftstätigkeit
- Anerkennung des Organprinzips
- Änderung in der Zuordnungspraxis
- Änderung der Systematik der Wirtschaftszweige
- Umstellung des Steuersystems
- Änderung des Gebietsstandes.

Während durch die drei erstgenannten Faktoren eine grundsätzliche Beeinträchtigung der Aussagefähigkeit erfolgt, erschweren die übrigen Faktoren den Zeitvergleich. Um aus der USTST einigermaßen hinreichende Aussagen zum Ausleseprozeß zu erhalten, ist es erforderlich, den Einfluß der genannten Störfaktoren zu quantifizieren und soweit als möglich zu eliminieren. Über Zahl und Anteil der Unternehmen, die unter den Erfassungsschwellenwerten liegen, lassen sich seit 1958 keine exakten Angaben mehr machen. Für den Großhandel können die Firmen unterhalb der Schwellenwerte unberücksichtigt bleiben, da Unternehmen mit einem derart geringen Jahresumsatz keine Großhändler im eigentlichen Sinn darstellen. Im Einzelhandel hingegen dürfen diese Kleinstunternehmen nicht unberücksichtigt bleiben, da ihnen im Rahmen der gesamten Verbraucherversorgung lokal eine wesentliche Funktion zufallen kann. Der Anteil der Kleinstunternehmen mit weniger als 8000 (8500) DM Jahresumsatz betrug im Jahre 1955 — an der Zahl der umsatzsteuerpflichtigen Unternehmen gemessen — knapp 27 %, 1957 gut 25 %.

Tabelle 25

Kleinstunternehmen im Einzelhandel

Jahr	Einzelhandelsunternehmen[a] mit einem Jahresumsatz von		Anteil der Kleinstunternehmen an der Zahl der umsatzsteuerpflichtigen Unternehmen in %
	weniger als 8000 (8500) DM	8000 (8500 DM) und mehr	
1955	113 568	421 418	26,9
1956	110 189	424 995	25,9
1957	109 698	434 711	25,2

a) Ohne Saarland einschl. West-Berlin.

Quelle: Statistisches Bundesamt: Umsatzsteuerstatistiken.

Geht man davon aus, daß sich der Anteil der Kleinstunternehmen in den Jahren 1958 bis 1960 etwa im gleichen Ausmaß verringert hat wie von 1955 bis 1957, so betrug die Zahl der statistisch nicht erfaßten Einzelhandelsunternehmen 1960 rd. 106 000.

Im Jahre 1961 hat sich die Erfassungslücke durch die Erhöhung des Steuerfreibetrages (auf 12 000 DM) vergrößert. Die Zahl der nicht erfaßten Unternehmen betrug schätzungsweise knapp 128 000. Die weitere Entwicklung der Zahl der Kleinstunternehmen bis 1972 läßt sich nur annäherungsweise mit Hilfe der Ergebnisse der Arbeitsstättenzählung, durch Extrapolation des in früheren Jahren erkennbaren Trends sowie durch Analogieschluß von der Entwicklung der von der Statistik erfaßten niedrigsten Größenklasse (12 000 bis 20 000 DM) abgreifen. Hiernach betrug die Zahl der Kleinstunternehmen im Jahre 1972 nach rd. 50 000 (12 % der erfaßten Unternehmen).

Der Einfluß, der davon ausgeht, daß die Dauer der Geschäftstätigkeit für die Erfassung eines Unternehmens keine Rolle spielt, läßt sich nicht quantifizieren. Die in der USTST ausgewiesenen Jahreszahlen sind jeweils um jene Anzahl von Firmen überhöht, die im Erhebungsjahr ausgeschieden sind. Erst im darauffolgenden Jahr werden diese Unternehmen nicht mehr gezählt. Dadurch ist ein time-lag zwischen tatsächlichem Ausscheiden aus dem Markt und Ausscheiden nach Statistik gegeben. Dies bewirkt in Verbindung mit dem Mehrfachzählungseffekt, der auftritt, wenn bei einem Unternehmen ein Inhaberwechsel stattfindet, eine gewisse Überhöhung der Zahl der ausgewiesenen Unternehmen. Das Ausmaß dieser Überhöhung dürfte sich insgesamt in Grenzen halten und kann bei einer Quantifizierung vernachlässigt werden. Diese Nichtberücksichtigung läßt sich zudem deshalb vertreten, weil sich das Ausmaß des Mehrfachzählungseffektes im Zeitablauf kaum entscheidend verändert, so daß bezüglich der Entwicklung des Ausleseprozesses kaum eine Verzerrung vorliegt.

Die Organkreise werden in der USTST in denjenigen Wirtschaftsbereichen ausgewiesen, in denen ihr Tätigkeitsschwerpunkt (meist derjenige der Muttergesellschaft) liegt. Die Tochtergesellschaften werden nicht gesondert erfaßt, jeder Organkreis zählt als ein Unternehmen. Es läßt sich nicht genau ermitteln, in welchem Ausmaß die Zahl der Handelsunternehmen dadurch vermindert wurde, daß Handelsfirmen in Organkreise eingetreten sind. Eine nennenswerte Reduzierung der Zahl der Unternehmen dürfte hierdurch nicht erfolgt sein, obwohl die Zahl der Organkreise sowohl im Großhandel als auch im Einzelhandel in den sechziger Jahren beachtlich gestiegen ist. Im Großhandel gab es 1958 233 Organkreise, 1970 726, im Einzelhandel 1958 46, 1970 163. Um die Kontinuität der Zeitreihen zu gewährleisten, erfolgte eine entsprechende Bereinigung in den Jahren vor der steuerlichen Anerkennung der Organkreise.

Die Zuordnung der Unternehmen zu den verschiedenen Wirtschaftsbereichen nach dem Wertschöpfungsschwerpunkt ab 1962 führte — trotz der vermutlich nicht immer konsequenten Anwendung — in diesem Jahr zu einem Rückgang der Zahl der Großhandelsunternehmen und zu einer Zunahme im Einzelhandel, da hier die durchschnittliche Wertschöpfung höher liegt als im Großhandel. Der Einfluß der geänderten Zuordnungspraxis läßt sich jedoch nicht isoliert ermitteln, da sie zeitlich mit der Einführung der neuen Systematik der Wirtschaftszweige zusammenfiel.

Die beiden statistisch-methodischen Änderungen führten zu einer Unterbrechung der vor und auch nach diesem Zeitpunkt recht kontinuierlich verlaufenden Bestandsreihen. Hierdurch läßt sich der Einfluß dieser beiden Faktoren recht gut quantifizieren. Die Zahl der Großhandelsunternehmen hat sich durch die erwähnten Umstellungen um rd. 3000 vermindert, die der Einzelhandelsunternehmen um rd. 20 000 erhöht. Hier fand auch ein Zugang aus anderen Wirtschaftsbereichen wie z. B. dem Handwerk statt. Die Zahlenreihen wurden für die Jahre vor der Umstellung — unter Berücksichtigung der Entwicklung der Gesamtbestände — korrigiert.

Von der Umstellung des Steuersystems von der Allphasenumsatzsteuer auf die Mehrwertsteuer im Jahre 1968 ging kein quantifizierbarer Einfluß auf die Zahl der Unternehmen aus. Eine Umbasierung der Zahl der Unternehmen auf einen einheitlichen Gebietsstand (Bundesrepublik einschließlich West-Berlin und Saarland) erfolgte in der Weise, daß für die Jahre vor statistischer Einbeziehung dieser Gebiete eine Hinzurechnung erfolgte, wobei davon ausgegangen wurde, daß die Entwicklung der Zahl der Unternehmen in diesen Gebieten derjenigen im Bundesgebiet entsprach.

Nach Durchführung aller genannten Bereinigungsschritte ergeben sich für Großhandel und Einzelhandel für den Zeitraum 1955 - 1972 folgende Reihen:

Tabelle 26

Zahl der von der Umsatzsteuerstatistik erfaßten Unternehmen[a] im Groß- und Einzelhandel insgesamt nach Durchführung der statistischen Bereinigung

Jahr	Großhandel		Einzelhandel	
	Zahl der Unternehmen	Veränderung in %	Zahl der Unternehmen	Veränderung in %
1955	127 500	·	418 400	·
1956	128 000	+ 0,4	425 500	+ 1,7
1957	128 900	+ 0,7	439 000	+ 3,2
1958	129 500	+ 0,5	443 100	+ 0,9
1959	130 200	+ 0,5	446 200	+ 0,7
1960	130 800	+ 0,5	450 400	+ 0,9
1961	130 200	— 0,4	448 700	— 0,4
1962	130 000	— 0,1	445 200	— 0,8
1964	130 400	+ 0,3	438 800	— 1,4
1966	127 000	— 2,6	428 700	— 2,3
1968	123 200	— 3,0	402 500	— 6,1
1970	120 600	— 2,1	382 500	— 5,0
1972	118 000	— 2,1	366 300	— 4,2

a) Unternehmen mit über 12 000 (12 500) DM Jahresumsatz, einschl. Saarland und West-Berlin.

Quelle: Berechnungen und Schätzungen des Ifo-Instituts auf der Basis der Ergebnisse der Umsatzsteuerstatistik.

Einschließlich der von der Statistik nicht erfaßten, hier schätzungsweise ermittelten Zahl der Kleinstunternehmen ergibt sich für den Einzelhandel folgende Entwicklungsreihe:

Tabelle 27

Zahl der von der Umsatzsteuerstatistik erfaßten und nicht erfaßten Unternehmen im Einzelhandel

Jahr	Zahl der Unternehmen insgesamt	darunter: Kleinstunternehmen (unter 12 000 DM Jahresumsatz)
1955	567 800	149 400
1956	568 300	142 800
1957	575 200	136 200
1958	575 900	132 800
1959	576 000	129 800
1960	578 100	127 700
1961	565 000	116 300
1962	555 500	110 300
1964	537 000	98 200
1966	514 900	86 200
1968	484 900	82 400
1970	447 700	65 200
1972	416 700	50 400

Quelle: Berechnungen und Schätzungen des Ifo-Instituts auf der Basis der Ergebnisse der Umsatzsteuerstatistik.

Als das gravierendste statistische Problem bezüglich des Aussagegehalts zum Ausleseprozeß, das auch bei allen anderen amtlichen Zählwerken gegeben ist, erweist sich die Tatsache, daß nur Bestandszahlen bzw. Bestandsveränderungen ausgewiesen werden, nicht dagegen die Zahl der aus dem Markt ausscheidenden und neu hinzukommenden Unternehmen.

2. Handels- und Gaststättenzählung

a) Charakteristische Merkmale

Die Handels- und Gaststättenzählung (HGZ) des Statistischen Bundesamtes ist eine Totalerhebung, die bisher zweimal durchgeführt wurde. Die erste Zählung fand im Jahre 1960, die zweite 1968 statt.

Den Erhebungsgegenstand bildet das Unternehmen, also die rechtlich selbständige Wirtschaftseinheit. Daneben wird auch eine Aufbereitung nach Arbeitsstätten vorgenommen. Während 1960 alle Unternehmen, also auch diejenigen unterhalb des für die USTST relevanten Schwellenwertes (8000 DM Jahresumsatz) erfaßt wurden, sind in die Erhebung 1968 nur Firmen mit Jahresumsätzen von 12 000 DM und mehr einbezogen worden.

Die Zuordnung gemischter Betriebe erfolgt grundsätzlich nach dem wirtschaftlichen Schwerpunkt, gemessen am Rohertrag. Da die Firmenadressen für die HGZ von den Finanzbehörden gestellt werden, dürfte — analog zur USTST — teilweise ebenfalls der Umsatzschwerpunkt als Zuordnungskriterium dienen.

Die Aufbereitung der Ergebnisse der HGZ erfolgte nach der neuen Systematik der Wirtschaftszweige (Arbeitsstättenzählung 1961). Die Zugehörigkeit zu einem Organkreis ist für die Erfassung eines Unternehmens in der HGZ nicht relevant, d. h. rechtlich selbständige Unternehmen eines Organkreises sowie rechtlich selbständige Verkaufsgesellschaften von Industrieunternehmen werden in der HGZ als eigenständige Unternehmen erfaßt. Gebietsstand für die HGZ 1960 war das Bundesgebiet einschließlich West-Berlin, jedoch ohne Saarland. Hier wurde die Zählung erst ein Jahr später (Herbst 1961) durchgeführt.

b) Die Aussagefähigkeit zum Ausleseprozeß

Im wesentlichen sind es folgende Tatbestände, die die Aussagefähigkeit der HGZ für die Zwecke der vorliegenden Untersuchung beeinträchtigen:

- — Einführung eines Erfassungsschwellenwertes bei der zweiten Zählung
- — Unterschiedliche Antwortquoten bei den Zählungen
- — Änderung des Gebietsstandes
- — Unvollständige Zuordnungskorrekturen

Durch die Einführung eines Erfassungs-Schwellenwertes ergibt sich deshalb eine starke Beeinträchtigung des Zeitvergleichs, weil es — auf Grund fehlender Größenklassengliederung — weder möglich ist, die Kleinstunternehmen bis 12 000 DM aus den Ergebnissen von 1960 zu eliminieren, noch sie zu den 1968er Ergebnissen hinzuzuzählen. Ein unverzerrter Vergleich zwischen beiden Zählungen ist nur für die Unternehmen mit Jahresumsätzen von 20 000 DM und mehr möglich. Mit Hilfe der Arbeitsstättenzählung 1970 lassen sich aber die Kleinstunternehmen für 1968 hinzuschätzen, so daß auch ein einigermaßen aussagefähiger Vergleich der Gesamtzahlen möglich ist.

Bei beiden Zählungen konnte keine vollständige Erfassung erreicht werden, da ein Teil der Fragebogen nicht zurückläuft. Der Anteil der hierdurch nicht erfaßten Unternehmen war jedoch 1968 sicherlich niedriger als 1960, da 1968 die Nichtbeantwortung bzw. Nichtrücksendung des Fragebogens mit einem Bußgeld belegt wurde. Hierdurch wird die Vergleichbarkeit der Ergebnisse — insbesondere für einzelne Größenklassen — beeinträchtigt. Eine Eliminierung dieses Einflusses ist nur tendenziell möglich, da über die jeweiligen Antwortquoten keine genauen Informationen vorliegen.

Eine Umbasierung der Erhebungsergebnisse von 1960 auf den Gebietsstand „Bundesgebiet einschließlich Saarland und West-Berlin“ läßt sich insofern nicht exakt vornehmen, als die Ergebnisse für das Saarland sich auf 1961 beziehen. Angesichts des relativ kurzen Zeitabstandes von nur einem Jahr ist jedoch die Hinzurechnung der Saar-Ergebnisse vertretbar.

Eine tendenzielle Verringerung der Zahl der Unternehmen ergibt sich in der HGZ im Vergleich zur USTST dadurch, daß nach der hier vorgenommenen Feststellung des Tätigkeitsschwerpunktes eine Reihe von Unternehmen aus dem Handelsbereich herausfielen, ohne daß durch eine entsprechende Korrektur in anderen Wirtschaftsbereichen erfaßte Handelsunternehmen einbezogen werden konnten. Die Vergleichbarkeit der Ergebnisse von 1960 und 1968 wird durch diese Eigenheit nicht beeinträchtigt.

Eine Eliminierung der die Aussagefähigkeit der HGZ beeinträchtigenden Einflüsse ist teilweise möglich. Die HGZ weist für 1960 mit 492 500[19] wesentlich weniger Einzelhandelsunternehmen aus als die USTST[20]. Das ist in erster Linie auf eine erheblich geringere Zahl von erfaßten Kleinstunternehmen zurückzuführen. Es muß vermutet werden, daß auf Grund des Erhebungsmodus der HGZ gerade bei den Kleinbetrieben des Einzelhandels die Erfassungslücke besonders groß war. Vergleicht man nämlich die entsprechenden Zahlen für den Bereich der Firmen mit über 12 000 DM Jahresumsatz, so ist die relative Differenz zwischen beiden Zählwerken wesentlich geringer. Geht man davon aus, daß die Antwortquote der Erhebung 1960 etwa 97 % betragen hat[21], so ist kaum mehr ein Unterschied zwischen beiden Zählwerken vorhanden. Führt man für den Großhandel entsprechende Bereinigungsschritte durch, so ergeben sich für die Jahre 1960 bzw. 1968 folgende Zahlen:

Tabelle 28

Zahl der von der Handels- und Gaststättenzählung erfaßten Unternehmen[a)] im Groß- und Einzelhandel insgesamt nach Durchführung der statistischen Bereinigung

Jahr	Großhandel		Einzelhandel	
	Zahl der Unternehmen	Veränderung 1960/68 in %	Zahl der Unternehmen	Veränderung 1960/68 in %
1960	123 400	·	430 700	·
1968	108 400	— 12,2	404 700	— 6,0

a) Unternehmen mit Jahresumsätzen über 12 000 (12 500 DM), einschl. Saarland und West-Berlin.

Quelle: Statistisches Bundesamt: Handels- und Gaststättenzählungen sowie Berechnungen und Schätzungen des Ifo-Instituts.

3. Arbeitsstättenzählung

a) *Charakteristische Merkmale*

Die Arbeitsstättenzählung (AZ) ist eine Totalerhebung, die nach dem zweiten Weltkrieg dreimal, in den Jahren 1950, 1961 und 1970, durchgeführt wurde. Sie war lange Zeit die wichtigste amtliche statistische Quelle für fast alle Wirtschaftsbereiche. Heute hat sie mehr ergänzenden Charakter, da Spezialstatistiken detailliertere Ergebnisse liefern.

Erhebungsgegenstand der AZ ist die örtliche Einheit „Arbeitsstätte". Als Arbeitsstätte gilt jeder nichtlandwirtschaftliche Betrieb wie Haupt- oder Zweigniederlassung, Filiale, Werkstätte, Geschäftsstelle, Büro, Lagerplatz oder ein anderer Hilfsbetrieb, sofern dort mindestens eine Person beschäftigt ist. Daraus ergibt sich, daß beispielsweise vermietete Abteilungen in C & C-Betrieben und Verbrauchermärkten, Fachgeschäfte in Gemeinschaftswarenhäusern, ständige Verkaufsstände in Markthallen usw. als selbständige Arbeitsstätten gezählt werden. Daneben erfolgt eine gesonderte Aufbereitung nach Unternehmen.

Die Einordnung der Arbeitsstätten in die verschiedenen Wirtschaftsgruppen bzw. -klassen erfolgt nach dem Tätigkeitsschwerpunkt, die Zuordnung von Mehrbetriebsunternehmen mit unterschiedlichem Betätigungsbereich nach dem Schwerpunkt des Gesamtunternehmens. Auf ein einheitliches Kriterium für die Schwerpunktbestimmung wird in der AZ verzichtet, die Zuordnung bleibt weitgehend dem Ermessen des Auskunftspflichtigen überlassen. Den Zählungen von 1961 und 1970 liegt die gegenüber 1950 revidierte Grundsystematik der Wirtschaftszweige zugrunde. Zeitvergleiche zwischen der Zählung von 1950 und den späteren Erhebungen sind anhand eines „Umsteigeschlüssels" bis zu einem gewissen Grad möglich. Gebietsstand der AZ ist das Bundesgebiet einschließlich West-Berlin (1950 ohne Saarland).

b) *Die Aussagefähigkeit zum Ausleseprozeß*

Die AZ weist wesentliche Mängel anderer Zählwerke nicht auf, die ihre Aussagefähigkeit zum Ausleseprozeß entscheidend beeinträchtigen. Sie erfaßt auch Kleinstbetriebe, was besonders für den Bereich des Einzelhandels wesentlich ist. Ein gewisser Mangel kann darin gesehen werden, daß die Firmen bei der Selbst-Zuordnung unterschiedliche Maßstäbe anlegen. Die Ergebnisse der AZ spielen im Rahmen der Quantifi-

---

[19] Alle Unternehmen, einschließlich der Saar-Ergebnisse 1961.

[20] Einschließlich der hinzugeschätzten Kleinstunternehmen unter 8000 DM Jahresumsatz.

[21] Vgl. Statistisches Amt des Saarlandes: Handel und Gastgewerbe im Saarland, Nr. 28 der Einzelschriften zur Statistik des Saarlandes, Saarbrücken 1965, S. 57.

zierung eine wichtige Kontroll- und Ergänzungsfunktion. Als nachteilig erweist sich für eine Zeitreihendarstellung der große zeitliche Abstand zwischen den Erhebungen, daneben, daß die Ergebnisse von 1961 an nicht nach Umsatzgrößenklassen, sondern nach Beschäftigtengrößenklassen aufgegliedert sind.

Will man — zu Vergleichbarkeits- und Kontrollzwecken — die in der Arbeitsstättenzählung erfaßten Unternehmen ab 12 000 DM Jahresumsatz feststellen, so können zur Eliminierung der Kleinstunternehmen die entsprechenden Werte der HGZ herangezogen werden.

Tabelle 29

Zahl der von der Arbeitsstättenzählung erfaßten Unternehmen[a] im Groß- und Einzelhandel insgesamt nach Durchführung der statistischen Bereinigung

Jahr	Großhandel		Einzelhandel	
	Zahl der Unternehmen	Veränderung 1961/70 in %	Zahl der Unternehmen	Veränderung 1961/70 in %
1961	132 600	·	447 900	·
1970	110 000	— 17,0	404 500	— 9,7

a) Unternehmen mit Jahresumsätzen über 12 000 DM, einschl. Saarland und West-Berlin.

Quelle: Statistisches Bundesamt: Arbeitsstättenzählungen sowie Berechnungen und Schätzungen des Ifo-Instituts.

4. Statistik der Gewerbean- und -abmeldungen

Statistiken über die Gewerbean- und -abmeldungen werden derzeit in der BRD von den Statistischen Landesämtern Bayern, Niedersachsen sowie Saarland in Zusammenarbeit mit den Gewerbeämtern durchgeführt. Entsprechende Zählungen in den Ländern Rheinland-Pfalz sowie Schleswig-Holstein wurden wieder eingestellt; Ergebnisse liegen deshalb lediglich für einzelne Jahre vor.

Erhebungsgegenstand ist in Bayern und Niedersachsen die örtliche Einheit „Betrieb“, im Saarland die rechtliche Einheit „Unternehmen“. Die Zuordnung wird nach den Angaben des Steuerpflichtigen vorgenommen. Zwischen den einzelnen Ländern bestehen hinsichtlich Art und Tiefe der Gliederung der Statistik Abweichungen. Für Aussagen zum Ausleseprozeß sind die Ergebnisse dieser Statistiken deshalb von Bedeutung, weil sie alle tatsächlich aus dem Markt ausscheidenden Betriebe und Arbeitsstätten ausweisen.

Wenn auch für die weiteren Bundesländer entsprechende Ergebnisse fehlen, ermöglichen diese Statistiken doch einen recht guten Einblick in das Verhältnis zwischen ausscheidenden und neu hinzukommenden Unternehmen. Im Rahmen der Quantifizierung des Ausleseprozesses kommt ihnen eine ergänzende Bedeutung zu.

5. Statistik der Zahlungsschwierigkeiten

Die Statistik der Zahlungsschwierigkeiten weist die Konkurse und Vergleichsverfahren aus. Sie wurde nach dem zweiten Weltkrieg erstmals 1949 (West-Berlin 1951, Saarland 1957) wieder aufgenommen. Die Amtsgerichte (Konkursgerichte) melden die Zahl der eröffneten und mangels Masse abgelehnten Konkursanträge, die Zahl der eröffneten Vergleichsanträge sowie die Zahl der Anschlußkonkurse. Erhebungsgegenstand ist also in jedem Fall das Unternehmen.

Die Zuordnung der erfaßten Insolvenzen richtet sich grundsätzlich nach dem wirtschaftlichen Schwerpunkt des betreffenden Unternehmens. Eine Überprüfung im Einzelfall erfolgt jedoch kaum; das Statistische Bundesamt stützt sich hierbei im wesentlichen auf die Angaben der Amtsgerichte. Die Konkurse und Vergleichsverfahren werden nach der Rechtsform der betroffenen Unternehmen und nach dem Zeitpunkt der Betriebsgründung gegliedert.

Die Aufbereitung der Insolvenzen erfolgte bis 1961 nach der alten Systematik der Wirtschaftszweige; 1962 wurde sie erstmals analog der USTST nach der neuen Grundsystematik vorgenommen. Die Ergebnisse der Insolvenzstatistik wurden bis 1961 jährlich veröffentlicht; seither werden sie halbjährlich ausgewiesen.

„Störfaktoren" wie Wechsel der Systematik der Wirtschaftszweige, unterschiedlicher Gebietsstand der verschiedenen Zählungen beeinträchtigen die Aussagefähigkeit der Statistik kaum. Sie lassen sich relativ leicht bereinigen. Die Statistik der Zahlungsschwierigkeiten ist für die Zwecke dieser Studie allerdings von begrenzter Aussagekraft. Sie weist zwar echte Abgänge aus, doch handelt es sich hierbei nur um einen kleinen Teil aller aus dem Markt ausscheidenden Unternehmen. Die Ursachen, die zu Konkursen bzw. Vergleichsverfahren führen, unterscheiden sich teilweise von den Ursachen, die zur Wettbewerbsauslese von Unternehmen führen, so daß keine eindeutige Korrelation zwischen den Insolvenzen und den Gesamtabgängen von Unternehmen festzustellen ist.

6. Zusammenfassende Beurteilung der statistischen Quellen

Die Ergebnisse der einzelnen amtlichen Statistiken weichen wegen spezifischer Erhebungseigenheiten zum Teil beträchtlich voneinander ab und sind nur in begrenztem Ausmaß vergleichbar. Wie die in der folgenden Tabelle für die größten einschlägigen Zählwerke vorgenommene

Gegenüberstellung zeigt, differieren die Ergebnisse sowohl in ihrer absoluten Größe als auch im Erfassungsrhythmus. Eine ungeprüfte und unbereinigte Verwendung der Daten läßt sich schon deshalb nicht rechtfertigen.

Auch innerhalb der einzelnen Zählwerke ist die Vergleichbarkeit der Daten durch mannigfaltige Verzerrungen erheblich eingeschränkt. Wie dargestellt wurde, lassen sich derartige Einflüsse nicht in allen Fällen

Tabelle 30

Zahl der Unternehmen im Großhandel und Einzelhandel

nach verschiedenen amtlichen Zählwerken

Jahr	Handels- und Gaststättenzählung[a) b)]	Arbeitsstättenzählung	Umsatzsteuerstatistik[a) b)]
	Zahl der Unternehmen		
	Großhandel		
1955			140 952
1956			129 414
1957			135 813
1958			134 453
1959			134 824
1960	121 421		134 857
1961		139 324	132 850
1962			129 983
1964			130 417
1966			126 964
1968	108 408		123 225
1970		114 010	120 556
1972			117 963
	Einzelhandel		
1955			505 764
1956			399 393
1957			434 711
1958			437 279
1959			440 504
1960	427 577		440 524
1961		514 593	428 564
1962			445 186
1964			438 830
1966			428 665
1968	404 693		402 530
1970		441 297	382 482
1972			366 318

a) Ab 1956 Unternehmen über 8000 (8500) DM, ab 1961 Unternehmen über 12 000 (12 500) DM Jahresumsatz.

b) Ab 1957 einschl. West-Berlin ohne Saarland, ab 1961 einschl. Saarland und West-Berlin.

Quelle: Statistisches Bundesamt.

Tabelle 31: **Vergleichende Darstellung der die Aussagefähigkeit der amtlichen Zählwerke hinsichtlich des Ausleseprozesses beeinträchtigenden Faktoren**

Störfaktor	Umsatzsteuer-statistik	Handels- und Gaststätten-zählung	Arbeits-stätten-zählung	Statistik der Gewerbean- u. -abmeldungen	Statistik der Zahlungs-schwierig-keiten
Änderung des Erfassungs-Schwellenwertes	∅	○	—	—	—
Änderung der Zuordnungspraxis	∅	—	—	—	—
Unterschiedliche Behandlung von Organschaften	∅	—	—	—	—
Änderung der Systematik der Wirtschaftszweige	∅	—	∅	∅	◈
Änderung des Erhebungsgebietsstandes	◈	◈	◈	○	∅
Unterschiedlicher Erfassungsgrad	○	○	—	—	—
Nichtberücksichtigung der Dauer der Geschäftstätigkeit	○	—	—	—	∅
Unterschiedlicher Erhebungszeitraum und -rhythmus	—	○	○	○	—

Zeichenerklärung:

— Störfaktor nicht gegeben bzw. nicht relevant. — ○ Störfaktor gegeben und nicht eliminierbar. — ∅ Eliminierung des Störfaktors teilweise möglich. — ◈ Eliminierung des Störfaktors weitgehend möglich.

Tabelle 32: **Unternehmen im Groß- und Einzelhandel nach Durchführung der statistischen Bereinigung**

Jahr	Umsatzsteuerstatistik		Handels- und Gaststättenzählung		Arbeitsstättenzählung	
	Zahl der Unternehmen					
	über	unter	über	unter	über	unter
	12 000 DM Jahresumsatz		12 000 DM Jahresumsatz		12 000 DM Jahresumsatz	
	Großhandel					
1960	130 800	15 100	123 400	7 900	133 200	7 900
1961	130 200	13 000	122 900	6 800	132 600	6 800
1968	213 200	10 300	108 400	5 300	112 400	5 300
1970	120 600	7 800	106 100	4 000	110 000	4 000
	Einzelhandel					
1960	450 400	127 700	430 700	74 700	449 700	74 700
1961	448 700	116 300	429 000	66 700	447 900	66 700
1968	402 500	82 400	404 700	46 700	425 700	46 700
1970	382 500	65 200	384 500	36 800	404 500	36 800

Quelle: Berechnungen und Schätzungen des Ifo-Instituts auf der Basis der amtlichen Zählwerke.

und voll bereinigen. Im folgenden wurde versucht, die einzelnen „Störfaktoren“ und ihre Eliminierbarkeit in einer vergleichenden Darstellung der einzelnen Statistiken zu verdeutlichen.

Nach Eliminierung der erwähnten Störfaktoren ergaben sich für die statistischen Hauptquellen Umsatzsteuerstatistik, Handels- und Gaststättenzählung und Arbeitsstättenzählung folgende Zahlenwerte für die Jahre 1960, 1961, 1968 und 1970:

Trotz der Bereinigung der Zahlenreihen der genannten Zählwerke weichen die für die einzelnen Jahre ermittelten Daten mehr oder weniger stark voneinander ab. Keine der erwähnten Quellen läßt somit für sich allein unmittelbare Aussagen über das Ausmaß des Ausleseprozesses zu. Nur über eine Verknüpfung der Ergebnisse verschiedener Erhebungen läßt sich eine Quantifizierung des Ausleseprozesses größenordnungsmäßig vornehmen.

III. Das Ausmaß des Ausleseprozesses in den zurückliegenden Jahren nach relevanten Merkmalen

1. Vorbemerkungen

Am geeignetsten für die Quantifizierung des Ausleseprozesses erweist sich die Umsatzsteuerstatistik, da hier durchgehende Reihen über die Zahl der Unternehmen vorliegen und sich verzerrende Auswirkungen von „Störfaktoren“, die sich etwa durch Änderungen in der Systematik der Wirtschaftszweige, Änderungen im Gebietsstand und Erfassungsschwellenwert ergeben, weitgehend bereinigen lassen. Die USTST bildet damit die Basis für die Quantifizierung. Für die Gesamtreihen Groß- und Einzelhandel kommt jedoch der Verknüpfung mit den Ergebnissen der anderen amtlichen Zählwerke große Bedeutung zu. Das gilt besonders für die Arbeitsstättenzählung sowie die Handels- und Gaststättenzählung. Die Statistik der Gewerbean- und -abmeldungen hat ergänzenden Charakter. Sie wird vor allem für die Abschätzung der gesamten Zu- und Abgänge im Groß- und Einzelhandel herangezogen.

2. Großhandel und Einzelhandel insgesamt

Die Verknüpfung der Zahlenreihen aus den verschiedenen statistischen Zählwerken führt für Großhandel und Einzelhandel insgesamt zu den in der nachstehenden Tabelle aufgeführten Zahlenreihen. Der Rückgang der Zahl der Einzelhandelsunternehmen war demnach wesentlich schwächer als nach der Umsatzsteuerstatistik, die Abnahme der Zahl der Großhandelsunternehmen erheblich stärker.

Tabelle 33

Zahl der Unternehmen im Großhandel und Einzelhandel nach Verknüpfung der bereinigten Ergebnisse der amtlichen Zählwerke

Jahr	Zahl der Unternehmen insgesamt		darunter: Unternehmen mit weniger als 12 000 (12 500) DM Jahresumsatz	
	absolut	1955 = 100	absolut	1955 = 100
		Großhandel		
1955	145 300	100,0	17 800	100,0
1956	145 700	100,3	17 700	99,4
1958	145 600	100,2	16 100	90,4
1960	146 100	100,6	15 100	84,8
1962	143 200	98,6	13 700	77,0
1964	142 500	98,1	12 000	67,4
1966	132 300	91,1	9 800	55,1
1968	124 300	85,5	10 300	57,9
1970	115 800	79,7	7 800	43,8
1972	110 700	76,2	6 900	38,8
		Einzelhandel		
1955	567 400	100,0	149 000	100,0
1956	568 500	100,2	143 000	96,0
1958	576 100	101,5	133 000	89,3
1960	578 000	101,9	128 000	85,9
1962	556 000	98,0	110 000	73,8
1964	539 000	95,0	98 000	65,8
1966	519 000	91,5	86 000	57,7
1968	494 000	87,1	82 000	55,0
1970	461 000	81,2	65 000	43,6
1972	430 500	75,9	50 000	35,6

Quelle: Berechnungen und Schätzungen des Ifo-Instituts auf der Basis der Ergebnisse der amtlichen Zählwerke.

In der Entwicklung der Zahl der Großhandelsunternehmen lassen sich zwei Entwicklungsphasen erkennen: Von 1955 bis 1964 blieb der Unternehmensbestand weitgehend konstant. Der leichte Rückgang zwischen 1960 und 1964 ist ausschließlich durch die Abnahme der Zahl der Kleinstunternehmen bedingt. Nach 1964 hat sich die Zahl der Unternehmen im Großhandel erheblich verringert, im Jahresdurchschnitt um 4450 bzw. 3,4 %. Im Jahre 1972 bestanden noch knapp 111 000 Unternehmen. Gegenüber 1955 ist die Zahl der Großhandelsfirmen um rd. 35 000 zurückgegangen. Damit gab es 1972 um rd. 24 % weniger Unternehmen in diesem Wirtschaftsbereich als Mitte der fünfziger Jahre.

Im Einzelhandel ist die Zahl der Unternehmen in den fünfziger Jahren insgesamt noch leicht gestiegen. Die Zahl der Kleinstunternehmen nahm jedoch in dieser Zeit bereits spürbar ab. Anfang der sechziger Jahre setzte ein genereller Kontraktionsprozeß ein. Die Zahl der Einzelhandelsunternehmen ging von 1960 bis 1972 um über 147 000 auf gut 430 000 zurück. Weitaus am stärksten war der Rückgang im Bereich der Kleinstunternehmen, wobei allerdings berücksichtigt werden muß, daß ein gewisser Teil der Abnahme auf ein Aufsteigen in höhere Umsatzgrößenklassen zurückzuführen ist. Geht man jedoch davon aus, daß Neugründungen nur relativ selten in der untersten Größenklasse starten und unterstellt man weiter, daß es diesen Zwergbetrieben auch nur zu einem geringen Teil gelingt, in höhere Größenklassen hineinzuwachsen, so entspricht der Bestandsrückgang von rd. 99 000 Kleinstunternehmen im Zeitraum 1955 - 1972 wohl in etwa dem tatsächlichen Ausmaß des Ausleseprozesses in dieser Größenklasse.

Will man im Bereich der steuerpflichtigen Unternehmen über die reine Bestandsentwicklung hinaus das absolute Ausmaß der Zu- und Abgänge annäherungsweise erfassen, so lassen sich hierzu die in der USTST gesondert ausgewiesenen Unternehmen mit vergleichbaren Vorjahresumsätzen heranziehen. Die Differenz zwischen dem Gesamtbestand an Unternehmen und der Zahl der Firmen mit vergleichbaren (vollen) Vorjahresumsätzen ergibt die „Fluktuationsziffer". Sie enthält — abgesehen von den zahlenmäßig kaum ins Gewicht fallenden Veränderungen bei den Organkreisen sowie den nicht quantifizierbaren Doppelzählungen auf Grund von Inhaberwechsel — folgende drei Gruppen von Unternehmen:

— Zugänge im Erhebungsjahr
— Zugänge in dem Erhebungsjahr vorausgegangenen Jahr
— Abgänge im Erhebungsjahr.

Die „Fluktuationsziffer" ist bereits als eigenständige Größe von besonderem Interesse, zeigt sie doch das Ausmaß an Bewegung, das im Großhandel und Einzelhandel hinsichtlich der Zahl der Unternehmen stattfindet; sie ist sicherlich ein wichtiger Indikator der Stärke der Wettbewerbs- und Strukturveränderungsvorgänge.

Legt man die Fluktuationsquoten, wie sie sich aus der Umsatzsteuerstatistik ermitteln lassen, auf die Gesamtbestandsreihen des Großhandels und Einzelhandels um, die durch Verknüpfung der bereinigten Ergebnisse der amtlichen Zählwerke gebildet wurden, so ergeben sich die in der folgenden Tabelle ausgewiesenen Zahlen (Fluktuationsziffern). Der Betrachtungszeitraum mußte aus Vergleichbarkeitsgründen auf die Zeit 1961 - 1972 beschränkt werden. Die Kleinstunternehmen mit Jahresumsätzen unter 12 000 DM konnten nicht berücksichtigt werden.

Tabelle 34

Zahl der Unternehmen[a] sowie Fluktuationsziffern im Groß- und Einzelhandel

Jahr	Großhandel		Einzelhandel	
	Zahl der Unternehmen	Fluktuations-ziffer	Zahl der Unternehmen	Fluktuations-ziffer
1961	130 000	—	448 000	—
1962	129 500	13 400	445 700	41 900
1964	130 500	14 900	440 700	47 100
1966	122 500	13 200	432 800	43 100
1968	114 000	14 700	412 100	45 800
1970	108 000	15 800	396 000	53 200
1972	103 800	18 600	380 500	58 600

a) Ohne Kleinstunternehmen mit weniger als 12 000 DM Jahresumsatz.

Quelle: Statistisches Bundesamt: Umsatzsteuerstatistiken sowie Berechnungen und Schätzungen des Ifo-Instituts.

Sowohl im Großhandel als auch im Einzelhandel hat die Fluktuation in den sechziger Jahren erheblich zugenommen. Sieht man von einer vorübergehenden Verringerung des Fluktuationsausmaßes Mitte der sechziger Jahre ab, so ist eine eindeutig steigende Tendenz zu erkennen. Sie ist u. a. der Ausdruck des starken Strukturwandlungsprozesses im Betrachtungszeitraum.

Um die „Fluktuationsziffer“ in Zugänge und Abgänge auflösen zu können, bedarf es eines methodischen Ansatzes, der nachstehend kurz erläutert wird.

$$F_t = Z_t + Z_{t-1} + A_t$$

Dabei bedeuten:

F_t = Fluktuationsziffer in einem bestimmten Jahr, d. i. die Differenz zwischen Gesamtzahl der Unternehmen und der Zahl der Unternehmen mit vergleichbaren (vollen) Vorjahresumsätzen

Z_t = Zugänge im Jahr t

Z_{t-1} = Zugänge im Jahr $t - 1$

A_t = Abgänge im Jahr t

Bei den von der USTST erfaßten Firmen ohne vergleichbare Vorjahresumsätze handelt es sich um Unternehmen, die nicht zwei volle Geschäftsjahre hindurch bestanden haben und für die somit keine Vergleichsumsätze für zwei aufeinanderfolgende Jahre vorliegen. Diese Firmen stellen Zugänge und Abgänge dar und bilden zusammen die Fluktuationsgröße.

Die Veränderung des Unternehmensbestandes (ΔU) zwischen zwei Erhebungsjahren ergibt sich aus dem Saldo zwischen Abgängen des Vorjahres (A_{t-1})[22] und Zugängen des Erhebungsjahres (Z_t). In mathematischer Schreibweise ausgedrückt lautet der Zusammenhang folgendermaßen:

$$\Delta U = U_{t-1} - U_t = A_{t-1} - Z_t$$

Um mit Hilfe dieses Ansatzes die Auflösung der Fluktuationsziffer in Zu- und Abgänge vollziehen zu können, wäre für ein bestimmtes Jahr eine Ausgangsgröße erforderlich (z. B. Zugänge oder Abgänge in einem bestimmten Jahr). Für 1954 liegt ein solches Ausgangsdatum vor. Die Verwendung dieser Größe führt jedoch zu so sprunghaften und wenig plausiblen Reihen, daß an der Brauchbarkeit des Ausgangsdatums erhebliche Zweifel anzubringen sind. Diese werden dadurch bekräftigt, daß das Statistische Bundesamt selbst auf zahlreiche Erhebungsmängel bezüglich dieses Wertes verweist[23].

Um trotzdem eine Aufgliederung der Fluktuationsziffern in Zu- und Abgänge vornehmen zu können, war es notwendig, die Auflösung der Gleichung auf der Basis „ungesicherter“ Annahmen vorzunehmen. Diese Annahmen lauten folgendermaßen:

— Die Veränderung des Gesamtbestandes zwischen zwei Erhebungsjahren verläuft linear.

— Sowohl die Zugänge als auch die Abgänge verteilen sich innerhalb der zweijährigen Erhebungsperioden gleichmäßig auf die beiden, jeweils zu einer Erhebungsperiode gehörenden Jahre.

Auf Grund dieser Annahmen ergibt sich mit Hilfe der dargestellten Berechnungsmethode hinsichtlich der Abgänge und Zugänge im Großhandel und Einzelhandel folgendes Bild:

Sowohl im Großhandel als auch im Einzelhandel zeigt die Entwicklung der Zugänge keine eindeutige Tendenz. Der relativ stärkste Zugang erfolgte im Großhandel im Jahre 1972 (5,4 % des Bestandes) und 1970 (4,8 %). Am niedrigsten war die Zugangsquote mit 2,6 % im Jahre 1966. Ähnlich ist das Bild beim Einzelhandel: Hier erfolgte im Jahre 1972 (4,3 %) der relativ stärkste Zugang. Der schwächste Zugang fand 1968 statt (2,6 %). Im Gegensatz zu den Zugängen verlief die Entwicklung der Abgänge sowohl im Großhandel als auch im Einzelhandel weitgehend kontinuierlich. So stieg im Großhandel die Abgangsquote von 3,1 % im Jahre 1960 auf 7,6 % im Jahre 1970. Im Einzelhandel erhöhte sich der entsprechende Anteil im Zeitraum 1960/72 von 3,1 % auf 6,8 %.

---

22 Die Abgänge werden statistisch ein Jahr nach dem tatsächlichen Ausscheiden der Firmen registriert.

23 Vgl. Statistisches Bundesamt: Umsatzsteuerstatistik 1954, S. 41.

Tabelle 35

Gesamtzahl der Unternehmen[a] sowie Zahl und Anteil der Zu- und Abgänge im Groß- und Einzelhandel 1960 - 1972

Jahr	Zahl der Unternehmen[a] insgesamt	Zugänge absolut	Zugänge in % des Bestandes	Abgänge absolut	Abgänge in % des Bestandes
			Großhandel		
1960	131 000	4 700	3,6	4 100	3,1
1962	129 500	4 200	3,3	5 000	3,8
1964	130 500	5 200	4,0	4 500	3,4
1966	122 500	3 200	2,6	9 300	7,6
1968	114 000	4 500	3,9	8 200	7,2
1970	108 000	5 200	4,8	8 200	7,6
1972	103 800	5 600	5,4	7 300	7,0
			Einzelhandel		
1960	450 000	17 700	3,9	13 900	3,1
1962	445 700	15 100	3,4	17 400	3,9
1964	440 700	14 800	3,4	17 500	4,0
1966	432 800	13 000	3,0	17 000	3,9
1968	412 100	10 600	2,6	24 500	6,0
1970	396 000	15 400	3,9	22 400	5,7
1972	380 500	16 400	4,3	25 800	6,8

a) Ohne Kleinstunternehmen mit weniger als 12 000 DM Jahresumsatz.

Quelle: Berechnungen des Ifo-Instituts auf der Basis der Ergebnisse der amtlichen Zählwerke.

Die auf der Basis der USTST-Werte ermittelte Entwicklung der Zu- und Abgänge wird durch die Statistik der Gewerbean- und abmeldungen in der Tendenz weitgehend bestätigt.

Feststellungen der Hauptgemeinschaft des Deutschen Einzelhandels über die An- und Abmeldungen von Mitgliedsfirmen im Verbandsbereich betreffen den Zeitraum 1967 bis 1971. Die jährlichen Abnahmeraten nach dieser Verbandsstatistik lagen deutlich über denen der amtlichen Statistik. Das ist einmal damit zu erklären, daß Unternehmen, die nur den Inhaber wechseln, in der USTST den Bestand zahlenmäßig nicht verringern[24], wohl aber in der Verbandsstatistik, und zwar dann, wenn der Nachfolger dem Verband nicht beitritt (das ist im Durchschnitt bei rd. der Hälfte aller Mitgliederaustritte wegen Betriebsübergabe der Fall). Deshalb muß zur Herstellung der Vergleichbarkeit der Daten die HDE-Statistik bezüglich der Austritte ohne Betriebsaufgabe und der

[24] Auf Grund des Mehrfachzählungseffektes wird der Bestand sogar erhöht.

Eintritte ohne Betriebsneugründung korrigiert werden. Danach ergibt sich für den Bereich der Mitgliedsfirmen der HDE hinsichtlich der Zu- und Abgänge folgendes Bild.

Tabelle 36

Mitgliederbestand der Hauptgemeinschaft des Deutschen Einzelhandels

Jahr	Austritte a)	darunter: Austritte ohne Betriebsaufgabe und wegen Betriebsübergabe	Eintritte a)	darunter: Eintritte ohne Betriebsneugründung und wegen Betriebsübernahme	Jährl. Veränderung insgesamt	Jährl. Veränderung bereinigt um Austritte ohne Betriebsaufgabe u. Eintritte ohne Betriebsneugründung
1967	6,3	2,6	4,1	2,7	— 2,2	— 2,3
1968	7,7	3,5	4,3	2,9	— 3,4	— 2,8
1969	8,3	3,7	4,0	2,8	— 4,3	— 3,4
1970	8,3	3,4	3,4	2,0	— 4,9	— 3,5
1971	8,2	3,6	3,4	2,4	— 4,8	— 3,6

a) In % des Bestandes am Jahresanfang.

Quelle: Erhebung der Hauptgemeinschaft des Deutschen Einzelhandels.

Direkt vergleichbar mit den auf der Basis der USTST errechneten Zu- und Abgangsreihen sind die bereinigten HDE-Ergebnisse aus den Jahren 1968 und 1970. Es zeigt sich, daß der Anteil der Zu- und Abgänge und damit die Fluktuation im Einzelhandel insgesamt stärker war als im Verbandsbereich der HDE, die jährlichen Abnahmeraten hingegen fielen in der amtlichen Statistik — wegen der offensichtlich stärkeren Zugänge im Gesamtbereich — geringer aus. Bezüglich der grundsätzlichen Tendenz zur Verstärkung der Auslese Ende der sechziger und zu Beginn der siebziger Jahre stimmen jedoch beide Statistiken überein.

Ein Ausleseprozeß, d. h. eine Verringerung des Unternehmensbestandes, hat sowohl im Großhandel als auch im Einzelhandel erst Anfang der sechziger Jahre eingesetzt. Eine Auslese durch Ausscheiden von Unternehmen fand jedoch naturgemäß auch schon früher in erheblichem Umfang statt, auch in der Zeit, in der der Unternehmensbestand noch zunahm. Bereits Mitte der fünfziger Jahre hatte die Fluktuation im Großhandel und Einzelhandel kontinuierlich zugenommen, und zwar teilweise stärker als der Unternehmensbestand, so daß sich die „Fluktuationsquoten" erhöhten. Hieraus geht hervor, daß die absolute Zahl und der Anteil der Abgänge schon vor 1960 gestiegen sind. Die Tendenz zu einer verstärkten Auslese hat also wesentlich früher begonnen als die Entwicklung der Bestandsreihen erkennen läßt.

3. Hauptbereiche und Branchen

a) Vorbemerkungen

Dem Versuch, eine Quantifizierung des Ausleseprozesses nach Hauptbereichen bzw. Branchen des Groß- und Einzelhandels vorzunehmen, stehen vom statistischen Material her größere Schwierigkeiten entgegen als der Quantifizierung des Ausleseprozesses für Großhandel und Einzelhandel insgesamt. Auf eine Berechnung der absoluten Zu- und Abgänge muß bei der Branchenbetrachtung verzichtet werden, weil die Zahl der Unternehmen mit vergleichbaren (vollen) Vorjahresumsätzen vielfach nicht nach Branchen ausgewiesen ist. Damit läßt sich auch das „Saldenproblem", d. h. die Ermittlung der tatsächlichen Zugänge und Abgänge aus der Veränderung des Bestandes an Unternehmen, nicht lösen. Es muß deshalb aus der Entwicklung der Bestandsreihen auf Verlauf und Ausmaß des Ausleseprozesses geschlossen werden. Eine Verknüpfung der Ergebnisse der relevanten Zählwerke kann für die einzelnen Branchen nicht vorgenommen werden, da die hierzu erforderlichen Bereinigungsschritte durch zu große Unsicherheitsfaktoren belastet wären. Es war deshalb unvermeidbar, sich auf ein Zählwerk zu beschränken. Auf Grund der gegebenen Kontinuität der Daten bot sich hierbei allein die Umsatzsteuerstatistik an.

Für die Branchengliederung mußten sowohl die alte als auch die neue Systematik der Wirtschaftszweige des Statistischen Bundesamtes herangezogen werden. Da die alte Systematik jedoch weniger disaggregiert ist als die neue, erwies es sich als notwendig, die Auswahl der Branchen weitgehend an ihr zu orientieren. Das hatte zur Folge, daß teilweise Einzelpositionen zusammengefaßt bzw. eliminiert werden mußten, um vergleichbare Aggregate zu erhalten. Schon deshalb entspricht die Zahl der Unternehmen in den erfaßten Fachzweigen nicht der Gesamtzahl aller Unternehmen im Großhandel und Einzelhandel.

b) Großhandel

Bei einem Vergleich der Bestandsentwicklung von 1955 bis 1970 zwischen den beiden Hauptbereichen des Großhandels, dem Konsumgütergroßhandel und dem Rohstoff- und Produktionsverbindungshandel, zeigt sich eine weitgehende Parallelität. Im Konsumgütergroßhandel verringerte sich die Zahl der steuerpflichtigen Unternehmen von 1955 bis 1970 um rd. 4100 auf 62 900. Das entspricht einer Abnahme von 6,2 %. Sie war nur wenig größer als im Rohstoff- und Produktionsverbindungshandel. Hier betrug der Rückgang im genannten Zeitraum 3130 Unternehmen bzw. 5,4 %. Innerhalb des Betrachtungszeitraumes wich jedoch die Entwicklung zwischen den zwei Bereichen teilweise voneinander ab. Zwar ging im Konsumgütergroßhandel wie im Rohstoff- und Produktionsverbindungshandel die Phase des Anstiegs der Zahl der Unternehmen 1960/61 zu Ende, doch wurde der darauffolgende abnehmende Trend der Bestandszahlen im Rohstoff- und Produktionsverbindungshandel durch eine neuerliche Zunahme in der Zeit von 1962 bis 1964 unterbrochen. Im Konsumgütergroßhandel hingegen verlief der rückläufige Trend ohne Unterbrechung. Es zeigt sich hierbei eine starke Korrelation zur Entwicklung der Zahl der Einzelhandelsunternehmen.

Innerhalb des Konsumgütergroßhandels war die Entwicklung differenziert. Während in den meisten Fachzweigen im Zeitraum 1955 bis 1970 die Zahl der Unternehmen rückläufig war, stieg sie im Großhandel mit elektrotechnischen Erzeugnissen, Rundfunk-, Fernseh- und Phonogeräten sowie im Durchschnitt der sonstigen Fachzweige an. Der Selektionsprozeß wurde in diesen Branchen überdeckt durch Neugründungen bzw. Neuzugänge aus anderen Wirtschaftsbereichen und Fachzweigen und war offensichtlich schwächer ausgeprägt als in den übrigen Konsumgüterbranchen. Von den Fachzweigen mit abnehmender Bestandsentwicklung hat die relativ stärkste Auslese in den Branchen des Papierwarensektors stattgefunden. Hier ging die Zahl der Unternehmen bereits ab 1959 kontinuierlich zurück, doch gewann der Ausleseprozeß erst ab Mitte der sechziger Jahre größeres Ausmaß. Von 1966 bis 1970 hat sich die Zahl der Unternehmen in dieser Branche um rd. 10 % verringert.

Den zahlenmäßig am stärksten ins Gewicht fallenden Rückgang weist der Nahrungs- und Genußmittelgroßhandel mit knapp 4800 Unternehmen auf. Hier zeigt sich — im Gegensatz zu den meisten anderen Bereichen — nur bis etwa Ende der fünfziger Jahre ein leichter Anstieg; 1960 überwogen bereits die Abgänge. In der Folge hat sich der Selektionsprozeß zunehmend verstärkt. Im Jahre 1970 gab es rd. 15 % weniger Lebensmittelgroßhandlungen als 1962.

Eine relativ starke Auslese ist auch im Bekleidungs- und Schuhsektor zu verzeichnen. In diesem Bereich waren bereits in den fünfziger Jahren spürbare Selektionstendenzen wirksam. Nach 1960 hat sich das Auslesetempo verlangsamt. Von 1962 bis 1964 erhöhte sich der Bestand geringfügig und hielt sich sodann bis 1966 auf diesem Niveau. In der Folgezeit trat der Bereinigungsprozeß wieder voll in Erscheinung. Im Jahre 1970 gab es 730 oder gut 10 % weniger Textil-, Bekleidungs- und Schuhgroßhändler als 1955. In den Fachzweigen Pharmazeutika, Kosmetika und Krankenpflegebedarf sowie Eisen-, Metall- und Kunststoffwaren lief die Entwicklung weitgehend parallel: In beiden Branchen setzte erst Mitte der sechziger Jahre in stärkerem Umfang ein Ausleseprozeß ein, der zu einem Rückgang um rd. 7 % bzw. 5 % führte. Die absolute Abnahme der Zahl der Unternehmen blieb jedoch mit rd. 300 bescheiden.

Tabelle 37: **Zahl der Unternehmen im Konsumgüterhandel**

nach Fachzweigen (1955 = 100)

Jahr	Konsumgütergroßhandel insgesamt[a)]		davon: Nahrungs- und Genußmittel		Bekleidung, Wäsche, Ausstattungs- u. Sportartikel, Schuhe		Eisen-, Blech-, Metall- und Kunststoffwaren		Papier und Papierwaren[b)], Druckerzeugnisse, Schreibwaren, Schul- u. Büroartikel, Bücher, Zeitschriften, Zeitungen		Pharmazeutische und kosmetische Erzeugnisse, Dental-, Labor-, Krankenpflege- und Friseurbedarf		Elektrotechnische Erzeugnisse, Rundfunk-, Fernseh-, Phonogeräte, Schallplatten		Sonstige Fachzweige[c)]	
	Anzahl	Index	Anzahl	Index	Anzahl	Index	Anzahl	Index	Anzahl	Index	Anzahl	Index	Anzahl	Index	Anzahl	Index
1955	67 040	100	34 630	100	7 170	100	5 380	100	5 380	100	3 490	100	2 700	100	8 290	100
1956	67 570	100,8	34 860	100,7	7 060	98,5	5 450	101,3	5 350	99,4	3 540	101,4	2 740	101,5	8 570	103,4
1957	68 010	101,4	35 250	101,8	6 900	96,2	5 350	99,4	5 400	100,4	3 520	100,9	2 830	104,8	8 760	105,7
1958	68 650	102,4	35 550	102,7	6 760	94,3	5 380	100,0	5 520	102,6	3 490	100,0	2 970	110,0	8 980	108,3
1959	68 990	102,9	35 680	103,0	6 710	93,6	5 400	100,4	5 470	101,7	3 510	100,6	3 030	112,2	9 190	110,9
1960	69 070	103,0	35 400	102,2	6 670	93,0	5 450	101,3	5 450	101,3	3 510	100,6	3 140	116,2	9 450	114,0
1961	68 930	102,8	35 280	101,9	6 590	91,9	5 390	100,2	5 380	100,0	3 500	100,3	3 250	120,4	9 520	114,8
1962	68 790	102,6	35 030	101,2	6 580	91,8	5 430	100,9	5 320	98,9	3 540	101,4	3 400	125,9	9 490	114,4
1964	68 550	102,3	34 180	98,7	6 700	93,4	5 420	100,7	5 220	97,0	3 560	102,0	3 670	135,9	9 800	118,2
1966	67 230	100,3	32 770	94,6	6 700	93,4	5 420	100,7	5 040	93,7	3 500	100,3	3 750	138,9	10 050	121,2
1968	65 230	97,3	31 700	91,5	6 580	91,8	5 220	97,0	4 760	88,5	3 350	96,0	3 670	135,9	9 950	120,0
1970	63 000	94,0	29 860	86,2	6 440	89,8	5 100	94,8	4 520	84,0	3 260	93,4	3 680	136,3	10 140	122,3

a) Ohne Großhandel mit Waren verschiedener Art. — b) Einschließlich Großhandel mit Papier und Pappe. — c) Einschließlich Großhandel mit Kfz-Teilen und -Zubehör.

Quelle: Statistisches Bundesamt: Umsatzsteuerstatistiken sowie Berechnungen des Ifo-Instituts.

Im Bereich des Rohstoff- und Produktionsverbindungshandels hatte der „landwirtschaftsorientierte“ Großhandel die stärkste Abnahme in der Zahl der Unternehmen zu verzeichnen. Im Großhandel mit Getreide, Saaten, Futter- und Düngemitteln blieb der Bestand zwar bis 1964 weitgehend konstant, doch setzte danach ein äußerst scharfer Ausleseprozeß ein, der die Zahl der Firmen bis 1970 um gut 3000 schrumpfen ließ. Im Jahre 1970 gab es damit nur mehr knapp drei Viertel des Unternehmensbestandes von Mitte der sechziger Jahre. Von einer ähnlich starken Selektion war der Viehgroßhandel betroffen. Hier überwogen bereits in den fünfziger Jahren die Abgänge. Der Rückgang hat sich in der Folge verstärkt. Im Jahre 1970 gab es rd. 1800 Viehgroßhändler weniger als 1955.

Von den anderen Branchen des Rohstoff- und Produktionsverbindungshandels hatte der Großhandel mit Kohle, festen Brennstoffen und Mineralölerzeugnissen den relativ größten Firmenabgang. Ein Bestandsrückgang erfolgte hier bereits in den fünfziger Jahren. Die Abnahme der Zahl der Unternehmen hat sich nach 1964 verstärkt fortgesetzt. In den Branchen-Gruppen Holz, Holzhalbwaren, Baustoffe sowie Kraftwagen, Krafträder, Maschinen, Landmaschinen sowie landwirtschaftliche Geräte ist die Zahl der Unternehmen bis etwa Mitte der sechziger Jahre tendenziell leicht gestiegen. Seither verharrt sie auf diesem Niveau oder zeigt leicht rückläufige Bewegung. Im Großhandel mit Schrott und sonstigen Abfallstoffen war in den fünfziger Jahren ein erheblicher Unternehmenszugang zu beobachten. In den ersten sechziger Jahren fand dann ein gewisser Bestandsabbau statt, der jedoch in den letzten Jahren von einem erneuten Anstieg abgelöst wurde. Im Großhandel mit Erzen, Eisen, NE-Metallen und Halbzeug hat die Zahl der Unternehmen gegen Ende der fünfziger Jahre spürbar abgenommen, sich in den folgenden Jahren jedoch nur noch relativ wenig vermindert. In den letzten Jahren wurde die rückläufige Tendenz von einem verstärkten Zugang an Unternehmen und einer entsprechenden Erhöhung des Bestandes abgelöst.

Das unterschiedliche Ausmaß des Ausleseprozesses in den einzelnen Fachbereichen des Großhandels hat zu erheblichen Veränderungen der Branchenstruktur im Konsumgütergroßhandel und Rohstoff- und Produktionsverbindungshandel geführt. Im Konsumgüterbereich nahm in den vergangenen eineinhalb Jahrzehnten der Anteil der Lebensmittelgroßhändler um gut 4 %-Punkte auf 47,4 % ab. Einen erheblichen Anteilsrückgang hatte auch die Branchen-Gruppe Papier-, Schreibwaren, Schul- und Büroartikel, Bücher, Zeitschriften und Zeitungen zu verzeichnen. Demgegenüber verringerte sich der Anteil der Unternehmen im Bereich Bekleidung, Wäsche, Schuhe, Ausstattungs- und Sportartikel nur in den fünfziger Jahren; seither ist er auf Grund des

Tabelle 38: **Zahl der Unternehmen im Rohstoff- und Produktionsverbindungshandel**

nach Fachzweigen (1955 = 100)

Jahr	Rohstoff- und Produktionsverbindungshandel[a)] [b)] insgesamt		davon: Erze, Eisen, NE-Metalle, Halbzeug		Kohle, sonstige feste Brennstoffe, Mineralölerzeugnisse		Schrott, sonstige Abfallstoffe		Kraftwagen, Krafträder[c)], Maschinen, Landmaschinen und landwirt. Geräte		Holz, Holzhalbwaren, Baustoffe		Lebendes Vieh		Getreide, Saaten, Futter- und Düngemittel		Sonstige Fachzweige	
	Anzahl	Index	Anzahl	Index	Anzahl	Index	Anzahl	Index	Anzahl	Index	Anzahl	Index	Anzahl	Index	Anzahl	Index	Anzahl	Index
1955	58 450	100,0	1 740	100,0	4 010	100,0	5 210	100,0	7 200	100,0	10 230	100,0	9 150	100,0	11 220	100,0	9 690	100,0
1956	58 500	100,1	1 750	100,6	3 980	99,3	5 390	103,5	7 310	101,5	10 420	101,5	8 980	98,1	11 180	99,6	9 490	98,0
1957	59 530	101,9	1 750	100,6	3 990	99,5	5 850	112,3	7 320	101,7	10 490	102,5	9 080	99,2	11 290	100,6	9 760	100,8
1958	59 730	102,2	1 640	94,3	3 950	98,5	6 270	120,3	7 370	102,4	10 460	102,2	9 170	100,2	11 270	100,4	9 600	99,2
1959	59 910	102,5	1 620	93,1	3 910	97,5	6 600	126,7	7 410	102,9	10 550	103,1	9 000	98,4	11 190	99,7	9 630	99,5
1960	60 350	103,3	1 610	92,5	3 880	96,8	7 000	134,4	7 490	104,0	10 730	104,9	8 830	96,5	11 090	98,8	9 720	100,4
1961	59 840	102,4	1 610	92,5	3 870	96,5	6 700	128,6	7 590	105,4	10 870	106,3	8 550	93,4	10 950	97,6	9 700	100,2
1962	59 510	101,8	1 620	93,1	3 850	96,0	6 560	125,9	7 620	105,8	10 860	106,2	8 330	91,0	10 940	97,5	9 730	100,5
1964	59 860	102,4	1 580	90,8	3 810	95,0	6 270	120,3	7 720	107,2	11 240	109,9	8 130	88,9	11 250	100,3	9 860	101,9
1966	57 450	98,3	1 580	90,8	3 610	90,0	6 310	121,1	7 590	105,4	11 310	110,6	7 600	83,1	9 830	87,6	9 680	100,0
1968	55 670	95,3	1 630	93,7	3 570	89,0	6 360	122,1	7 450	103,5	10 870	106,3	7 400	80,9	8 890	79,2	9 500	98,1
1970	55 310	94,6	1 710	98,3	3 430	85,5	6 870	131,9	7 570	105,1	10 890	106,5	7 310	79,9	8 110	72,3	9 420	97,2

a) Ohne Großhandel mit Waren verschiedener Art. — b) Einschließlich Landhandel. — c) Position 41 600 der neuen Systematik „Großhandel mit Kraftwagen und Krafträdern“ mußte unter Rohstoff- und Produktionsverbindungshandel subsumiert werden, da dieser Fachzweig bis 1961 unter 6321 „Bgh. mit Maschinen“ erfaßt wurde.

Quelle: Statistisches Bundesamt: Umsatzsteuerstatistiken sowie Berechnungen des Ifo-Instituts.

Tabelle 39: **Anteile der Branchen bzw. Fachzweige-Gruppen an der Gesamtzahl der Unternehmen im Konsumgüter-Großhandel sowie im Rohstoff- und Produktionsverbindungshandel**

Anteile in %

Bereich/Branche bzw. Fachzweig-Gruppe	1955	1960	1966	1970
Konsumgüter-Großhandel	100	100	100	100
Nahrungs- und Genußmittel	51,7	51,3	48,7	47,4
Bekleidung, Wäsche, Schuhe, Ausstattungs- und Sportartikel	10,7	9,7	10,0	10,2
Eisen-, Blech-, Metall- und Kunststoffwaren	8,0	7,9	8,1	8,1
Papier- und Schreibwaren, Schul- und Bürobedarfsartikel, Bücher	8,0	7,9	7,5	7,2
Pharmazeutische und kosmetische Erzeugnisse, Dental-, Labor-, Krankenpflegebedarf	5,2	5,0	5,2	5,2
Elektrotechnische Erzeugnisse, Rundfunk-, Fernseh- und Phonogeräte	4,0	4,5	5,6	5,8
Sonstige Fachzweige	12,4	13,7	14,9	16,1
Rohstoff- und Produktionsverbindungshandel	100	100	100	100
Erze, Eisen, NE-Metalle, Halbzeug	3,0	2,7	2,7	3,1
Kohle, sonstige feste Brennstoffe, Mineralölerzeugnisse	6,9	6,4	6,3	6,2
Schrott, sonstige Abfallstoffe	8,9	11,6	11,0	12,4
Kraftwagen, Krafträder, Maschinen, landwirtschaftl. Geräte	12,3	12,4	13,2	13,7
Holz, Holzhalbwaren, Baustoffe	17,5	17,8	19,7	19,7
Lebendes Vieh	15,7	14,6	13,2	13,2
Getreide, Saaten, Futter- und Düngemittel	19,2	18,4	17,1	14,7
Sonstige Fachzweige	16,5	16,1	16,8	17,0

Quelle: Statistisches Bundesamt: Umsatzsteuerstatistiken sowie Berechnungen des Ifo-Instituts.

nur unterdurchschnittlichen Bestandsrückganges wieder leicht gestiegen. Der bis 1966 vergleichsweise schwach ausgeprägte Ausleseprozeß im Elektro-Bereich zeigt sich auch im zunehmenden Anteil an der Gesamtzahl der Unternehmen des Konsumgütergroßhandels. Einen wesentlich größeren Anteilsgewinn erreichten die sonstigen Fachzweige des Konsumgüterbereichs[25]. Auf sie entfiel 1970 schon fast ein Sechstel aller Unternehmen.

Im Rohstoff- und Produktionsverbindungshandel hat der Landhandel, der 1955 noch 35 % aller Unternehmen umfaßte, auf Grund einer überdurchschnittlich starken Auslese von Unternehmen kontinuierlich an Anteil verloren. In den meisten übrigen Branchen des Rohstoff- und Produktionsverbindungshandels nahmen die Anteile zu, darunter auch in Branchen mit rückläufigen Beständen (siehe sonstige Fachzweige)[26].

Aus Tab. 40 geht hervor, wie sich die Bestandsrückgänge in den beiden Hauptbereichen des Großhandels auf die einzelnen Branchen verteilen. Dabei fällt noch deutlicher der hohe Anteil des Nahrungs- und Genußmittelgroßhandels (70 %) am Bestandsverlust im Konsumgüterbereich auf sowie der hohe Anteil des Landhandels (über 80 %) an den Abgängen im Rohstoff- und Produktionsverbindungshandel.

c) *Einzelhandel*

Der sowohl absolut als auch relativ weitaus stärkste Abgang an Unternehmen im Einzelhandel fand im Nahrungs- und Genußmittelbereich (Sortiments- und Facheinzelhandel) statt. Er setzte zwar Ende der fünfziger Jahre zunächst nur zögernd ein und hatte auch Anfang der sechziger Jahre erst ein bescheidenes Ausmaß, doch nahm die Zahl der Unternehmen etwa ab Mitte der sechziger Jahre beträchtlich ab. Im Jahre 1970 gab es 30 % weniger Lebensmitteleinzelhandelsunternehmen als zehn Jahre zuvor.

Im Textil- und Bekleidungsbereich nahm die Zahl der Unternehmen in den fünfziger Jahren noch eher leicht zu. Sie erreichte 1960 ihren Höchststand. Danach setzte — zunächst zögernd, dann aber in recht beachtlichem Maße — der Ausleseprozeß ein. Die Zahl der Firmen ging hierbei von 1960 bis 1970 um rd. 10 000 auf gut 48 000 zurück. In jüngster Zeit scheint sich in diesem Bereich das Auslesetempo — im Gegensatz

---

[25] Das sind die Branchen Feinkeramik und Glaswaren, Möbel, kunstgewerbliche Erzeugnisse und Holzwaren, Feinmechanik und Optik, Uhren und Schmuck, Leder-, Galanterie- und Spielwaren, Kfz-Teile und -Zubehör sowie Fahrräder.

[26] Das sind die Branchen textile Rohstoffe und Halbwaren, technische Chemikalien, Rohdrogen, Kautschuk und Kunstgummi sowie technischer Bedarf und Spezialbedarf verschiedener Wirtschaftszweige.

zum Nahrungs- und Genußmitteleinzelhandel — wieder etwas zu verlangsamen.

Tabelle 40

Verteilung des Bestandsrückganges an Unternehmen im Konsumgütergroßhandel sowie im Rohstoff- und Produktionsverbindungshandel
nach Branchen bzw. Fachzweige-Gruppen[a)]

Bereich/Branche und Fachzweige-Gruppe	Bestandsrückgang[b)] von 1955 bis 1970	
	absolut	Anteil in %
Konsumgütergroßhandel	6 870	100
darunter:		
Nahrungs- und Genußmittel	4 770	69,5
Papier- und Schreibwaren, Druckereierzeugnisse, Schul- und Bürobedarfsartikel, Bücher, Zeitungen und Zeitschriften	860	12,5
Bekleidung, Wäsche, Schuhe, Ausstattungs- und Sportartikel	730	10,6
Eisen-, Metall- und Kunststoffwaren	280	4,1
Pharmazeutische und kosmetische Erzeugnisse, Dental-, Labor-, Krankenpflege-, Friseurbedarf	230	3,3
Rohstoff- und Produktionsverbindungshandel	5 830	100
darunter:		
Getreide, Saaten, Futter- und Düngemittel	3 110	53,3
Lebendes Vieh	1 840	31,6
Kohle, sonstige feste Brennstoffe, Mineralölerzeugnisse	580	10,0
Sonstige Fachzweige	270	4,6
Erze, Eisen, NE-Metalle, Halbzeug	30	0,5

a) Nur Branchen und Fachzweige-Gruppen mit rückläufiger Zahl der Unternehmen im Berichtszeitraum.
b) Unter Bestandsrückgang ist hier die Summe der Bestandsabnahmen der Branchen bzw. Fachzweige-Gruppen mit rückläufiger Zahl der Unternehmen zu verstehen.

Quelle: Statistisches Bundesamt: Umsatzsteuerstatistiken sowie Berechnungen des Ifo-Instituts.

Im Schuheinzelhandel überwogen bis 1964 Geschäftsneueröffnungen und Zugänge aus anderen Bereichen die Abgänge. Die hierdurch bedingte Bestandszunahme wurde jedoch durch die rückläufige Entwicklung in den vergangenen Jahren mehr als wettgemacht. Durch eine Abnahme von knapp 10 % im Zeitraum 1964 - 1970 sank der Unternehmensbestand unter das Niveau von 1955. Eine ähnliche Entwicklung zeigt sich im Eisenwaren- und Hausrateinzelhandel. Hier erhöhte sich die Zahl der Firmen — wenn auch nur geringfügig — bis Anfang der sechziger Jahre und ging dann, insbesondere ab 1966, relativ stark zurück. Im Jahre 1970 gab es rd. 10 % weniger Eisenwaren- und Hausrateinzelhändler als 1964.

Tabelle 41: **Zahl der Unternehmen im Einzelhandel** nach Bereichen und Fachzweigen (1955 = 100)

Jahr	Nahrungs- und Genußmittel und verwandte Waren		Bekleidung, Wäsche, Ausstattungs- und Sportartikel		Schuhe		Pharmazeutische, orthopädische, medizinische u. kosmetische Artikel, Putz- und Reinigungsmittel		Papierwaren und Druckereierzeugnisse		Eisenwaren und Hausrat	
	Anzahl	Index	Anzahl	Index	Anzahl	Index	Anzahl	Index	Anzahl	Index	Anzahl	Index
1955	223 530	100,0	56 540	100,0	12 000	100,0	21 230	100,0	14 510	100,0	15 160	100,0
1956	223 600	100,0	57 370	101,5	12 120	101,0	21 720	102,3	14 850	102,3	15 200	100,3
1957	223 830	100,1	57 750	102,1	12 120	101,0	22 660	106,7	15 380	106,0	15 440	101,8
1958	224 090	100,3	57 790	102,2	12 360	103,0	23 450	110,5	15 600	107,5	15 490	102,2
1959	222 860	99,7	57 530	101,8	12 420	103,5	24 490	115,4	15 770	108,7	15 480	102,1
1960	222 070	99,3	57 850	102,3	12 630	105,3	25 260	119,0	16 020	110,4	15 580	102,8
1961	218 690	97,8	57 350	101,4	12 630	105,3	25 710	121,1	16 060	110,7	15 550	102,6
1962	218 230	97,7	56 670	100,2	12 840	107,0	26 410	124,4	16 080	110,8	15 530	102,4
1964	210 160	94,0	55 180	97,6	13 100	109,2	26 890	126,7	16 100	111,0	15 340	101,2
1966	199 820	89,4	53 330	94,3	12 860	107,2	27 390	129,0	16 260	112,1	15 080	99,5
1968	181 250	81,1	49 440	87,4	12 250	102,1	27 530	129,7	16 020	110,4	14 380	94,9
1970	162 790	72,8	48 080	85,1	11 860	98,8	27 560	129,8	15 990	110,2	13 860	91,4

Jahr	Fahrzeuge, Maschinen und Büroeinrichtungen		Möbel und sonstige Einrichtungsgegenstände		Rundfunk-, Fernseh- und Phonogeräte, Schallplatten		Beleuchtungs- und Elektrogeräte, Installationsbedarf		Sonstige Fachzweige	
	Anzahl	Index	Anzahl	Index	Anzahl	Index	Anzahl	Index	Anzahl	Index
1955	12 640	100,0	8 050	100,0	6 060	100,0	5 100	100,0	43 580	100,0
1956	12 970	102,6	8 290	103,0	6 070	100,2	5 310	104,1	48 000	110,1
1957	13 420	106,2	8 570	106,5	6 370	105,1	5 850	109,4	57 700	132,4
1958	13 890	109,9	8 840	109,8	6 640	109,6	5 850	114,7	59 100	135,6
1959	14 400	113,9	9 170	113,9	6 820	112,5	6 140	120,4	61 120	140,2
1960	14 920	118,0	9 570	118,9	6 990	115,3	6 350	124,5	63 160	144,9
1961	15 100	119,5	9 820	122,0	7 020	115,8	6 480	127,1	64 290	147,5
1962	15 350	121,4	10 040	124,7	7 030	116,0	6 760	132,5	60 170	138,1
1964	15 880	125,6	10 260	127,5	7 030	116,0	7 100	139,2	61 760	141,7
1966	16 480	130,4	10 310	128,1	7 020	115,8	7 270	142,5	62 880	144,3
1968	16 310	129,0	9 770	121,4	6 900	113,9	7 280	142,7	61 370	140,8
1970	17 390	137,6	9 670	120,1	6 960	114,9	7 480	146,7	60 840	139,6

Quelle: Statistisches Bundesamt: Umsatzsteuerstatistiken sowie Berechnungen des Ifo-Instituts.

In den anderen Bereichen und Fachzweigen des Einzelhandels hat sich die Zahl der Unternehmen fast durchweg erhöht. Im Einzelhandel mit pharmazeutischen, kosmetischen und medizinischen Artikeln beispielsweise lag der Unternehmensbestand während des gesamten Betrachtungszeitraumes 1955 - 1970 jeweils über dem Vorjahresniveau. Allerdings sind die jährlichen „Wachstumsraten" in den sechziger Jahren kontinuierlich kleiner geworden. Dies deutet darauf hin, daß in dieser Branche der zahlenmäßige Höchststand erreicht sein dürfte. Ein ähnliches Bild zeigt sich in der Branche Beleuchtungs- und Elektrogeräte sowie Installationsbedarf. Hier lag die Zahl der Firmen 1970 um rd. 47 % über dem Stand von 1955. Bei Papierwaren und Druckereierzeugnissen hingegen nahm die Zahl der Firmen nur bis 1966 zu; seither überwiegen — wenn auch nur leicht — die Abgänge. In den Branchen Fahrzeuge, Maschinen und Büroeinrichtungen, Möbel und sonstige Einrichtungsgegenstände sowie Rundfunk-, Fernseh- und Phonogeräte wandelte sich der erstmalige Bestandsrückgang von 1966 auf 1968 in letzter Zeit wieder in eine Zunahme.

Tabelle 42

Anteile der Branchen bzw. Fachzweige-Gruppen an der Gesamtzahl der Unternehmen im Einzelhandel

Anteile in %

Branche bzw. Fachzweige-Gruppe	1955	1960	1966	1970
Nahrungs- und Genußmittel und verwandte Waren	53,4	49,3	46,6	42,6
Bekleidung, Wäsche, Ausstattungs- und Sportartikel	13,5	12,8	12,4	12,6
Schuhe	2,9	2,8	3,0	3,1
Pharmazeutische, orthopädische, medizinische und kosmetische Artikel, Putzmittel	5,1	5,6	6,4	7,2
Papierwaren und Druckerzeugnisse	3,5	3,6	3,8	4,2
Eisenwaren und Hausrat	3,6	3,5	3,5	3,6
Fahrzeuge, Maschinen und Büroeinrichtungen	3,0	3,3	3,9	4,5
Möbel und sonstige Einrichtungsgegenstände	1,9	2,1	2,4	2,5
Rundfunk-, Fernseh- und Phonogeräte, Schallplatten	1,4	1,6	1,6	1,8
Beleuchtungs- und Elektrogeräte, Installationsbedarf	1,2	1,4	1,7	2,0
Sonstige Fachzweige	10,4	14,0	14,7	15,9
Einzelhandel insgesamt	100	100	100	100

Quelle: Statistisches Bundesamt: Umsatzsteuerstatistik sowie Berechnungen des Ifo-Instituts.

Durch die Divergenzen in der Entwicklung der Zahl der Unternehmen in den einzelnen Branchen bzw. Fachzweige-Gruppen des Einzelhandels hat sich auch hier das Strukturbild verändert. Auffallend ist vor allem der hohe Anteilsverlust an der Zahl der Unternehmen (12 %), den der Nahrungs- und Genußmitteleinzelhandel hatte. Während noch Mitte der fünfziger Jahre mehr als die Hälfte aller Einzelhandelsunternehmen zum Lebensmittelhandel zählte, waren es 1970 nur mehr gut zwei Fünftel. Daneben hatte der Textilsektor einen Anteilsverlust. Bei allen anderen Branchen — abgesehen von Eisenwaren und Hausrat — erhöhte sich der Anteil an der Zahl aller Einzelhändler. In erster Linie gilt das für die sonstigen Fachzweige[27] sowie den Einzelhandel mit pharmazeutischen, kosmetischen, medizinischen und orthopädischen Artikeln.

Das überdurchschnittlich starke Gewicht des Lebensmittelhandels kommt in seinem hohen Anteil (87 %) am gesamten Ausmaß des Ausleseprozesses im Einzelhandel zum Ausdruck.

Tabelle 43

Verteilung des Bestandsrückganges an Unternehmen im Einzelhandel
nach Branchen bzw. Fachzweige-Gruppen[a)]

Branche bzw. Fachzweige-Gruppe	Bestandsrückgang[b)] von 1955 bis 1970	
	absolut	Anteil in %
Einzelhandel insgesamt	76 380	100
darunter:		
Nahrungs- und Genußmittel	66 490	87,0
Bekleidung, Wäsche, Ausstattungs- und Sportartikel	8 450	11,1
Schuhe	140	0,2
Eisenwaren und Hausrat	1 300	1,7

a) Nur Branchen und Fachzweige-Gruppen mit rückläufiger Zahl der Unternehmen im Berichtszeitraum.
b) Unter Bestandsrückgang ist hier die Summe der Bestandsabnahmen der Branchen bzw. Fachzweige-Gruppen mit rückläufiger Zahl der Unternehmen zu verstehen.

Quelle: Statistisches Bundesamt: Umsatzsteuerstatistiken sowie Berechnungen des Ifo-Instituts.

[27] Das sind die Branchen Kohle, sonstige feste Brennstoffe und Mineralölerzeugnisse, sonstige Waren (ohne Installationsbedarf), Antiquitäten, Kunstgegenstände und kunstgewerbliche Erzeugnisse, feinmechanische und optische Erzeugnisse, Uhren und Schmuckwaren sowie Leder-, Galanterie- und Spielwaren.

4. Unternehmensgrößenklassen

a) Vorbemerkungen

Bei dem Versuch, den Ausleseprozeß nach Umsatzgrößenklassen zu erfassen, wird angestrebt, das Ausmaß des Ausscheidens von Unternehmen verschiedener Größenkategorien zu ermitteln. Dazu wird in einem ersten Schritt die Entwicklung der Zahl der Unternehmen in bestimmten Größenklassen untersucht. Statistische Basis hierfür bildet die Umsatzsteuerstatistik. Die Bestandsreihen für die einzelnen Größenklassen allein können jedoch nicht als Maßstab für den echten per-saldo-Zugang oder -Abgang herangezogen werden, da ihre Veränderung nicht allein aus Abgängen aus dem Groß- und Einzelhandel bzw. Neuzugängen von außen resultiert. Sie wird darüber hinaus von anderen Vorgängen beeinflußt. So steigen Unternehmen in eine höhere Größenklasse auf bzw. — allerdings relativ seltener — aus einer höheren in eine niedrigere Größenklasse ab. Ein permanenter Aufstieg findet bei gleichbleibenden Größenklassengrenzen allein auf Grund des allgemeinen Umsatzwachstums statt. Sein Ausmaß ist jedoch über die verschiedenen Größenklassen hinweg nicht gleichmäßig verteilt, da die Umsatzexpansion in der Regel nach Betriebsgrößen recht unterschiedlich verläuft. Das beeinträchtigt die Aussagefähigkeit der Bestandsentwicklung der Zahl der Unternehmen am meisten.

Ferner ist bei der Beurteilung zu bedenken, daß Zugänge aus und Abgänge in andere/n Wirtschaftsbereiche/n stattfinden und insoweit keine „echten" Neuzugänge oder eine Auslese erfolgen. Die Beeinträchtigung der Aussagefähigkeit der Entwicklung der Zahl der Unternehmen in den einzelnen Umsatzgrößenklassen auf Grund der genannten Störfaktoren läßt sich nur teilweise beseitigen. Eine Möglichkeit zur Eliminierung einiger störender Vorgänge besteht darin, die Umsatzgrößenklassen für einen bestimmten Zeitraum zu „harmonisieren". Das geschieht in der Weise, daß man entsprechend dem allgemeinen Umsatzwachstum in einem Bereich (Großhandel, Einzelhandel) die Umsatzgrößenklasse nach oben erweitert. Hierdurch verbleiben die Unternehmen, deren Umsatzexpansion sich im Rahmen des allgemeinen Umsatzwachstums bewegt, zum größten Teil in ihrer bisherigen Größenklasse. Nur Unternehmen mit überdurchschnittlicher Expansion wechseln in die nächsthöhere Größenklasse und hierbei vor allem diejenigen, die sich bereits in der Nähe dieser Größenklasse befinden. Könnte man annehmen, daß sich die „Aufsteiger" prozentual einigermaßen gleichmäßig über die Größenklassen verteilen, würde dieser Vorgang die Aussagefähigkeit der Ergebnisse nicht wesentlich beeinträchtigen. Tatsächlich muß aber davon ausgegangen werden, daß die Umsatzexpansion in den höheren Größenklassen im allgemeinen stärker ist als in den unteren. Da dem aus statistischen Gründen nicht durch eine unterschiedliche Erweiterung der einzelnen Größenklasse Rechnung getragen werden kann, erfolgt eine Verzerrung dahingehend, daß in den oberen Größenklassen relativ mehr Unternehmen „aufsteigen“ als in den unteren. Als weiteres „Störelement“ verbleibt, daß Zugänge aus anderen Wirtschaftsbereichen und Abgänge in diese Bereiche nicht gesondert nach Größenklassen erfaßt werden können. Allerdings dürfte die Zahl dieser Unternehmen insgesamt nicht sehr ins Gewicht fallen.

Trotz der verbleibenden Verzerrungen gibt die Entwicklung der Zahl der Unternehmen in den harmonisierten Größenklassen eine grobe Vorstellung vom Ausmaß des Ausleseprozesses nach Unternehmensgrößen. Es läßt sich ersehen, welche Umsatzgrößenklassen vom Ausleseprozeß tendenziell am stärksten betroffen sind.

Als Zeitraum für die Harmonisierung der Umsatzgrößenklassen boten sich für die Gesamtaggregate die Jahre von 1961 bis 1970, für die Hauptbereiche die Jahre 1959/60/62 bis 1970 an, da sich in diesen Perioden der Umsatz jeweils etwa verdoppelt hat und damit eine Korrelation zur Größenklassenerweiterung hergestellt werden konnte. Bei der gegebenen Einteilung der Größenklassen muß bei einer Erweiterung mindestens eine Verdoppelung vorgenommen werden (Beispiel: die Größenklasse 250 000 - 500 000 DM kann erweitert werden auf 500 000 bis 1 Mill. DM). Für das Jahr 1970 wurde zum Zwecke der Vergleichbarkeit der fiktive Bruttoumsatz, also der Umsatz plus Umsatzsteuer (vor Abzug der Vorsteuer) gebildet.

Zur Feststellung der Abgänge im Einzelhandel nach der Unternehmensgröße wurden neben den Größenklassenergebnissen der Umsatzsteuerstatistik auch Erhebungsergebnisse der Industrie- und Handelskammern herangezogen.

Vor der Analyse der „harmonisierten“ Ergebnisse der USTST und der Erhebungsergebnisse der Industrie- und Handelskammern erfolgt eine Darstellung der Veränderung der Unternehmensgrößenstruktur, wie sie aus der USTST vorliegt, um — zunächst ohne engeren Bezug zur Frage der Auslese — zu sehen, wie sich die Unternehmensbestände im Rahmen der bestehenden Größenklassengrenzen entwickelt haben.

b) Entwicklung der Unternehmensgrößenstruktur im Großhandel und Einzelhandel nach den unbereinigten Ergebnissen der Umsatzsteuerstatistik

aa) Großhandel

Den absolut und relativ stärksten Rückgang der Zahl der Unternehmen weist die Größenklasse zwischen 10 000 (12 000) DM bis

50 000 DM Jahresumsatz auf. In dieser Größenklasse befanden sich 1955 noch über 31 000 Firmen. Im Jahre 1970 gab es nur noch rd. 14 000 solcher Kleinstunternehmen. Der Anteil dieser Firmen an der Gesamtzahl der Großhändler verringerte sich von 1955 bis 1970 von 23,6 % auf 11,7 %. Auch in den beiden folgenden Größenklassen (50 000 DM bis 100 000 DM, sowie 100 000 DM bis 250 000 DM) nahm die Zahl der Unternehmen kontinuierlich ab[28]. Ab der Größenklasse 500 000 DM bis 1 Mill. DM nahm die Zahl der Unternehmen im Betrachtungszeitraum beträchtlich zu. Mit steigender Umsatzgröße verstärkt sich der Zuwachs an Unternehmen, da wegen zunehmend überdurchschnittlicher Umsatzsteigerungen in den höheren Größenklassen relativ mehr Firmen aufsteigen (vgl. Tab. 44).

bb) Einzelhandel

Die Entwicklung der Zahl der Unternehmen nach Größenklassen im Einzelhandel weist eine weitgehende Parallelität zu derjenigen des Großhandels auf. Es zeigt sich auch hier, daß durch den absoluten Umsatzanstieg eine starke Verschiebung in die höheren Größenklassen hin stattfindet, wobei durch ein zunehmend überdurchschnittlich starkes Wachstum in den oberen Größenklassen noch eine Verstärkung dieser Tendenz erfolgt. Den relativ höchsten Zugang hatte die Größenklasse 5 Mill. DM bis 10 Mill. DM zu verzeichnen, in der sich der Bestand von 1955 bis 1970 mehr als verfünffachte. Nur knapp hinter diesem Anstieg zurück blieb die Größenklasse der Unternehmen mit über 10 Mill. DM Jahresumsatz (vgl. Tab. 45).

c) Der Ausleseprozeß im Großhandel und im Einzelhandel nach Umsatzgrößenklassen

aa) Großhandel und Einzelhandel insgesamt

Nimmt man eine Harmonisierung der Größenklassen der USTST in der Weise vor, wie unter den Vorbemerkungen zu diesem Kapitel dargestellt, so ergeben sich für die Jahre 1961 und 1970 die in der Tab. 21 ausgewiesenen Unternehmenszahlen.

Im Großhandel hat sich in den sechziger Jahren die Zahl der Unternehmen in den harmonisierten Größenklassen II - VI verringert, wogegen in der untersten und in den obersten Größenklassen eine Zunahme zu registrieren ist. Die stärkste absolute Bestandsverringerung

---

28 Es ist zu berücksichtigen, daß es sich hierbei — abgesehen von einer Bereinigung auf einen einheitlichen Gebietsstand — jeweils um „unbereinigte" Zahlen handelt, da sich der Einfluß von Störelementen wie Änderung der Systematik und der Zuordnungspraxis bei den Umsatzgrößenklassenergebnissen nicht ausschalten läßt.

Tabelle 44: **Zahl der steuerpflichtigen Unternehmen des Großhandels**[a)]

nach Umsatzgrößenklassen

Umsatzgrößenklasse in DM	1955[b)]	1956[b)]	1957	1958	1959	1960(1)	1960(2)	1961	1962	1964	1966	1968	1970
10 000 (12 000) bis unter 50 000[c)]	31 222	29 614	28 728	27 395	26 351	25 448	23 842	22 179	18 415	27 719	16 215	17 046	14 097
50 000 bis unter 100 000	20 982	20 264	19 903	19 628	19 255	18 623	18 879	18 126	16 841	15 980	14 673	14 295	11 892
100 000 bis unter 250 000	30 155	29 997	30 128	30 052	29 684	29 232	29 634	29 164	28 773	28 003	26 138	24 393	22 111
250 000 bis unter 500 000	19 088	19 887	20 183	20 376	20 541	20 762	21 047	21 193	21 793	21 775	21 094	19 770	19 295
500 000 bis unter 1 Mill.	14 084	14 743	15 296	15 421	16 069	16 647	16 876	17 341	17 662	18 205	18 067	17 279	17 836
1 Mill. bis unter 2 Mill.	8 623	9 381	9 779	10 018	10 533	11 128	11 281	11 956	12 418	12 997	13 472	13 141	14 211
2 Mill. bis unter 5 Mill.	5 413	5 960	6 306	6 352	6 919	7 509	7 612	8 142	8 810	9 634	10 348	10 172	11 891
5 Mill. bis unter 10 Mill.	1 589	1 782	1 908	1 898	2 147	2 386	2 419	2 683	2 946	3 299	3 660	3 785	4 755
10 Mill. und mehr	1 253	1 443	1 550	1 379	1 558	1 830	1 855	2 066	2 325	2 805	3 297	3 344	4 468
1955 = 100													
10 000 (12 000) bis unter 50 000[c)]	100	95	92	88	84	82	76	71	59	57	52	55	45
50 000 bis unter 100 000	100	97	95	94	92	89	90	86	80	76	70	68	57
100 000 bis unter 250 000	100	100	100	100	98	97	98	97	95	93	87	81	73
250 000 bis unter 500 000	100	104	106	107	108	109	110	111	114	114	111	104	101
500 000 bis unter 1 Mill.	100	105	109	110	114	118	120	123	125	129	128	123	127
1 Mill. bis unter 2 Mill.	100	109	113	116	122	129	131	139	144	151	156	152	165
2 Mill. bis unter 5 Mill.	100	110	117	117	128	139	141	150	163	178	191	188	220
5 Mill. bis unter 10 Mill.	100	112	120	119	135	150	152	169	186	208	230	238	299
10 Mill. und mehr	100	116	124	110	124	146	148	165	186	224	263	267	357

a) Bis 1960 (1) Bundesgebiet ohne Saarland, einschl. West-Berlin, ab 1960 (2) Bundesgebiet einschl. Saarland und West-Berlin. — b) Die Ergebnisse von West-Berlin wurden nach der Größenklassenstruktur im Bundesgebiet aufgerechnet. — c) Bis 1960 (1) Unternehmen mit 10 000 DM bis 50 000 DM Jahresumsatz, ab 1960 (2) Unternehmen mit 12 000 DM bis 50 000 DM Jahresumsatz.

Quelle: Statistisches Bundesamt: Umsatzsteuerstatistiken.

Tabelle 45: **Zahl der steuerpflichtigen Unternehmen des Einzelhandels**[a)]
nach Umsatzgrößenklassen

Umsatzgrößenklasse in DM	1955[b)]	1956[b)]	1957	1958	1959	1960(1)	1960(2)	1961	1962	1964	1966	1968	1970
10 000 (12 000) bis unter 20 000[c)]	61 252	56 386	55 855	52 492	51 421	49 003	38 888	32 686	29 709	26 304	23 096	22 066	17 213
20 000 bis unter 50 000	122 229	116 289	116 185	112 754	109 472	104 745	106 930	100 110	96 229	85 843	75 286	71 978	57 251
50 000 bis unter 100 000	109 848	110 653	113 908	115 234	114 679	113 399	115 765	113 302	113 925	106 260	95 034	91 228	75 810
100 000 bis unter 250 000	83 501	91 267	98 834	104 535	109 150	114 761	117 154	123 537	135 469	138 843	138 269	126 796	122 159
250 000 bis unter 500 000	18 572	22 112	25 099	27 263	29 919	33 246	33 939	38 977	45 868	52 889	60 461	54 299	61 872
500 000 bis unter 1 Mill.	6 207	7 270	8 181	8 737	9 347	10 593	10 812	12 317	14 861	17 913	23 329	23 021	330 094
1 Mill. bis unter 2 Mill.	2 416	2 843	3 140	3 241	3 517	3 828	3 908	4 449	5 308	6 271	7 717	7 718	10 561
2 Mill. bis unter 5 Mill.	1 104	1 276	1 406	1 507	1 673	1 902	1 942	2 148	2 583	3 012	3 635	3 639	4 966
5 Mill. bis unter 10 Mill.	273	327	380	398	442	484	494	588	618	870	1 074	1 024	1 504
10 Mill. und mehr	214	259	298	317	354	399	407	450	515	625	764	751	1 052
1955 = 100													
10 000 (12 000) bis unter 20 000[c)]	100	92	91	86	84	80	64	53	49	43	38	36	28
20 000 bis unter 50 000	100	95	95	92	90	86	88	82	79	70	62	59	47
50 000 bis unter 100 000	100	101	104	105	104	103	105	103	104	97	87	83	69
100 000 bis unter 250 000	100	109	118	125	131	137	140	148	162	166	166	152	146
250 000 bis unter 500 000	100	119	135	147	161	179	183	210	247	285	326	292	333
500 000 bis unter 1 Mill.	100	117	132	141	151	171	174	198	239	289	376	371	485
1 Mill. bis unter 2 Mill.	100	118	130	134	146	158	162	184	220	260	319	320	437
2 Mill. bis unter 5 Mill.	100	116	127	137	152	172	176	195	234	273	329	330	450
5 Mill. bis unter 10 Mill.	100	120	139	146	162	177	181	215	226	319	393	375	551
10 Mill. und mehr	100	121	139	148	165	186	190	210	241	292	357	351	492

a) Bis 1960 (1) Bundesgebiet ohne Saarland, einschl. West-Berlin, ab 1960 (2) Bundesgebiet einschl. Saarland und West-Berlin. — b) Die Ergebnisse von West-Berlin wurden nach der Größenklassenstruktur im Bundesgebiet aufgerechnet. — c) Bis 1960 (1) Unternehmen mit 10 000 DM bis 50 000 DM Jahresumsatz, ab 1960 (2) Unternehmen mit 12 000 DM bis 50 000 DM Jahresumsatz.

Quelle: Statistisches Bundesamt: Umsatzsteuerstatistiken.

Tabelle 46

Zahl der Groß- und Einzelhandelsunternehmen

nach harmonisierten Umsatzgrößenklassen 1961 und 1970

Kenn-Nr.	Umsatzgrößenklasse in DM	Großhandel	Einzelhandel
		1961	
I	unter 50 000	22 179	132 796
II	50 000 bis unter 250 000	47 290	236 839
III	250 000 bis unter 500 000	21 193	38 977
IV	500 000 bis unter 1 Mill.	17 341	12 317
V	1 Mill. bis unter 5 Mill.	20 098	6 597
VI	5 Mill. bis unter 25 Mill.	4 098	880
VII	25 Mill. bis unter 50 Mill.	375	92
VIII	50 Mill. und mehr	276	66
	Insgesamt	132 850	428 564
		1970	
I	unter 100 000	25 989	150 274
II	100 000 bis unter 500 000	41 406	184 031
III	500 000 bis unter 1 Mill.	17 836	30 094
IV	1 Mill. bis unter 2 Mill.	14 211	10 561
V	2 Mill. bis unter 10 Mill.	16 646	6 470
VI	10 Mill. bis unter 50 Mill.	3 770	905
VII	50 Mill. bis unter 100 Mill.	412	75
VIII	100 Mill. und mehr	286	72
	Insgesamt	120 556	382 482

Quelle: Statistisches Bundesamt: Umsatzsteuerstatistiken sowie Berechnungen des Ifo-Instituts.

fand in Größenklasse II statt, die stärkste relative Verringerung in den Klassen IV, V und III.

Im Einzelhandel hatte die Größenklasse II den stärksten absoluten Bestandsrückgang zu verzeichnen, daneben die Größenklasse III. In beiden Klassen war der Rückgang der Zahl der Unternehmen auch relativ am stärksten. In der untersten Größenklasse hat sich der Unternehmensbestand erhöht, desgleichen in den oberen Klassen, wenn man diese zusammen betrachtet. Soweit hier eine Verminderung erfolgte, ist dies sicherlich vor allem auf Sondereinflüsse (Konzentrationsvorgänge) zurückzuführen.

Welche Tendenzen lassen sich nun bezüglich des Ausmaßes des Ausleseprozesses nach Größenklassen erkennen? Es zeigt sich eindeutig, daß in den unteren Größenklassen — im Großhandel bis einschließlich Größenklasse V, im Einzelhandel bis einschließlich Größenklasse IV — per saldo ein Ausscheiden von Unternehmen in beachtlichem Umfang stattgefunden hat, während in den oberen Größenklassen ein solcher

Tabelle 47

Veränderung der Zahl der Groß- und Einzelhandelsunternehmen
nach harmonisierten Umsatzgrößenklassen von 1961 auf 1970

Umsatzgrößenklasse (Kenn-Nr.)	Großhandel		Einzelhandel	
	absolut	in %	absolut	in %
I	+ 3 810	+ 17,2	+ 17 478	+ 13,2
II	— 5 884	— 12,4	— 52 808	— 22,3
III	— 3 357	— 15,8	— 8 883	— 22,8
IV	— 3 130	— 18,0	— 1 756	— 14,3
V	— 3 452	— 17,2	— 127	— 1,9
VI	— 328	— 8,0	+ 25	+ 2,8
VII	+ 37	+ 9,9	— 17	— 18,5
VIII	+ 10	+ 3,6	+ 6	+ 9,1
I — V	— 12 013	— 9,4		
I — IV			— 45 969	— 10,9
Insgesamt	— 12 294	— 9,3	— 46 082	— 10,8

Quelle: Berechnungen des Ifo-Instituts auf der Basis der Ergebnisse der Umsatzsteuerstatistik.

Vorgang insgesamt nicht vor sich ging. Soweit auch hier die Zahl der Unternehmen zurückgegangen ist, dürfte dies — wie schon erwähnt — in erster Linie auf Konzentrationsvorgänge wie Zusammenschlüsse oder Übernahme von Firmen zurückzuführen sein. Die Bestandserhöhung in der jeweils untersten Größenklasse hat mehrere Ursachen. Da hier kaum überdurchschnittliche Umsatzerhöhungen im Zeitraum 1961 - 1970 vorlagen, fand praktisch kein Größenklassen-Aufstieg statt. Dagegen erfolgte offensichtlich ein erheblicher Zugang aus der nächsthöheren Größenklasse. Durch die Harmonisierung der Größenklassen, d. h. ihre Erweiterung um das Doppelte der bisherigen Bandbreite, stieg ein Teil der Unternehmen mit stark unterdurchschnittlichem Umsatzwachstum in die unterste Größenklasse ab. Tatsächlich ist ohne Zweifel auch in der untersten Größenklasse die Zahl der Unternehmen beträchtlich zurückgegangen. Man muß aus den genannten Gründen somit die Ergebnisse mehrerer Größenklassen zusammengefaßt betrachten. Insgesamt ist festzuhalten, daß bis in die mittleren Größenklassen hinein ein mehr oder weniger stark ausgeprägter Firmenabgang stattfand, der weitgehend als Auslesevorgang angesehen werden muß.

Tabelle 48

Verteilung der Geschäftsaufgaben im Einzelhandel
nach Umsatzgrößenklassen

Umsatzgrößenklasse in DM	1967[a)]	1968[b)]	1969[c)]	1970[d)]	1971[e)]
unter 100 000	72,6	76,5	56,2	69,5	74,4
100 000 bis unter 500 000	27,0	22,7	38,2	28,4	24,2
500 000 und mehr	0,4	0,8	5,6	2,1	1,4

Quelle: Berechnungen auf der Basis von Erhebungen folgender Industrie- und Handelskammern:

a) Bonn, Flensburg, Kassel, Kiel, Lübeck. — b) Bonn, Kassel. — c) Hamburg, Kassel. Der relativ hohe Anteil der Größenklassen 100 000 DM bis unter 500 000 DM und über 500 000 DM an der Zahl der ausscheidenden Unternehmen ist auf die Sonderstellung der Ergebnisse von Hamburg zurückzuführen: Während die übrigen Erhebungen auch ländliche Regionen erfassen, konzentrieren sich die Ergebnisse von Hamburg auf einen großstädtischen Raum. — d) Bielefeld, Mönchengladbach, Regensburg, Saarland. — e) Aschaffenburg, Saarland, Regensburg, Würzburg, Wuppertal.

Klammert man die Ergebnisse von 1969 wegen besonders beschränkter Vergleichbarkeit aus, so bewegt sich der Anteil der aufgegebenen Unternehmen mit einem Jahresumsatz unter 100 000 DM an der Gesamtzahl der ausgeschiedenen Unternehmen zwischen 70 % und 75 %. Die Größenklasse der Unternehmen mit Jahresumsätzen von 100 000 DM bis 500 000 DM ist zu etwa einem Viertel am Ausleseprozeß beteiligt. Die Unternehmen mit einem Jahresumsatz von über 500 000 DM haben nur einen geringen Anteil. Von den gut 22 000 Einzelhandelsfirmen, die im Jahre 1970 ihren Geschäftsbetrieb aufgegeben haben, hatten damit rund 17 000 Jahresumsätze von weniger als 100 000 DM. Gut 5000 Firmen gehörten der Umsatzgrößenklasse 100 000 bis 500 000 DM an und nur etwa 300 bis 500 waren Unternehmen mit Jahresumsätzen von über ½ Mill. DM.

Aus den bisher vorliegenden Erhebungsergebnissen der Kammern lassen sich noch keine einheitlichen Tendenzen hinsichtlich der Entwicklung der Verteilung der ausscheidenden Unternehmen nach Größenklassen erkennen. Aus dem Bild, das durch Harmonisierung der Größenklassen der USTST gewonnen wurde, ergibt sich der Eindruck, daß sich der Selektionsprozeß tendenziell zu den höheren Umsatzgrößenklassen hin verschiebt. Das erklärt sich wohl daraus, daß die Auslese in den untersten Größenklassen sehr viel früher und mit größerer Intensität eingesetzt hat, so daß hier der Bereinigungsprozeß bereits recht weit fortgeschritten ist. Ungeachtet dessen wird auch weiterhin das Schwergewicht des Bereinigungsprozesses sowohl absolut als auch relativ — d. h. am Bestand gemessen — bei den unteren Größenklassen liegen.

bb) Hauptbereiche des Großhandels und Einzelhandels

In den Bereichen des Großhandels fand der stärkste Bestandsrückgang im Zeitraum 1962 bis 1970 durchweg in den beiden untersten Größenklassen (unter 250 000 DM Jahresumsatz) statt. Im Nahrungs- und Genußmittelgroßhandel fand eine Firmenauslese bis zur Größenklasse 5 Mill. DM statt. Das gibt einen Hinweis auf den in diesem Bereich besonders ausgeprägten Bereinigungsprozeß.

Im Einzelhandel lagen nach Größenklassen kaum Unterschiede im Ausmaß der Auslese zwischen den einzelnen Hauptgruppen vor. Der stärkste Rückgang der Zahl der Unternehmen fand jeweils bei den Kleinstbetrieben (unter 50 000 DM Jahresumsatz) statt, gefolgt von den Firmen mit Jahresumsätzen zwischen 50 000 DM und 250 000 DM. Ab der Umsatzgröße 250 000 DM zeigte sich bisher noch keine wesentliche Veränderung im Unternehmensbestand.

Schaltet man die wachstumsbedingten Verzerrungen in der Entwicklung nach Größenklassen durch Erweiterung der Größenklassen im Ausmaß des Umsatzwachstums aus, so treten hinsichtlich der Verteilung der ausscheidenden Unternehmen auf die einzelnen Größenklassen z. T. recht bemerkenswerte Unterschiede zwischen den einzelnen Bereichen zutage.

Im Sortiments- und Fachgroßhandel mit Nahrungs- und Genußmitteln fand offensichtlich nur ein relativ geringer Abstieg in niedrigere Größenklassen auf Grund unterdurchschnittlichen Umsatzwachstums statt. Es gelang jedoch auch nur einem relativ kleinen Teil von Firmen der Aufstieg in höhere Größenklassen durch ein überdurchschnittliches Umsatzwachstum. Somit schieden zwischen 1960 und 1970 in starkem Maße Unternehmen auch höherer Umsatzgrößenklassen aus. Im Nichtnahrungsmittelbereich des Großhandels ist der Firmenzuwachs in der untersten Größenklasse in erster Linie auf ein stark unterdurchschnittliches Umsatzwachstum der Kleinunternehmen und damit einen kontinuierlichen Abstieg in die jeweils nächst niedrigere harmonisierte Größenklasse zurückzuführen. Der Ausleseprozeß betraf zwar im Schwergewicht vor allem kleine Unternehmen, doch waren offensichtlich auch umsatzstärkere Unternehmen gezwungen, den Geschäftsbetrieb aufzugeben. Das zeigt sich u. a. darin, daß die Zahl der „Absteiger" kleiner ist als der Zugang in der niedrigsten (harmonisierten) Größenklasse.

Im Rohstoff- und Produktionsverbindungshandel (ohne Landhandel) konzentrierte sich die Selektion auf den Kreis der Firmen bis zu 2 Mill. DM Jahresumsatz. Die Umsatzgrenze, ab der im allgemeinen keine Auslese mehr stattgefunden hat, liegt mit 10 Mill. DM relativ hoch.

Tabelle 49: **Veränderung der Zahl der Unternehmen in ausgewählten Bereichen des Großhandels**

nach harmonisierten Umsatzgrößenklassen

Umsatzgrößenklasse in DM	Großhandel mit Nahrungs- und Genußmitteln	Konsumgütergroßhandel (ohne Nahrungs- und Genußmittel)	Rohstoff- und Produktionsverbindungshandel (ohne Landhandel)
	1960	1962	1960
unter 50 000[a]	5 071	5 031	9 312
50 000 bis unter 250 000	13 375	12 636	13 667
250 000 bis unter 500 000	6 569	5 592	5 992
500 000 bis unter 1 Mill.	5 349	4 459	5 035
1 Mill. bis unter 5 Mill.	5 514	5 420	6 403
5 Mill. bis unter 25 Mill.	1 053	1 080	1 392
25 Mill. bis unter 50 Mill.	86	91	154
50 Mill. und mehr	55	39	109
insgesamt	37 072	34 348	42 064

Umsatzgrößenklasse in DM	Großhandel mit Nahrungs- und Genußmitteln		Konsumgütergroßhandel (ohne Nahrungs- und Genußmittel)		Rohstoff- und Produktionsverbindungshandel (ohne Landhandel)	
	1970	Veränderung 1960/1970	1970	Veränderung 1962/1970	1970	Veränderung 1960/1970
unter 100 000	5 347	+ 276	7 365	+ 2 334	10 113	+ 801
100 000 bis unter 500 000	11 282	— 2 093	11 484	— 1 152	12 411	— 1 256
500 000 bis unter 1 Mill.	4 840	— 1 729	4 714	— 878	5 416	— 576
1 Mill. bis unter 2 Mill.	3 477	— 1 872	3 772	— 687	4 594	— 441
2 Mill. bis unter 10 Mill.	3 701	— 1 813	4 438	— 982	5 962	— 441
10 Mill. bis unter 50 Mill.	979	— 74	951	— 129	1 413	+ 21
50 Mill. bis unter 100 Mill.	145	+ 59	32	— 59	173	+ 19
100 Mill. und mehr	84	+ 29	52	+ 13	117	+ 8
insgesamt	29 855	— 7 217	32 808	— 1 540	40 199	— 1 865

a) 1960 Unternehmen von 10 000 DM bis 50 000 DM Jahresumsatz, 1962 Unternehmen von 12 000 (12 500) DM bis 50 000 DM Jahresumsatz, jeweils einschließlich Saarland und West-Berlin.

Quelle: Statistisches Bundesamt: Umsatzsteuerstatistiken sowie Berechnungen des Ifo-Instituts.

Tabelle 50: **Veränderung der Zahl der Unternehmen[a] in ausgewählten Bereichen des Einzelhandels**

nach harmonisierten Umsatzgrößenklassen

Umsatzgrößenklasse in DM	Einzelhandel mit Nahrungs- und Genußmitteln		Einzelhandel mit Textilien, Bekleidung und Schuhen		Andere Einzelhandelsbranchen insgesamt	
	1959		1959		1962	
unter 50 000[b]	78 862		27 669		45 422	
50 000 bis unter 250 000	129 582		27 471		79 986	
250 000 bis unter 500 000	12 018		5 105		19 339	
500 000 bis unter 1 Mill.	2 279		2 320		7 564	
1 Mill. bis unter 5 Mill.	742		1 555		4 414	
5 Mill. und mehr	228		225		523	
insgesamt	223 711		64 345		157 248	
	1970	Veränderung 1959/1970	1970	Veränderung 1959/1970	1970	Veränderung 1962/1970
unter 100 000	61 415	— 17 447	26 540	— 1 129	62 319	+ 16 897
100 000 bis unter 500 000	88 205	— 41 377	25 171	— 2 300	70 655	— 9 331
500 000 bis unter 1 Mill.	9 250	— 2 768	4 530	— 575	16 314	— 3 025
1 Mill. bis unter 2 Mill.	2 480	+ 201	2 132	— 188	5 949	— 1 615
2 Mill. bis unter 10 Mill.	1 172	+ 430	1 366	— 189	3 932	— 482
10 Mill. und mehr	269	+ 41	208	— 17	575	+ 52
insgesamt	162 791	— 60 920	59 947	— 4 398	159 744	+ 2 496

a) 1959 Bundesgebiet ohne Saarland, einschl. West-Berlin, 1962 und 1970 Bundesgebiet einschl. Saarland und West-Berlin. — b) 1959 Unternehmen mit 10 000 DM bis 50 000 DM Jahresumsatz, 1962 Unternehmen mit 12 000 (12 500) DM bis 50 000 DM Jahresumsatz.

Quelle: Statistisches Bundesamt: Umsatzsteuerstatistiken sowie Berechnungen des Ifo-Instituts.

Die Entwicklung nach „harmonisierten" Größenklassen im Einzelhandel mit Nahrungs- und Genußmitteln ergibt im wesentlichen folgendes Bild: Die Firmenauslese konzentrierte sich weitgehend auf die Umsatzgrößenklassen bis 500 000 DM. Der Bestandsrückgang in der harmonisierten Größenklasse 500 000 DM bis 1 Mill. DM dürfte in erster Linie auf ein Absteigen durch unterdurchschnittliches Umsatzwachstum zurückzuführen sein, weniger auf ein Ausscheiden aus dem Markt. Ähnlich weit reichte die „Gefährdungszone" im Einzelhandel mit Textilien, Bekleidung und Schuhen. Der Bestandsrückgang im Bereich der umsatzstärkeren Firmen dürfte auch hier im wesentlichen aus Konzentrationsvorgängen resultieren. In den anderen Branchen des Einzelhandels waren Auslesetendenzen in weit schwächerem Maße wirksam. Hier konnten sich auch kleinere Firmen großenteils im Markt behaupten, wenn es ihnen auch nicht gelang, mit der allgemeinen Umsatzentwicklung Schritt zu halten.

5. Unternehmensgruppen

a) Gruppenselektion als Vorstufe der Auslese

Auslese wurde in dieser Untersuchung definiert als das Ausscheiden von Unternehmen aus dem Markt. Die Selektion von Firmen aus Unternehmensgruppen — es handelt sich im wesentlichen um Kooperationsformen wie die Einkaufsverbände und Freiwilligen Ketten — kann somit nicht als Auslese im eigentlichen Sinne angesehen werden, da das Ausscheiden aus einer Kooperationsgemeinschaft nicht mit dem Ausscheiden aus dem Markt gleichzusetzen ist. Ein Unternehmen, das aus einer Kooperation ausscheiden muß, ist in der Regel weiter — zumindest noch für eine gewisse Zeit — im Markt tätig. Allerdings kann angenommen werden, daß viele Firmen, die den relativ hohen und wachsenden Anforderungen einer Handelsgruppe nicht mehr entsprechen, in absehbarer Zeit auch aus dem Markt ausscheiden müssen. Das nicht zuletzt deshalb, weil sie nach dem Ausscheiden aus der Gruppe gezwungen sind, bestimmte Funktionen und Aktivitäten, die bisher die Zentrale der Kooperation wahrgenommen hat, nun wieder selbst zu übernehmen, wozu sie nur bedingt in der Lage sind. Diese Firmen müssen daher großenteils dem besonders gefährdeten Bereich zugeordnet werden. Die Selektion von Unternehmen aus Unternehmensgruppen ist damit als eine Vorstufe des Ausleseprozesses anzusehen.

b) Entwicklung der Zahl der Mitglieder in den Gruppen

Das gesamte Ausmaß der Selektion bei den Zusammenschlußformen des Handels läßt sich auf Grund des mangelhaften statistischen Materials nicht exakt bestimmen. Insbesondere die in der Handels- und

Tabelle 51

Zahl der kooperierten Unternehmen im Großhandel und Einzelhandel
nach Wirtschaftsgruppen

Wirtschaftsgruppe	1960	1968	Veränderung 1960/1968 in %
Großhandel insgesamt	18 014	11 191	— 38
davon:			
Waren verschiedener Art	220	150	— 32
Getreide, Futter- und Düngemittel, Tiere	3 469	4 078	+ 18
Textile Rohstoffe u. Halbwaren, Häute	189	65	— 66
Technische Chemikalien und Kautschuk	66	13	— 80
Kohle und Mineralölerzeugnisse	413	166	— 60
Erze, Eisen, NE-Metalle, Halbzeug	270	132	— 51
Holz, Baustoffe u. ä.	1 232	325	— 74
Schrott und sonstige Abfallstoffe	789	57	— 93
Nahrungs- und Genußmittel	5 577	3 660	— 34
Bekleidung, Wäsche, Sportartikel, Schuhe	866	396	— 54
Eisen-, Kunststoff-, Feinkeramik und Holzwaren	990	575	— 42
Elektro, Optik, Uhren	763	299	— 61
Fahrzeuge und Maschinen	872	167	— 81
Technischer Spezialbedarf	1 200	538	— 55
Pharmazeutische, kosmetische u. ä. Erzeugnisse	564	352	— 38
Papier, Papierwaren, Druckerzeugnisse	534	218	— 59
Einzelhandel insgesamt	169 349	138 373	— 18
davon:			
Waren verschiedener Art	470	3 981	+ 747
Nahrungs- und Genußmittel	139 857[a)]	99 781	— 29
Bekleidung, Wäsche, Sportartikel, Schuhe	10 941	12 191	+ 11
Hausrat und Wohnbedarf	3 528	4 324	+ 23
Elektro, Optik, Uhren	2 886	3 865	+ 34
Papierwaren und Druckerzeugnisse	1 200	1 186	— 1
Pharmazeutische, kosmetische u. ä. Erzeugnisse	7 517	9 779	+ 30
Kohle und Mineralerzeugnisse	938	870	— 7
Fahrzeuge, Maschinen, Büroeinrichtungen	855	589	— 31
Sonstige Waren	1 157	1 807	+ 56

a) Für die Freiwilligen Ketten auf der Basis anderer Erhebungen und Informationen ermittelt.

Quelle: Statistisches Bundesamt: Handels- und Gaststättenzählungen 1960 und 1968.

Gaststättenzählung von 1960 ausgewiesenen Daten über die kooperative Bindung von Lebensmitteleinzelhandelsunternehmen erwiesen sich bei näherer Prüfung teilweise als zu niedrig und mußten korrigiert werden.

Der Abgang von Unternehmen innerhalb des kooperierten Bereichs war in den sechziger Jahren im Großhandel spürbar größer als im Einzelhandel. Die Selektion aus den Gruppen war stärker als die Verringerung der Zahl der Unternehmen im Gesamtbereich des Großhandels. Das ist insbesondere auf die starke Selektion und Straffung bei den Freiwilligen Ketten zurückzuführen. Eine Selektion von kooperierten Einzelhandelsfirmen fand fast ausschließlich im Nahrungs- und Genußmittelbereich statt. Die Verringerung der Zahl der kooperierten Firmen, die im Zuge der Straffung des Verkaufsstellennetzes bei den Freiwilligen Ketten und Einkaufsvereinigungen dieses Bereichs vor sich ging, war im Zeitraum 1960/68 — relativ gesehen — etwa doppelt so stark wie die Verringerung der Zahl der Firmen im gesamten Lebensmitteleinzelhandel. Diese spürbare Straffung und Bereinigung innerhalb der Kooperationen legt die Vermutung nahe, daß sich ein Großteil der aus dem Markt ausscheidenden Firmen aus ehemaligen Mitgliedern von Kooperationen rekrutiert.

Die Entwicklung bei den großen Kooperationen — beispielsweise der Freiwilligen Kette Spar und der Genossenschaftsgruppe Edeka — zeigt, daß die Firmenauslese aus den Zusammenschlußformen Mitte der sechziger Jahre verstärkt einsetzte und daß von ihr vor allem die umsatzschwächeren Firmen betroffen waren. Bei der Spar ging die Zahl der Systemkunden erstmals im Jahre 1964 zurück. Sie verringerte sich bis Ende 1971 durchschnittlich um 3,5 %. In den letzten Jahren hat sich das Ausmaß der Gruppenauslese hier wesentlich verstärkt. Die Abgangsquote betrug in den Jahren 1969 und 1970 8,3 % bzw. 9,7 %. Der Großteil der aus der Gruppe ausgeschiedenen Geschäfte wies eine Verkaufsfläche von weniger als 80 qm auf.

In der Edeka-Handelsgruppe waren im Jahre 1960 noch gut 40 000 Lebensmitteleinzelhändler zusammengeschlossen. Die Phase des zahlenmäßigen Anstiegs wurde ab 1963 von einer Periode der Straffung abgelöst, die noch im vollen Gange ist. Bis 1971 ging die Zahl der Einzelhandelsmitglieder um knapp 12 000 auf rd. 30 500 zurück. Der jährliche (per saldo-)Abgang betrug bis 1967 weniger als 2 %, 1969 aber bereits 5 %. Die höchsten Abnahmeraten ergaben sich mit 8 % bzw. 7,2 % in den Jahren 1970 und 1971.

Auch bei der Edeka waren es zum Großteil die kleinen und umsatzschwächeren Anschlußfirmen, die vom Bereinigungsprozeß betroffen wurden. Das zeigt sich u. a. darin, daß die durchschnittliche Verkaufsfläche pro Einzelhandelsgeschäft von rd. 46 qm im Jahre 1963 auf rund 87 qm im Jahre 1970 stieg. Geht man von den seitens der Edeka im Jahre 1972 genannten Zielvorstellungen aus, nach denen als zukunftsträchtig nur Lebensmittelgeschäfte mit einer Mindestverkaufsfläche von 200 qm angesehen werden, so ist angesichts der derzeitigen Größenstruktur — rd. 40 % der Edeka-Einzelhandelsläden weisen noch weniger als 60 qm Verkaufsfläche auf — mit einem weiteren starken Straffungsprozeß zu rechnen.

6. Standorte

Der Standort eines Handelsbetriebes stellt ein Beziehungsgefüge der betrieblichen Leistungsstätte zu ihren relevanten Umweltgegebenheiten dar, wobei das Beziehungsgefüge als Gesamtheit wechselseitiger Verbindungen wirtschaftlicher Art zwischen Betrieb und Umwelt und die betriebliche Leistungsstätte als Ort im räumlichen geographischen Sinn verstanden wird. Er stellt ein konstitutives Element der Unternehmenstätigkeit dar, von dessen Qualität bzw. Wert die Existenschancen des Unternehmens in entscheidendem Maße abhängen. Der Charakter eines Standortes wird sowohl von interlokalen, regionalen Eigenheiten als auch von lokalen, im nächsten unmittelbaren Umfeld der Betriebsstätte gegebenen Verhältnissen geprägt.

Um zu gesicherten Aussagen über das Aumaß des Ausleseprozesses nach Standortlagen zu kommen, müßten anhand einer Reihe von Standortqualität bestimmenden Kriterien wie Einwohnerzahl, Einzugsbereich, Konkurrenz, Nachfrage, Verkehrsanbindung usw. Standortkategorien im ökonomischen Sinne gebildet und die Handelsunternehmen diesen Kategorien zugeordnet werden. Die Statistik läßt jedoch eine derartige Aufgliederung und Zuordnung nicht zu. Die Ergebnisse der Handels- und Gaststättenzählung ermöglichen lediglich einen Vergleich der Entwicklung der Zahl der Einzelhandelsniederlassungen nach Gemeindegrößenklassen. Von der grundsätzlichen Problematik abgesehen, daß diese Bestandsreihen nur einen Per-saldo-Ausleseprozeß und nicht den tatsächlichen Ausleseprozeß widerspiegeln, werden Aussagen dadurch verzerrt, daß es sich nicht um Unternehmenseinheiten, sondern Betriebseinheiten handelt und daß die Einwohnerzahl in einer Verwaltungseinheit die Standortkategorie eines Unternehmens nur unzureichend charakterisiert. Eine derartige Aufgliederung ermöglicht also keine Aussage über das Ausmaß des Ausleseprozesses im Einzelhandel nach Standorten und Standortkategorien im ökonomischen Sinne, sondern läßt auf Grund der Beschränkung der Kategorisierung auf nur einen Standortfaktor lediglich Schlüsse und Tendenzaussagen zu. Da die amtliche Statistik im Einzelhandel nur eine interlokale Standortkategorisierung zuläßt und lokale Standortunterschiede nicht berücksichtigt,

Tabelle 52: **Zahl der Verkaufsstellen im Einzelhandel**

nach Gemeindegrößenklassen und Bereichen 1960[a] und 1968[b]

Bereich	Bundesgebiet insgesamt		davon in Gemeinden mit ... 1 000 Einwohnern									
			bis unter 2		2 bis unter 10		10 bis unter 50		50 bis unter 100		100 und mehr	
	Anzahl											
	1960	1968	1960	1968	1960	1968	1960	1968	1960	1968	1960	1968
Waren verschiedener Art	2 227	7 846	284	3 276	324	1 725	373	1 008	186	297	1 060	1 540
Nahrungs- und Genußmittel	281 210	217 823	67 880	51 567	61 733	46 538	46 308	37 544	16 875	12 878	88 415	69 296
Bekleidung, Wäsche, Sportartikel u. Schuhe	85 555	74 453	13 705	10 246	22 032	18 928	18 048	17 123	6 241	5 444	25 529	22 712
Hausrat und Wohnbedarf	28 982	28 653	4 829	4 356	7 646	7 060	5 582	6 101	1 859	1 909	9 066	9 227
Elektro, Optik, Uhren ..	32 103	33 498	3 206	3 152	8 230	7 999	7 246	7 936	2 426	2 392	10 995	12 019
Papierwaren und Druckerzeugnisse	17 078	17 377	740	882	3 531	3 595	3 376	3 808	1 330	1 343	8 101	7 749
Pharmazeut. u. kosmet. Erzeugnisse	29 038	31 262	2 335	2 069	6 533	6 983	5 439	6 500	2 098	2 305	12 633	13 405
Kohle und Mineralölerzeugnisse	15 327	14 587	3 152	2 783	4 103	3 996	2 534	2 686	724	808	4 814	4 314
Fahrzeuge, Maschinen und Büroeinrichtungen	16 059	17 124	3 569	2 767	3 737	3 574	3 211	3 960	1 083	1 312	4 459	5 511
Sonstige Waren	15 893	22 372	1 457	2 533	2 721	4 069	2 634	4 097	1 068	1 512	8 013	10 161
Einzelhandel insgesamt ..	523 472	464 995	101 157	83 631	120 590	104 467	94 751	90 763	33 890	30 200	173 085	155 934

Tabelle 52 (Fortsetzung)

	Veränderung 1960/1968											
	absolut	in %	absolut	in %	absolut	in %	absolut	in %	absolut	in %	absolut	in %
Waren verschiedener Art	+ 5 619	+ 252	+ 2 992	+1 054	+ 1 401	+ 432	+ 635	+ 170	+ 111	+ 60	+ 480	+ 45
Nahrungs- und Genußmittel	— 63 387	— 23	—16 313	— 24	— 15 195	— 25	— 8 764	— 19	— 3 997	— 24	— 19 119	— 22
Bekleidung, Wäsche, Sportartikel u. Schuhe	— 11 102	— 13	— 3 459	— 25	— 3 104	— 14	— 925	— 5	— 797	— 13	— 2 817	— 11
Hausrat und Wohnbedarf	— 329	— 1	— 473	— 10	— 586	— 8	+ 519	+ 9	+ 50	+ 3	+ 161	+ 2
Elektro, Optik, Uhren ..	+ 1 395	+ 4	— 54	— 2	— 231	— 3	+ 690	+ 10	— 34	— 1	+ 1 024	+ 9
Papierwaren und Druckerzeugnisse	+ 299	+ 2	+ 142	+ 19	+ 64	+ 2	+ 432	+ 13	+ 13	+ 1	— 352	— 4
Pharmazeut. u. kosmet. Erzeugnisse	+ 2 224	+ 8	— 266	— 11	+ 450	+ 7	+ 1 061	+ 20	+ 207	+ 10	+ 772	+ 6
Kohle und Mineralölerzeugnisse	— 740	— 5	— 369	— 12	— 107	— 3	+ 152	+ 6	+ 84	+ 12	— 500	— 10
Fahrzeuge, Maschinen, Büroeinrichtungen ...	+ 1 065	+ 7	— 802	— 22	— 163	— 4	+ 749	+ 23	+ 229	+ 21	+ 1 052	+ 24
Sonstige Waren	+ 6 479	+ 41	+ 1 076	+ 74	+ 1 348	+ 50	+ 1 463	+ 56	+ 444	+ 42	+ 2 148	+ 27
Einzelhandel insgesamt..	— 58 477	— 11	—17 526	— 17	— 16 123	— 13	— 3 988	— 4	— 3 690	— 11	— 17 151	— 10

a) Alle Arbeitsstätten, ohne Saarland, einschl. West-Berlin. — b) Arbeitsstätten von Unternehmen mit über 12 000 DM Jahresumsatz, einschl. Saarland und West-Berlin.

Quelle: Statistisches Bundesamt: Handels- und Gaststättenzählungen 1960 und 1968.

wird versucht, anhand von Befragungsergebnissen des Ifo-Instituts im Einzelhandel über Wettbewerbsintensität, Wettbewerbslage und Existenzchancen Schlüsse auf das Ausmaß der Auslese in unterschiedlichen Standortlagen von Großstädten zu ziehen.

Für den Großhandel ist eine derartige Aufgliederung nicht sinnvoll, da die Einwohnerzahl am geographischen Standort eines Unternehmens keinen primär für den Standort des Großhandelsbetriebes ausschlaggebenden Faktor darstellt.

Zwischen 1960 und 1968 ging die Zahl der Einzelhandelsverkaufsstellen um gut 58 000 auf rd. 465 000 zurück. Das entspricht einer Abnahme um gut 11 %. Nach Gemeindegrößenklassen verlief die Entwicklung stark unterschiedlich. Der sowohl absolut als auch relativ stärkste Rückgang an Einzelhandelsgeschäften war in den Kleingemeinden mit weniger als 2000 Einwohnern zu verzeichnen: Hier verringerte sich der Bestand um über 17 000 bzw. 17 %. Eine — absolut betrachtet — ähnlich starke Auslese läßt sich für die Gemeinden mit 2000 bis 10 000 Einwohnern konstatieren. Hier verringerte sich die Zahl der Einzelhandelsgeschäfte um rd. 16 000 bzw. 13 %. Die mit Abstand schwächste Selektion fand in den Städten mit 10 000 bis 50 000 Einwohnern statt. Der Per-saldo-Rückgang um 4000 Geschäfte im Zeitraum 1960/1968 entspricht einer Abnahme von 4 %. In den Mittelstädten wie auch in den Großstädten hingegen war das Ausmaß des Per-saldo-Ausleseprozesses in den sechziger Jahren weitaus größer. In den Städten dieser Größenklassen gab es Ende 1968 um rd. 3700 bzw. 17 200 oder 11 % bzw. 10 % weniger Einzelhandelsgeschäfte als 1960.

Diese Daten belegen die im Zuge verschiedenster sozio-ökonomischer Veränderungen vor sich gehende zunehmende Einkaufsorientierung des Konsumenten zu Einkaufsstätten mit agglomerierterem Angebot, seine Neigung zum Verbundeinkauf. Viele Geschäfte in kleinen Gemeinden und Kleinstädten konnten sich den gewandelten Gegebenheiten nicht anpassen bzw. wurden in ihrem Umsatz durch Nachfrageabfluß zu größeren Einkaufsstätten und -orten so beschnitten, daß sie aus dem Markt ausscheiden mußten.

Die relativ niedrige Per-saldo-Auslese in Mittelstädten bis zu 50 000 Einwohnern ist sicherlich mit ein Ergebnis dieses zunehmenden Trends zur agglomerativen Einkaufsstätte. Allerdings gilt diese Aussage überwiegend nur für Städte, die nicht im unmittelbaren Ausstrahlungsbereich von Großstädten liegen. Begünstigend kommt noch hinzu, daß die Großbetriebsformen lange Zeit Orte dieser Größenklasse nicht in ihre Standortpolitik mit einbezogen haben. Erst in jüngster Zeit zeigen sie Diversifizierungstendenzen mit speziellen Angebotstypen auch in Richtung dieser Standorte.

Der in größeren Mittelstädten und Großstädten vor sich gegangene relativ starke Ausleseprozeß ist zum einen ebenfalls ein Ergebnis veränderter Einkaufsorientierung der Konsumenten, was teilweise zu einer Verschiebung der Zentralitätsbedeutung und Funktionshierarchie zwischen unterschiedlichen Standortlagen geführt hat, zum anderen ein Ausfluß der in diesen Räumen erfolgten erheblichen Wettbewerbsverschärfung ist.

Die Befragungsergebnisse zur Wettbewerbssituation im Einzelhandel lassen den Schluß zu, daß vor allem Streulagebetriebe und Betriebe in wenig agglomerierten Lagen, vor allem in Citynebenlagen sowie in peripheren Wohnviertellagen, in starkem Maße vom Ausleseprozeß betroffen wurden. Auch in Nebenzentrenlagen und Hauptverkehrslagen in Vororten fand — bedingt vor allem durch die Wettbewerbsintensivierung an diesen Standorten durch zunehmendes Engagement der Großbetriebsformen — eine Auslese in beachtlichem Umfang statt. Etwas schwächer dürfte das Ausmaß der Auslese dagegen in Citylagen gewesen sein, da hier das Standortschwergewicht der kapitalstarken Großbetriebs- und Filialunternehmen liegt, kleinere Einzelunternehmen aber trotz verstärkter Wettbewerbsintensität durch die generelle Attraktionserhöhung dieser Standorte zunehmend Möglichkeiten des existenzsichernden „Kontrastangebots“ fanden.

Entsprechend der nach Waren und Warengruppen unterschiedlichen räumlichen Orientierung des Konsumenten ist das Ausmaß des Selektionsprozesses nach Ortsgrößen innerhalb der einzelnen Branchen zum Teil recht differenziert. Lediglich bei Nahrungs- und Genußmitteln lassen sich keine erheblichen Unterschiede feststellen. Offensichtlich war der Übersetzungsgrad hier in allen Ortsgrößenklassen annähernd gleich groß und wurde im Zuge der auch bei Nahbedarf teilweise vor sich gehenden Einkaufszentralisierung entsprechend verringert.

Bei Bekleidung, Wäsche und Schuhen zeigt sich — bedingt durch die zunehmende Zentralitätsorientierung des Konsumenten bei dieser Bedarfsgruppe — eine starke Auslese in kleinen Orten und Kleinstädten, daneben auch in größeren Mittelstädten und in Großstädten. Bei Papier- und Schreibwaren nahm in Großstädten — sicherlich mitbedingt durch das verstärkte Engagement der Großbetriebsformen in dieser Warengruppe — die Zahl der Betriebe etwas ab. Bei den übrigen, hauptsächlich zentralitätsorientierten Warengruppen fand teilweise eine beachtliche Auslese auf dem „flachen Land“ und in Kleinstädten statt, womit die verstärkte Tendenz zum Einkauf in agglomerativen Standortlagen unterstrichen wird.

7. Zusammenfassung der wichtigsten Ergebnisse

Der sichtbare Ausleseprozeß im Handel, d. h. ein Rückgang des Firmenbestandes durch Überwiegen der Abgänge über die Neugründungen, begann im Jahre 1960. Ein verstärkter Abgang von Firmen läßt sich jedoch bereits für die zweite Hälfte der fünfziger Jahre feststellen. Der Anteil von Zu- und Abgängen am Gesamtbestand im Großhandel und Einzelhandel hat sich in diesem Zeitraum zunehmend vergrößert. Diese Tendenz setzte sich im abgelaufenen Jahrzehnt kontinuierlich fort. Die Ausleseraten fielen in der zweiten Hälfte der sechziger Jahre am höchsten aus. In dieser Zeit nahm jedoch auch die Zahl der Firmenneugründungen wieder zu. Das relative Ausmaß der Auslese war im Großhandel und Einzelhandel etwa gleich groß. Läßt man jedoch die Kleinstunternehmen außer Betracht, so zeigt sich, daß sich im Großhandel die Zahl der Unternehmen stärker verringert hat als im Einzelhandel. Das war jedoch nicht ausschließlich durch „echte" Auslese bedingt, sondern teilweise durch eine Verlagerung der Aktivitäten vom Großhandel zum Einzelhandel hin sowie durch Verschmelzungen von Großhandelsunternehmen.

In den beiden Hauptbereichen des Großhandels, dem Konsumgütergroßhandel und dem Produktionsverbindungshandel, waren Auslesetendenzen in etwa gleichem Maße wirksam. Hierbei konzentrierte sich der Rückgang der Zahl der Unternehmen jeweils auf einige wenige Branchen. Von den Konsumgüterbranchen hatten der Nahrungs- und Genußmittelgroßhandel die absolut, der Großhandel mit Papierwaren und Druckerzeugnissen (einschließlich Großhandel mit Papier und Pappe) die relativ größten Firmenabgänge zu verzeichnen. Im Rohstoff- und Produktionsverbindungshandel fand im Landhandel sowie im Großhandel mit Kohle, festen Brennstoffen und Mineralölerzeugnissen eine ausgeprägte Selektion statt. Der Ausleseprozeß im Einzelhandel konzentrierte sich weitgehend auf den Nahrungs- und Genußmittelbereich sowie den Textil- und Bekleidungssektor. Im Großhandel wie im Einzelhandel wurden Unternehmen der unteren Umsatzgrößenklassen am stärksten von der Auslese betroffen, doch waren auch in den mittleren Größenklassen im Zeitraum 1955 - 1970 teilweise Auslesetendenzen wirksam. Im Großhandel gelang es lediglich den Unternehmen, die bereits 1961 mehr als 5 Mill. DM Jahresumsatz tätigten, die Marktposition weitgehend zu erhalten. Dabei lag der „Gefährdungsbereich" im Konsumgütergroßhandel spürbar höher als im Rohstoff- und Produktionsverbindungshandel. Hier schieden in verstärktem Ausmaß Kleinunternehmen — bis 2 Mill. DM Jahresumsatz — aus dem Markt aus. Im Einzelhandel lag der entsprechende Schwellenwert bei 500 000 DM.

Der Bereinigungsprozeß innerhalb der Kooperationsverbände des Handels war bei den Freiwilligen Ketten am stärksten. Die Selektion von Systemkunden ging hier über das durchschnittliche Ausmaß der Auslese in den Gesamtbereichen des Großhandels und Einzelhandels hinaus. Der relative Rückgang der Zahl der Anschlußfirmen von Einkaufsvereinigungen war zwar weniger stark ausgeprägt als bei den Ketten, doch überstieg er ebenfalls das Ausmaß der Auslese im Großhandel und Einzelhandel. Es ist zu vermuten, daß sich ein erheblicher Teil der aus dem Markt ausgeschiedenen Firmen aus ehemaligen Mitgliedsfirmen von Kooperationen rekrutiert.

Hinsichtlich der Auslese von Einzelhandelsunternehmen nach Gemeindegrößenklassen und Standortlagen innerhalb von Großstädten war die Entwicklung zum Teil differenziert. Der sowohl absolut als auch relativ stärkste Rückgang an Einzelhandelsgeschäften war in Kleingemeinden mit weniger als 2000 Einwohnern zu verzeichnen. Eine ähnlich starke Auslese fand in Gemeinden mit 2000 - 10 000 Einwohnern statt. Innerhalb der Großstädte wurden vor allem Streulagebetriebe und Betriebe in weniger agglomerierten Lagen, vor allem in Citynebenlagen sowie in peripheren Wohnviertellagen, in starkem Maße vom Ausleseprozeß betroffen.

IV. Die voraussichtliche weitere Entwicklung des Ausleseprozesses

Die Analyse der für den Ausleseprozeß im Groß- und Einzelhandel relevanten Kausalfaktoren führt zu dem Ergebnis, daß für die kommenden Jahre mit einer Fortsetzung des Ausleseprozesses im Ausmaß der letzten Jahre zu rechnen ist. Das bedeutet, daß im Großhandel mit — per saldo — Firmenabgängen pro Jahr im Umfang von rd. 3 % des Firmenbestandes, im Einzelhandel mit solchen im Umfang von rd. 2 % zu rechnen ist. Den Firmenabgängen werden weiterhin Neuzugänge gegenüberstehen, wenn auch nicht mehr ganz in dem Ausmaß wie bisher. Etwa ab Mitte der siebziger Jahre dürften die „Ausleseraten" merklich kleiner werden. Für das Jahr 1980 führt eine Grobschätzung auf der Basis der bereinigten Reihen zu folgenden Bestandszahlen:

Großhandel	82 000 Unternehmen
Einzelhandel	330 000 Unternehmen

Von 1970 bis 1980 werden also per saldo etwa 26 000 Großhandels- und 66 000 Einzelhandelsunternehmen vom Markt verschwinden. Die Zahl der tatsächlich aus dem Markt ausscheidenden Unternehmen wird weit höher sein.

In der Wirkung der einzelnen Kausalfaktoren auf den Ausleseprozeß wird in den kommenden Jahren keine wesentliche Änderung eintreten. Bei einigen besonders wichtigen Ursachen wie Qualität der Unternehmensführung kann erst auf längere Frist mit einer spürbaren Veränderung gerechnet werden, und dies nur unter der Voraussetzung, daß schon bald entsprechende Maßnahmen — wie breite Anwendung verbesserter Schulungs- und Ausbildungsprogramme — erfolgen. Die entscheidende Größe für die Firmenauslese wird die Entwicklung der Ertrags- und Finanzierungsverhältnisse der Unternehmen sein. Hierin finden die Veränderungen bei allen anderen exogenen und endogenen Kausalfaktoren ihren Niederschlag, sei es die zu erwartende weitere Intensivierung des Wettbewerbs, die Verschiebungen im Standortwert zu Gunsten agglomerativer Lagen oder die weiter vor sich gehenden sozio-ökonomischen Veränderungsvorgänge. Die vorgenommene Globalschätzung basiert auf den Vorstellungen über die künftige Entwicklung der Ertragssituation und die sie bestimmenden Größen.

Die Entwicklung der Gesamtkapitalrendite ist abhängig von der Gewinnentwicklung und der Entwicklung des Kapitalbedarfs. Die Gewinne werden sowohl im Einzel- als auch im Großhandel aller Voraussicht nach im längerfristigen Trend weniger stark steigen als der Umsatz, d. h. die Gewinnquote wird sich tendenziell vermindern. Zwar hat sich die betriebswirtschaftliche Umsatzrendite in den Jahren seit 1968 spürbar erhöht, doch ist dabei zu berücksichtigen, daß das Ausgangsniveau 1968 infolge von Kalkulationsfehlern des Handels bei der Umstellung von der Allphasen-Umsatzsteuer auf die Mehrwertsteuer relativ niedrig war. Die für die kommenden Jahre zu erwartende weitere Verschärfung des Wettbewerbs im Einzelhandel und besonders im Großhandel wird eine Erhöhung der Handelsspannen bzw. Kalkulationssätze beträchtlich erschweren. Gleichzeitig ist mit einer zunehmenden Kostenbelastung des Umsatzes zu rechnen. Die Gewinnentwicklung des Handels gerät damit sowohl von der Erlös- als auch von der Kostenseite her verstärkt unter Druck. Produktivitätsfortschritte — das hat die Entwicklung in den zurückliegenden Jahren gezeigt — werden im allgemeinen nicht ausreichen, den Anstieg der Handlungskosten zu kompensieren. Ein starker Druck auf die Gewinne wird vor allem von den Personalkosten ausgehen, da längerfristig — nicht zuletzt wegen der sicherlich anhaltenden inflationären Tendenzen — mit beträchtlichen Lohnsteigerungen zu rechnen ist, die durch eine Erhöhung der Arbeitsproduktivität nur zum Teil aufgefangen werden können. Das gilt in besonderem Maße für die kleineren Unternehmen, da hier die Umsatzexpansion, von der die Produktivitätsentwicklung entscheidend beeinflußt wird, sowie die Substitutionsmöglichkeit von Personal durch Kapital und Raum begrenzt sind.

Ein weiterer starker Kostendruck dürfte in den kommenden Jahren insbesondere im Einzelhandel von den Mieten für Geschäftsräume ausgehen. Die im Rahmen des Städtebauförderungsgesetzes geplanten Maßnahmen zur Innenstadtsanierung werden zwar längerfristig eine gewisse

Erweiterung des Geschäftsraumangebots an attraktiven Einzelhandelsstandorten bringen, doch dürfte der davon ausgehende mietpreisdämpfende Effekt in vielen Fällen durch den im Zusammenhang mit Stadtsanierungsmaßnahmen zu beobachtenden starken Anstieg der Baupreise und damit auch der sog. Kostenmiete erheblich verringert werden.

Eine zunehmende Belastung ist für die kommenden Jahre auch von den betrieblichen Steuern her zu erwarten. Die gesetzlich vorgeschriebene Bilanzierung der Vermögenswerte zu Anschaffungspreisen führt bei einer relativ starken Inflationierung zum Ausweis von Scheingewinnen, die als Berechnungsgrundlagen für die Gewinnsteuern mitherangezogen werden. Dieser Effekt wirkt sich im Handel insofern besonders ertragsschmälernd aus, als hier in weiten Bereichen die Kalkulation zu Wiederbeschaffungspreisen nicht bekannt ist bzw. nicht praktiziert wird. Soweit die geplante „Große Steuerreform" nicht aufkommensneutral gestaltet wird, sondern im Bereich der Unternehmen zu einem höheren Steueraufkommen führt, eine Vermutung, die durch bisher vorliegende Informationen gestützt wird, ist sowohl von den Kosten- als auch von den Gewinnsteuern her mit einem stärkeren Druck auf die Netto-Gewinnspanne zu rechnen.

Von dem verstärkten Kostendruck in den kommenden Jahren werden in erster Linie die kleinen und mittleren Unternehmen des Handels betroffen sein, da hier die Umsätze weiter erheblich langsamer wachsen dürften als bei den großen Unternehmen.

Die zunehmende Kapitalintensität im Handel führt zu einem erhöhten Kapitalbedarf. In Verbindung mit der zu erwartenden Verlangsamung des Gewinnwachstums wird sich eine Verringerung der Gesamtkapitalrendite ergeben.

Zusammenfassend ist festzustellen, daß die von der Ertragssituation auf den Ausleseprozeß einwirkenden Kräfte in den kommenden Jahren nicht schwächer, sondern eher stärker werden.

B. Auswirkungen des Ausleseprozesses und Möglichkeiten seiner Beeinflussung

I. Problematik der Erfaßbarkeit der Auswirkungen des Ausleseprozesses

Ähnliche Probleme, wie sie sich bei dem Versuch ergaben, die vielschichtige Kausalitätsstruktur des Ausleseprozesses zu erfassen, zeigen sich auch beim Bemühen, die Auswirkungen des Ausleseprozesses transparent zu machen. Dies hat mehrere Gründe. So ist eine Ermittlung der Auswirkungen des Selektionsprozesses dadurch erschwert, daß für beinahe alle Auswirkungsmöglichkeiten quantitative Maßgrößen fehlen und sich nur bestimmte „Eindrücke" gewinnen lassen. Soweit Vorgänge erkennbar sind, die ihre Ursache auch in der Firmenauslese haben bzw. haben können, ist eine Isolierung dieses Einflusses nicht oder nur schätzungsweise möglich. Ein ganz wesentliches Problem besteht darin, daß der gleiche Vorgang — in diesem Falle das Ausscheiden von Firmen aus dem Markt — in verschiedenen geographischen Räumen und bei verschiedenen Marktkonstellationen gegensätzliche Auswirkungen haben kann. Als weitere Schwierigkeit kommt hinzu, daß nur bei einigen Auswirkungen ein direkt erkennbarer Zusammenhang zur Firmenauslese besteht, andere Auswirkungen hingegen Folgeerscheinungen darstellen, bei denen der Zusammenhang nicht mehr augenscheinlich ist.

Auf Grund der genannten Problematik können die Ausführungen über die Auswirkungen des Ausleseprozesses nur als Tendenzaussagen verstanden werden. Sie beruhen auf Erkenntnissen aus den Analysen des ersten Teiles der Untersuchung sowie auf Informationen, die im Rahmen von Befragungen bei Unternehmen und Kommunen gewonnen wurden. Die folgenden Darlegungen konzentrieren sich bewußt auf mögliche „Wirkfelder" der Unternehmensauslese, die im Rahmen der Diskussion des Ausleseprozesses eine große Rolle spielen und die sich als besonders relevant erwiesen haben.

II. Auswirkungen auf den Wettbewerb

Die Verschärfung des Wettbewerbs im Handel ist zwar eine wesentliche, den Ausleseprozeß induzierende und beschleunigende Einflußgröße, eine umgekehrte Wirkung, d. h. ein nachhaltiger Einfluß des Auslesevorganges auf die Wettbewerbsintensität, läßt sich dagegen nicht erkennen. Dies wird deutlich, wenn man sich noch einmal kurz vergegenwärtigt, wie sich der Wettbewerb im Handel vollzieht und welche Faktoren für seine Intensivierung maßgebend sind.

Der Wettbewerb im Handel spielt sich auf regionalen, räumlich meist relativ eng begrenzten Märkten ab. Durch verschiedenste sozio-ökonomische Veränderungen (z. B. Verkehrsentwicklung, Zunahme der Mobilität, Agglomerationsbildung) und handelsendogene Entwicklungen (z. B. bessere Entfaltungsmöglichkeiten für die größeren Unternehmen, Auftreten neuer Angebotstypen mit weiterer Ausstrahlung) haben sich die Wettbewerbsräume beträchtlich ausgeweitet.

Die Zahl der Konkurrenten ist in fast allen Räumen wesentlich größer und vielfältiger geworden. Das Ausscheiden von Firmen auf Grund der erhöhten Konkurrenz hat im allgemeinen, d. h. unabhängig von der jeweiligen morphologischen Struktur eines Marktes, zwar insofern zu einer Veränderung der Wettbewerbskonstellation beigetragen, als hierdurch Marktpotential für die im Markt verbleibenden Firmen frei wurde und bei diesen teilweise zu einer Verbesserung der Geschäftssituation führte. Eine Veränderung im Intensitätsgrad des Wettbewerbs ist dadurch aber nicht eingetreten. In kaum einem Teilmarkt hatte die Auslese ein solches Ausmaß, daß hier monopolistische oder oligopolistische Strukturen entstanden. An der Vielfalt der Firmen und Konkurrenzbeziehungen hat sich nichts Entscheidendes geändert.

Auch das Wettbewerbsverhalten der Unternehmer wurde durch die Verminderung der Zahl der Konkurrenten kaum tangiert. Das Gewicht einzelner ausscheidender Firmen aus einem relevanten Wettbewerbsraum ist im allgemeinen viel zu gering, um das Wettbewerbsklima spürbar zu beeinflussen. Am Einsatz des absatzpolitischen Instrumentariums der aktiven Firmen ändert sich hierdurch praktisch nichts. Sortimentspolitik, Kalkulations- und Preispolitik, Dienstleistungspolitik, Kooperationspolitik usw. sind so stark von der Unternehmenseigenart, der Betriebsform, dem Angebotstyp sowie den wesentlichen Wettbewerbsverhältnissen in einem bestimmten Wettbewerbsraum bzw. an einem bestimmten Standort geprägt, daß das Vorhandensein oder Ausscheiden einzelner Betriebe, zumeist Minder- und Grenzbetriebe, hieran naturgemäß keine grundlegende Veränderung bewirkt. Nur bei einer erheblichen Verschärfung des Auslesetempos, wie es sich aber derzeit nicht abzeichnet, könnte in einzelnen Wettbewerbsräumen, vor allem in Agglomerationsräumen, eine Verminderung der Wettbewerbsintensität eintreten, nämlich dann, wenn sich die Zahl der Wettbewerber so stark reduziert, daß den verbleibenden Unternehmen hierdurch so viel zusätzliches Marktpotential zuwächst, daß sich die von diesen Unternehmen angestrebten Umsatzgrößen ohne besondere Anstrengungen realisieren lassen. Eine solche Situation ist allerdings nur theoretisch denkbar und wird sich in der Praxis kaum zeigen, da erfahrungsgemäß in bestehende Lücken aktive Wettbewerber, meist große Unternehmen und Unternehmensgruppen, sofort nachstoßen. Das Ergebnis ist in der Regel eine spürbare Intensivierung des Wettbewerbs, da die neu auf den Plan tretenden Unternehmen durchweg eine erhöhte Akquisitionstätigkeit entfalten. Hierin wird erkennbar, daß Wettbewerb und Wettbewerbsintensität im Handel in entscheidendem Maße von der Geschwindigkeit des Innovations- und Assimilationsprozesses abhängen, der seine eigene Gesetzmäßigkeit hat. Die Firmenauslese stellt eine Folgewirkung dieses dynamischen Vorganges dar, kaum aber eine Einflußgröße.

Beschränkt man die Betrachtung ausschließlich auf den Gruppenwettbewerb im Handel, d. h. die Konkurrenzbeziehungen zwischen den einzelnen Organisations- und Betriebsformen (Freiwillige Ketten, Einkaufsvereinigungen, Filialketten, Waren- und Kaufhausunternehmen), so läßt sich auch hier keine signifikante Auswirkung der Firmenauslese feststellen. Die Eliminierung von Firmen und Betrieben aus den einzelnen Gruppen stellt eine Maßnahme dar, die im Zuge der Bemühungen um organisatorische Straffung und Leistungssteigerung erfolgt. Die durch die Straffung und Homogenisierung der einzelnen Betriebs- und Organisationsformen induzierte Intensivierung des Gruppenwettbewerbs ist somit nicht eine Folge der Firmenauslese, sondern das Ergebnis der Verwirklichung bestimmter Marketingkonzeptionen.

Aus den bisherigen Ausführungen ergibt sich bereits, daß auch die vertikalen Wettbewerbsbeziehungen zwischen dem Handel und seinen Lieferantengruppen durch den Ausleseprozeß kaum berührt werden. Der starke Stufenwettbewerb ist u. a. eine Folge der zunehmenden Gruppenbildung, der Straffung der Organisationen und der Erhöhung der Umsatzkonzentration auf die größeren Unternehmen im Handel. Das geringe Umsatzgewicht der ausscheidenden Unternehmen ändert an den bestehenden Angebots- und Nachfragerelationen praktisch nichts. Tendenziell stärkt sie eher noch die Nachfrageposition der Großbetriebe und Großbetriebsformen.

III. Auswirkungen auf die Verbraucherversorgung

Um eine Antwort darauf zu finden, inwieweit der Ausleseprozeß im Handel Auswirkungen auf die Verbraucherversorgung hat, müssen zunächst Kriterien bestimmt werden, die für die Versorgungslage der Konsumenten entscheidend sind. Im Grunde sind dies zwei Maßgrößen, nämlich einmal die Standortstruktur der Anbieter in Relation zum Standort der Konsumenten, zum anderen das Angebots- und Leistungsniveau des Handels. Die Standortstruktur der Handelsunternehmen findet ihren Niederschlag für den Konsumenten in der Länge der Einkaufswege, der für den Einkauf benötigten Zeit sowie im Einkaufsrhythmus. Das Angebots- und Leistungsniveau findet seinen Ausdruck im Preisniveau und der Art der Preisgestaltung, in der Breite und Tiefe des Waren- und Diensteangebotes und der Art der Waren- und Dienstekombination sowie in Umfang und Intensität der Erfüllung von Dienstleistungsfunktionen. Auch hiervon wird die Ophelimität der Verbraucherversorgung in bezug auf Einkaufswege, Einkaufszeit und Einkaufsrhythmus tangiert.

Bei den als Kriterien der Versorgungslage herangezogenen Indikatoren haben in den vergangenen Jahren erhebliche Veränderungen stattgefunden. Die Einkaufswege sind zum Teil beträchtlich länger geworden, die Einkaufshäufigkeit ist vielfach zurückgegangen, das Angebot des Handels ist vielfältiger und höherwertiger geworden. Diese Entwicklungen sind Veränderungen im Zuge des umfassenden Strukturwandlungsprozesses im Handel, dessen Ursachen im ersten Teil der Untersuchung verdeutlicht wurden. Da die Firmenauslese ein Bestandteil dieses Prozesses ist, läßt sich ihre Wirkintensität auf die Qualität der Verbraucherversorgung nicht isolieren. Es ist daher auch nicht möglich, von rein auslesebedingten Wirkungen auf die Versorgungssituation der Verbraucher zu sprechen. Obwohl sich also eine isolierte Betrachtung der Wirkungen der Firmenauslese nicht durchführen läßt, vermittelt eine Analyse dieses Teilvorganges des gesamten Strukturwandlungsprozesses im Handel doch den Eindruck, daß die Wirkungen insgesamt nur relativ gering und die Wirkrichtung keineswegs eindeutig ist. Will man zu einer Wertung gelangen, inwieweit sich der Strukturwandlungsprozeß im Handel und somit auch die hierin inkludierte Firmenauslese positiv oder negativ auf die Konsumentenversorgung auswirken, müssen die für den Konsumenten besonders relevanten Veränderungen einer vergleichenden Betrachtung unterzogen werden.

Im Rahmen der Warendistribution haben agglomerative Angebotsformen und Standorttypen zunehmende Bedeutung erlangt, Streulagen entsprechend an Gewicht verloren. Die geographische Besatzdichte mit Handelsunternehmen ist damit erheblich geringer geworden. Das bedeutet für den Konsumenten generell eine Verlängerung seiner Einkaufswege, und zwar nicht nur bei Waren des mittel- und langfristigen Bedarfs, sondern auch bei Artikeln des täglichen Bedarfs. Betrachtet man allein den für den Einkauf erforderlichen Zeit- und Wegeaufwand, so erscheint diese Entwicklung als nachteilig für den Konsumenten. Eine solche Zeitaufwand- und Kostenbetrachtung stellt jedoch nur eine Seite in der Veränderung der Qualität der Konsumentenversorgung dar. Auf der Nutzenseite steht dem eine allgemeine erhebliche Steigerung des Angebotsniveaus und Differenzierung in den Angebotsformen gegenüber. Der Konsument findet nun in zentralisierter und agglomerierter Form im Durchschnitt breitere und tiefere Sortimente, preisgünstigere

Angebote und die verschiedensten Bedarfsgruppen in enger räumlicher Verbindung zueinander. Die räumliche Konzentration erhöht die Markttransparenz, ermöglicht also mehr als bisher Angebots- und Leistungsvergleiche und wirkt sich auch zeitsparend beim Einkauf aus. Versucht man in Art einer Kosten-Nutzenanalyse die Vor- und Nachteile der Strukturveränderungen im Handel für den Konsumenten einander gegenüberzustellen, so ergibt sich bei allen möglichen Unterschieden in einzelnen Wettbewerbsräumen und für einzelne Konsumentenschichten insgesamt ein eindeutig positiver Saldo.

Für die Bewertung dieser Vorgänge muß man sich nochmals kurz vergegenwärtigen, welche Faktoren für die Herausbildung der veränderten Standortstruktur, die Gruppierung von Unternehmen in Angebotszentren und für das Ausscheiden kleiner Betriebe in Streulagen maßgebend sind. Besonders starke Wirkungen gingen in den letzten Jahren von der Erhöhung des Einkommensniveaus, dem Ausbau des Wegenetzes, der rapiden Zunahme der Motorisierung und damit einer wesentlichen Erhöhung der Mobilität der Konsumenten, der Veränderung der Beschäftigtenstruktur in Richtung eines zunehmenden Anteils von Pendlern in Agglomerationen, die immer bessere Ausstattung der Haushalte mit Geräten für die Bevorratung verderblicher Produkte sowie die zunehmende Neigung breiter Verbraucherschichten zum Verbund- und Großeinkauf aus. Der Konsument spielte eine aktive tragende Rolle im Rahmen dieses Prozesses und war keineswegs nur ein Betroffener der Veränderungsvorgänge im Handel. Der Konsument ist generell nicht durch das Ausscheiden von wohnnahen Handelsbetrieben zu einer Änderung in seiner Einkaufsorientierung gezwungen worden, sondern hat selbst durch eine Änderung seines Einkaufsverhaltens maßgebend mit zum Ausscheiden dieser Betriebe beigetragen.

Das insgesamt positive Ergebnis der Veränderungen in der Angebotsstruktur des Handels auf den Verbraucher darf freilich nicht darüber hinwegtäuschen, daß es in einzelnen Räumen und für bestimmte Verbrauchergruppen durchaus erhebliche negative Wirkungen durch das Ausscheiden von Firmen gibt. So sind in ländlichen Räumen in zahlreichen Kleingemeinden Einzelhandelsläden aufgegeben worden, weil die Umsatz- und Rentabilitätsbasis für sie zu schmal wurde, ohne daß dieser Firmenaufgabe im Standortbereich in zentraler Lage Firmenneugründungen bzw. ein Ausbau der Angebotskapazitäten des Einzelhandels gegenüberstand.

Bestimmte Anhaltspunkte über die Entwicklung der Versorgungslage in den kleinen Gemeinden in bezug auf den Nahbedarf lassen sich aus den Ergebnissen der Handels- und Gaststättenzählungen 1960 und 1968 gewinnen. Im Jahre 1960 hatte es in Gemeinden unter 2000 Einwohnern im Durchschnitt noch 3,3 Lebensmittelgeschäfte gegeben, Ende der sechziger Jahre waren es nur noch 2,5. Das bedeutet, daß im genannten Zeitraum bald jede dieser Kleingemeinden ein Lebensmittelgeschäft verloren hat. Der durchschnittliche Besatz an Gemischtwarengeschäften, den traditionellen ländlichen Nachbarschafts- und Nahversorgungsläden, verringerte sich in den sechziger Jahren ebenfalls im Durchschnitt um 1 Geschäft auf 1,9 Geschäfte je Gemeinde. Aussagen darüber, in wie vielen Gemeinden kein Geschäft mit Lebensmitteln bzw. mit sonstigen Gütern des täglichen Bedarfs mehr besteht, lassen sich nur schätzungsweise machen. In Bayern waren es Ende der sechziger Jahre bereits rd. 500 Gemeinden, in Niedersachsen über 600. Im gesamten Bundesgebiet dürfte demnach Ende der sechziger Jahre in rd. 2000 Kleingemeinden kein Nahversorgungsgeschäft mehr angesiedelt gewesen sein.

Die genannten auf Verwaltungseinheiten bezogenen Durchschnittszahlen können als statistische Kenngrößen lediglich Anhaltspunkte über die Nahversorgungslage in den kleinen Gemeinden geben, sind jedoch auf Grund des fehlenden Raumbezuges keine echten ökonomischen Kenngrößen. So sagt das Fehlen eines Lebensmittelgeschäftes in einer Gemeinde grundsätzlich noch nichts über das tatsächliche Niveau der Nahversorgung aus. Dieses hängt davon ab, ob und in welcher Entfernung sich in benachbarten Gemeinden ein entsprechendes Angebot findet. Für den Konsumenten ist letztlich nicht entscheidend, ob ein Einzelhandelsgeschäft in seiner Gemeinde vorhanden ist, wesentlich ist vielmehr die zumutbare Entfernung, die je nach dem Angebotsniveau schwankt. Auch wenn man diesen Gesichtspunkt berücksichtigt, läßt sich doch feststellen, daß sich in einer erheblichen Zahl von Kleingemeinden die Versorgungslage insgesamt verschlechtert hat.

Nachteilige Auswirkungen des Ausfalles von Nahversorgungsstätten bzw. Einzelhandelsläden in unmittelbarer Wohnnähe ergaben sich teilweise auch für bestimmte Verbraucherschichten, vor allem für solche, die wenig mobil sind. Das gilt in erster Linie für alte Leute, Rentner mit niedrigem Einkommen sowie Hausfrauen mit mehreren Kindern. Diese Gruppen sind großenteils in starkem Maße auf den Einkauf in nächster räumlicher Nähe angewiesen.

Eine möglichst wohnortnahe Versorgung wünscht sich prinzipiell jeder Verbraucher. Da eine solche Versorgung jedoch nicht in umfassender Form und auf dem gewünschten Leistungsniveau realisierbar ist, werden längere Einkaufswege in Kauf genommen. Einen bestimmten, jedoch relativ kleinen Teil seines Bedarfes — es handelt sich hierbei vor allem um den Einkauf von verschiedenen kleineren Artikeln des täglichen Bedarfs — möchte der Verbraucher jedoch ohne Beachtung von Angebots- und Leistungsniveau in unmittelbarer Nähe und möglichst jederzeit decken können. Der Verlust derartiger Einkaufsmöglichkeiten im Zuge der Standortumstrukturierung des Handels muß jedoch der anderen Vorteile wegen in bestimmtem Umfang in Kauf genommen werden. Ein durchrationalisierter leistungsfähiger Distributionsapparat verlangt auch dem Konsumenten Kompromisse in seinem Anspruchsniveau ab. Die Grenzen einer Rationalisierung und damit räumlichen Konzentration des Handels liegen unter versorgungspolitischen Aspekten dort, wo hierdurch für einen erheblichen Teil der Konsumenten bzw. für bestimmte Gruppen eine beträchtliche Verschlechterung der Versorgungslage eintritt.

IV. Auswirkungen auf Produktivität und Kosten der Distribution

Die Distributionskosten haben in einer hochentwickelten Volkswirtschaft erhebliches Gewicht. Nach Berechnungen und Schätzungen des Ifo-Instituts entfallen vom Volkseinkommen der BRD rd. 47 % auf Vertriebskosten. Hierzu zählen die Vertriebskostenspanne der Industrie (einschl. der Aufwendungen für ausgegliederte, rechtlich unselbständige Vertriebsorgane), die Handelsspannen des Groß- und Einzelhandels sowie der Handelsvermittlung. Groß- und Einzelhandel zusammen haben dabei einen Anteil von über der Hälfte. Die volkswirtschaftliche Distributionskostenspanne enthält somit Kosten- und Gewinnbestandteile verschiedener Wirtschaftsstufen und -gruppen. Es müssen daher die Auswirkungen des Ausleseprozesses im Handel auf die verschiedenen Komponenten der Distributionskostenspanne untersucht werden.

Durch das Ausscheiden überwiegend kleinerer Unternehmen aus dem Markt steigt die durchschnittliche Unternehmens- und Betriebsgröße an. Zwischen Betriebsgröße und Produktivität sowie Kosten der betrieblichen Leistungserstellung besteht ein eindeutiger Zusammenhang in der Weise, daß mit steigender Betriebsgröße die Produktivität zunimmt und dadurch eine kostenentlastende Wirkung auf den Umsatz eintritt (bessere Voraussetzungen zur Rationalisierung und zur Harmonisierung der Teilkapazitäten, größere Degressionseffekte bei den Fixkosten). Es läßt sich somit feststellen, daß der Ausleseprozeß im Handel über die Erhöhung der Produktivität die Kostenspanne günstig beeinflußt, d. h. bei angenommener Konstanz der Funktions- und Leistungserfüllung tendenziell zu einer Senkung der Kostenspanne führt.

Dieser Einfluß wird in der Praxis nicht immer sichtbar, da mit der Vergrößerung der Unternehmen in aller Regel auch eine Ausweitung der betrieblichen Funktionserfüllung verbunden ist.

Große Unternehmen bieten häufig einen breiteren Leistungsfächer an und erfüllen oft Funktionen mehrerer Stufen. Darüber hinaus ist die Intensität der Funktionserfüllung — über die gesamte Funktionenpalette hin gesehen — größer als bei kleinen Unternehmen, was zu entsprechender Kostenverursachung führt. Trotz dieser Beeinträchtigung der Vergleichbarkeit läßt sich der Zusammenhang zwischen Unternehmens- bzw. Betriebsgröße und Produktivität anhand von Daten nachweisen. Die Kostenstrukturstatistik des Statistischen Bundesamtes, in der u. a. die Produktivitätskennziffern „Umsatz je beschäftigte Person" und „Lagerumschlagshäufigkeit" für einzelne Fachzweige nach Umsatzgrößenklassen veröffentlicht sind, zeigt deutlich, daß sowohl im Großhandel als auch im Einzelhandel die Personalproduktivität und die Lagerproduktivität mit zunehmender Unternehmensgröße in den meisten Fachzweigen spürbar steigen. Dieser Zusammenhang läßt sich auch anhand von Betriebsvergleichsergebnissen für den Facheinzelhandel erkennen. Mit zunehmender Betriebsgröße steigen Personal-, Raum- und Lagerproduktivität an.

Die Korrelation zwischen Produktivität und Handlungskosten zeigt sich anhand der Betriebsvergleichsergebnisse für den Facheinzelhandel. Die Kostenspanne bestimmt weitgehend die Höhe der Handelsspanne. Die größeren Betriebe erzielen trotz einer niedrigeren Kostenspanne eine höhere Handelsspanne und damit eine höhere Nettogewinnspanne als die kleineren und mittleren Betriebe. Der von der Firmenauslese im Handel ausgehende produktivitätserhöhende und kostensparende Effekt wird somit durch höhere Gewinnspannen kompensiert, teilweise sogar überkompensiert. Auf das Verkaufspreisniveau wirkt sich das allerdings nicht erhöhend aus, da mit zunehmender Unternehmensgröße in der Regel das Einkaufspreisniveau beträchtlich sinkt.

Die im Zuge des Ausleseprozesses vor sich gehende Anhebung der Betriebsgrößen in Groß- und Einzelhandel bewirkt auch eine verstärkte Auftragskonzentration und begünstigt den im Bereich der Handelsvermittlung vor sich gehenden Unternehmens-Konzentrationsprozeß. Mit den steigenden Betriebsgrößen in der Handelsvermittlung ergibt sich auch hier ein positiver Effekt hinsichtlich Produktivität und Kosten.

Die mit dem Ausleseprozeß einhergehende Leistungsstärkung im Handel führt auch im Vertriebsbereich der Herstellung zu einer verstärkten Ökonomisierung. Mit zunehmender Effizienz der Leistungserbringung im selbständigen Handel können herstellereigene Vertriebsorgane auf eine weniger breite, dafür aber spezifischere Funktionserfüllung eingestellt werden und hierbei überwiegend Ergänzungsleistungen zum selbständigen Handel erbringen. Dies führt tendenziell zu einer Minderung der bei den herstellereigenen Vertriebsorganen anfallenden Kosten. Durch die zunehmende Nachfragekonzentration des Handels werden zudem Kostendegressionseffekte erzielt; durch größere Dispositionsmengen erfolgt eine größere Kontinuität im Absatz und eine bessere Auslastung im Hersteller-Vertriebsbereich.

Tabelle 53: **Personal-, Raum- und Lagerproduktivität im Facheinzelhandel**[a)]
nach Betriebsgröße im Jahre 1969

Betriebsgröße	Umsatz je beschäftigte Person		Umsatz je qm Geschäftsraum		Lagerumschlagshäufigkeit[b)]	
	in DM	kleinere Betriebe = 100	in DM	kleinere Betriebe = 100	... mal	kleinere Betriebe = 100
kleinere Betriebe	79 800	100	2 160	100	3,9	100
mittlere Betriebe	81 300	102	2 450	113	4,3	110
größere Betriebe	82 500	103	2 900	134	4,7	121

a) Ausgewählte Fachzweige. — b) Umsatz zu Einstandspreisen dividiert durch den durchschnittlichen Lagerbestand zu Einstandspreisen.

Quelle: Sundhoff, E. (Hrsg.): Die Produktivitäts- und Rentabilitätsentwicklung der Einzelhandelsfachgeschäfte in den Jahren 1949 bis 1969, Heft 9 der Schriften zur Handelsforschung, Göttingen 1973.

Tabelle 54: **Rohertrag und Gesamtkosten im Facheinzelhandel**[a)]
nach der Betriebsgröße im Jahre 1969

Betriebsgröße	Gesamtkosten (einschl. Unternehmerlohn und Zinsen für Eigenkapital)		Rohertrag	
	in % des Umsatzes	kleinere Betriebe = 100	in % des Umsatzes	kleinere Betriebe = 100
kleinere Betriebe	28,0	100	27,3	100
mittlere Betriebe	27,3	98	28,2	103
größere Betriebe	27,0	96	28,8	105

a) Ausgewählte Fachzweige.

Quelle: Sundhoff, E. (Hrsg.): Die Produktivitäts- und Rentabilitätsentwicklung der Einzelhandelsfachgeschäfte in den Jahren 1949 bis 1969, Heft 9 der Schriften zur Handelsforschung, Göttingen 1973.

Zusammenfassend ist festzustellen, daß der Ausleseprozeß im Groß- und Einzelhandel Produktivität und Kostensituation im gesamten Distributionsbereich der Wirtschaft verbessert. Ohne diese Effekte wären die Vertriebskosten in unserer Wirtschaft in den zurückliegenden Jahren spürbar stärker gestiegen, als es tatsächlich der Fall war.

V. Soziologische und soziale Auswirkungen des Ausleseprozesses

Geht man davon aus, daß das freie Unternehmertum und hierbei auch das mittlere und kleinere Unternehmen eine tragende Säule unserer Wirtschafts- und Gesellschaftsordnung sind, so wird durch den Ausleseprozeß im Handel diese Gegebenheit ohne Zweifel beeinträchtigt. Das Ausscheiden einer großen Zahl von Kleinst- und Kleinunternehmen des Handels hat zur Folge, daß sich die gesamte Unternehmensstruktur in diesem Wirtschaftsbereich erheblich zu den größeren Unternehmen hin verschiebt.

Unter rein ökonomischen Aspekten mag diese Entwicklung per saldo als positiv zu werten sein, da sie zu einer höheren Produktivität und zu relativ niedrigeren Distributionskosten führt, doch darf andererseits auch nicht übersehen werden, daß ein erhebliches Maß an Flexibilität und Elastizität damit verloren geht. An die Stelle vieler kostenelastischer und mit relativ wenig Fixkosten belasteter Kleinunternehmen tritt zunehmend das wesentlich kostenempfindlichere, weit stärker fixkostenbelastete und damit auf eine Mindestkapazitätsauslastung angewiesene größere Handelsunternehmen. Die Krisenanfälligkeit unserer Wirtschaft und Gesellschaft nimmt daher durch den Ausleseprozeß im Handel tendenziell zu. Berücksichtigt man allerdings, daß es sich bei den ausgeschiedenen und noch ausscheidenden Unternehmen vorwiegend um eine Gruppe handelt, deren Bedeutung im Rahmen der gesamten Warendistribution als relativ gering zu veranschlagen ist, so hält sich die genannte Beeinträchtigung des Flexibilitätsgrades im Unternehmensbereich in relativ engen Grenzen. Es kommt hinzu, daß sicherlich ein beachtlicher Teil von leistungsfähigen Klein- und Mittelbetrieben im Markt verbleiben wird, der ein Gegengewicht zu den kapital- und anlageintensiven Großbetrieben und Großbetriebsformen darstellt.

Gesellschaftssoziologisch stellt sich die Frage, inwieweit das Überwechseln eines großen Teils bislang selbständiger Unternehmer in eine Angestelltentätigkeit, also in eine Abhängigenposition, negative Auswirkungen hat. Derartige Wirkungen könnten wohl nur dann auftreten, wenn mit diesem Wandel ein bestimmter „Frustrationseffekt" verbunden wäre, etwa auf Grund einer erheblichen Einkommensverschlechterung, einer spürbaren Beeinträchtigung des persönlichen und beruflichen Freiheitsspielraumes oder einer empfundenen Verschlechterung im Sozialstatus. Dies ist jedoch im allgemeinen nicht der Fall. Bei einem großen Teil der ausscheidenden Selbständigen ist das bisherige Einkommensniveau so niedrig, die arbeitsmäßige Belastung auf der anderen Seite jedoch so hoch, daß trotz des Verlustes an Autonomie sich insgesamt die Situation beim Überwechseln in eine Abhängigentätigkeit verbessert. Nichtsdestoweniger dürfen die negativen Folgen der Auslese für die Betroffenen, insbesondere in immaterieller Hinsicht, nicht übersehen werden.

Durch die enge Verflechtung zwischen geschäftlichem und privatem Bereich wurden bei einem großen Teil der betroffenen Personen erhebliche Probleme aufgeworfen. Der teilweise hohe Wertschätzungsgrad der Selbständigentätigkeit, eine oft über Generationen reichende Geschäftstradition, die persönliche Bindung an den Kundenkreis sowie die trotz starker zeitlicher Belastung weithin herrschende Zufriedenheit mit dem Unternehmerberuf sind Komponenten, die — ungeachtet der sozialen, d. h. einkommensmäßigen Folgen — vielen Unternehmern die Geschäftsaufgabe als nachteilig erscheinen lassen. Hierfür findet der Betroffene in den wenigsten Fällen einen adäquaten Ersatz. Nach Erhebungen von Industrie- und Handelskammern konnten in den vergangenen Jahren nur 10 % der ausscheidenden Unternehmer erneut eine Selbständigentätigkeit aufnehmen.

Weniger schwerwiegend sind dagegen auf den ersten Blick die sozialen, d. h. im wesentlichen die finanziellen Auswirkungen des Ausleseprozesses, wenn man sich die aus dem Geschäftsbetrieb erzielten Einkommen der von der Auslese verstärkt tangierten Einzelhandelsunternehmer vor Augen hält. Nach Erhebungen des Instituts für Handelsforschung sowie des Instituts für Mittelstandsforschung[1] liegt bei knapp einem Viertel der Inhaber von Kleinbetrieben (bis 120 000 DM Jahresumsatz) — daraus rekrutierte sich bislang das Gros der Ausscheider — das Jahreseinkommen unter 10 000 DM. Nur die Hälfte der Kleinunternehmer verdient mehr als 15 000 DM; über der 25 000 DM-Grenze liegen lediglich 10 %. In den genannten Beträgen sind zudem noch betriebsfremde Einkünfte enthalten, so daß die rein betrieblichen Einkünfte teilweise sogar noch niedriger liegen.

Zu ähnlichen Ergebnissen kommt man, wenn man die in der Kostenstrukturstatistik von 1969 ermittelten Betriebsergebnisse in absolute Beträge umrechnet. Danach verdienten beispielsweise die Lebensmitteleinzelhändler[2] mit Jahresumsätzen bis zu 500 000 DM zwischen 5800 und 18 900 DM jährlich. Geschäfte mit Textilwaren[3] — ebenfalls bis zu 500 000 DM Jahresumsatz — erwirtschafteten Beträge zwischen 7800 und 28 400 DM.

---

[1] Vgl. Sundhoff, E. (Hrsg.): Die Lage der Kleinbetriebe des Einzelhandels in der Bundesrepublik Deutschland, S. 115 ff.

[2] Einzelhandel mit Nahrungs- und Genußmitteln verschiedener Art.

[3] Einzelhandel mit Textilien verschiedener Art.

Das durch das stark unterdurchschnittliche Einkommen geprägte Anspruchsniveau der Kleinunternehmer findet seinen Niederschlag in den Vorstellungen darüber, wie hoch die Einkünfte aus einer eventuellen Angestelltentätigkeit sein sollten: Gut ein Drittel der Unternehmer wäre Ende der sechziger Jahre mit einem Monatseinkommen von 1000 DM zufrieden gewesen, rd. drei Fünftel mit 1200 DM. Nur 13 % der Inhaber von Kleinbetrieben nannten Einkommen von über 1500 DM[4].

Man kann auf Grund der vorliegenden Daten davon ausgehen, daß der Ausleseprozeß, solange er sich auf die untersten Größenklassen konzentriert, bei den Betroffenen kaum zu einer nennenswerten Verschlechterung der Einkommenssituation führt, sofern es ihnen möglich ist, in eine Angestelltentätigkeit überzuwechseln. Ausgesprochene Härtefälle liegen dann vor, wenn der betroffene Unternehmer wegen seines fortgeschrittenen Alters oder einer Krankheit keine andere angemessene Tätigkeit mehr aufnehmen kann. Ein Teil der nach Geschäftsaufgabe in echte materielle Not geratenen Unternehmer hat diese mitverschuldet, da — trotz gegebener Möglichkeiten — oft versäumt wurde, entsprechende Rücklagen zu bilden bzw. eine Altersversorgung zu sichern. Viele Inhaber von Kleinunternehmen des Handels sahen offensichtlich in der Existenz eines eigenen Betriebes bereits eine ausreichende Altersvorsorge. Sie stehen nach Geschäftsschließung vor allem dann vor erheblichen Schwierigkeiten, wenn auch die Möglichkeit einer Vermietung oder Verpachtung nicht mehr gegeben ist.

Nach Erhebungen von Industrie- und Handelskammern in den Jahren 1967 bis 1971 gelingt es nur gut einem Zehntel der Einzelhändler, die ihr Geschäft aufgaben, erneut eine Selbständigen-Tätigkeit zu ergreifen. Noch geringer (7 %) ist der Anteil derjenigen Unternehmer, die von Miet- oder Pachteinnahmen leben können. Jeder Vierte wechselt nach Geschäftsschließung in eine Unselbständigen-Tätigkeit und zwar überwiegend in Industrie und Handwerk. Etwa die Hälfte der ehemaligen Geschäftsinhaber — hierbei dürfte es sich vor allem um solche handeln, die aus persönlichen Gründen das Unternehmen auflösen mußten — ist auf das Einkommen des Ehegatten oder sonstiger Familienangehöriger bzw. auf eine Rente angewiesen.

Durch die Öffnung der Rentenversicherung für Selbständige werden soziale Härtefälle künftig weitgehend vermieden werden können. Dies um so mehr, als durch die „Stiftung für die Alterssicherung selbständiger Unternehmer" vorgesehen ist, diejenigen Personen bei der Entrichtung der Beiträge zur Rentenversicherung zu unterstützen, bei denen eine Nachzahlung die wirtschaftliche Existenz erheblich beeinträchtigen würde.

---

[4] Vgl. Sundhoff, E. (Hrsg.): Die Lage der Kleinbetriebe des Einzelhandels in der Bundesrepublik Deutschland, Tab. 51.

VI. Wertung der Auswirkungen des Ausleseprozesses und Beurteilung des Erfordernisses seiner Beeinflussung

Die Analyse der Auswirkungen des Ausleseprozesses auf den Wettbewerb, die Verbraucherversorgung, auf Produktivität und Distributionskosten sowie die soziologischen und sozialen Verhältnisse in unserer Gesellschaft hat gezeigt, daß von der Firmenauslese selbst insgesamt keine gravierenden Wirkungen ausgehen. Soweit aber Wirkungen festzustellen sind, handelt es sich sowohl um positive als auch um negative Effekte.

Auch bei einer Wertung der Auswirkungen des Ausleseprozesses darf sich jedoch die Betrachtung nicht isoliert auf den Vorgang des Ausscheidens von Firmen beschränken, sondern es muß wiederum der gesamte Strukturwandlungsprozeß der Warendistribution, in den die Unternehmensselektion integriert ist, gesehen werden. Trotz aller hierbei — auch im Zusammenhang mit dem Ausscheiden von Firmen — auf Teilgebieten und in Einzelfällen gegebenen negativen Begleiterscheinungen ist die Gesamtwirkung des Strukturwandlungsprozesses eindeutig als positiv zu werten.

Die Warendistribution in der Bundesrepublik Deutschland hat durch nachhaltige Umstrukturierung und Modernisierung in den vergangenen Jahren einen sehr hohen Leistungsstand erreicht und sich damit in Europa mit an die Spitze gesetzt. Der Abstand zum Niveau der Verteilungswirtschaft in den USA ist beträchtlich kleiner geworden. Auf Teilgebieten wurde sogar ein Vorsprung erzielt. Die enorme Steigerung der Leistungskraft des Distributionsapparates in der Bundesrepublik Deutschland hat zu einer wesentlich effizienteren Güterverteilung und Deckung der Nachfrage nach Produktionsgütern und Konsumgütern geführt. Die Zunahme der Distributionskosten auf Grund einer erheblichen Ausweitung und Intensivierung der Marketing-Funktionen konnte durch die nachhaltige Rationalisierung des außer- und innerbetrieblichen Warenflusses in relativ engen Grenzen gehalten werden. Ohne diese Entwicklung wäre die erfolgte Anhebung des gesamtwirtschaftlichen Leistungsniveaus nicht denkbar gewesen.

Durch das Ausscheiden einer großen Zahl von Unternehmen des Groß- und Einzelhandels aus dem Markt im Zuge des Veränderungsprozesses in der Warendistribution hat sich zwar die Unternehmensstruktur im Handel erheblich gewandelt, doch ist hierbei die Vielfalt in bezug auf Unternehmensgrößen, Betriebsformen und Angebotstypen nicht kleiner, sondern größer geworden. Leistungsfähige kleine und mittelgroße Unternehmen konnten zu einem erheblichen Teil ihre Position durch Integration in Kooperationssysteme festigen. Negative Wirkungen auf die Unternehmensstruktur liegen somit bisher generell nicht vor.

Die Gefahr verstärkt negativer Folgewirkungen ist auf längere Sicht allerdings nicht auszuschließen. Bei einer anhaltend starken Konzentration im Handel und einer Beschleunigung des Auslesetempos könnte der Wettbewerb durch Änderung der Verhaltensweisen der großen und marktstarken Unternehmen und Gruppen eine Verringerung erfahren, die Verbraucherversorgung in bevölkerungsdünnen Gebieten beeinträchtigt werden und die Unternehmensstruktur ungleichgewichtig werden. Es gibt eine Grenze, ab der die positiven ökonomischen Effekte der Rationalisierung und Produktivitätserhöhung und damit der Kosteneinsparung von negativen Wirkungen in versorgungspolitischer und soziologischer Hinsicht überkompensiert werden. Daraus leitet sich die Notwendigkeit einer kontrollierenden Steuerung des Prozesses ab, um die Ökonomisierung der Warendistribution von möglichen stark negativen Wirkungen der genannten Art freizuhalten.

Einflußnahme auf den Strukturwandlungsprozeß im Handel ist hierbei zu verstehen als Förderung derjenigen Unternehmen und Unternehmensgruppen, die grundsätzlich entwicklungsfähig sind, jedoch auf Grund ihrer Größe, Kapitalkraft und bisherigen Organisations- und Führungsstruktur nicht die gleichen Voraussetzungen im Wettbewerb haben wie größere Unternehmen und bereits hochentwickelte Distributionsformen und -systeme. Nicht im Sinne der notwendigen weiteren Ökonomisierung der Distribution wäre aber, eine weitere Unternehmensauslese grundsätzlich verhindern zu wollen. Ein Großteil der noch im Markt befindlichen Handelsunternehmen weist nicht die erforderlichen Voraussetzungen für eine Funktionserfüllung und Leistungserbringung auf, wie sie künftig unerläßlich sein wird. Die Aufgabe einer kontrollierenden Steuerung des Prozesses kommt nicht nur der öffentlichen Hand, d. h. dem Bund, den Ländern und den Gemeinden zu, sondern in erheblichem Maße auch den Verbänden und Organisationen des Handels und nicht zuletzt den Unternehmern selbst.

VII. Möglichkeiten der Einflußnahme

1. Vorbemerkungen

Wie aus den vorstehenden Ausführungen hervorgeht, gibt es keine bestimmten, streng isolierbaren Auswirkungen des Ausleseprozesses im Handel. Wirkungen, die auf die Auslese von Unternehmen zurückgeführt werden, sind letztlich das Ergebnis der gesamten Strukturwandlungsvorgänge im Handel. Das impliziert, daß es auch keine spezifischen, d. h. allein auf die Firmenauslese ausgerichtete Maßnahmen geben kann, sondern nur Steuerungs- und Förderungsmaßnahmen in bezug auf den gesamten Strukturwandlungs- und Entwicklungsvorgang im Handel.

Zur Förderung kleinerer und mittlerer Unternehmen, auch des der Öffentlichen Hand und anderer Institutionen. Sinn der folgenden Handels, gibt es bereits eine Reihe von Programmen und Maßnahmen Erörterungen und Überlegungen ist es, die wichtigsten dieser Maßnahmen unter ihrem „Wirkaspekt“ in bezug auf die Auslese kritisch zu beleuchten und zu prüfen, ob die Effizienz derartiger Maßnahmen und Förderungsprogramme erhöht werden kann.

2. Schulung und Beratung

Förderungsmaßnahmen sind nur dann erfolgversprechend, wenn sie auf ein entwicklungsfähiges Unternehmen treffen. Für die Entwicklungsaussichten eines Unternehmens ist erwiesenermaßen die Unternehmerqualifikation von ausschlaggebender Bedeutung. Vorrangige Aufgabe aller Förderungsmaßnahmen ist es somit, diese Qualifikation soweit wie möglich zu erhöhen. Schulung und Beratung von Unternehmern und Führungskräften im Handel bilden also die Basismaßnahmen jeder Förderungstätigkeit. Diesem Erfordernis wurde vor allem durch die Verbände des Handels frühzeitig Rechnung getragen. Untersuchungen über das Ergebnis der Schulungs- und Beratungstätigkeit haben die Effizienz dieser Maßnahmen nachgewiesen[5].

Der Anteil der bisher erreichten Unternehmer ist allerdings noch relativ klein, auch wenn man berücksichtigt, daß ein erheblicher Teil der noch bestehenden Unternehmen für eine betriebswirtschaftliche Schulung und Beratung nicht in Frage kommt, weil hier die Erfolgsaussichten mehr als fraglich wären. Leihner[6] und Klein-Blenkers[7] beziffern die Zahl der Einzelhandelsbetriebe, die für eine betriebswirtschaftliche Intensivförderung ohne vorbereitende Maßnahmen in Frage kommen, auf rd. 100 000 Betriebe. Hinzu kommen noch rd. 50 000 bis 80 000 Einzelhandelsfirmen, die nach einer entsprechenden Vorbereitung für eine systematische Beratung in Frage kämen. Rund die Hälfte aller derzeit bestehenden Einzelhandelsbetriebe gilt somit als „beratungsfähig“. Berücksichtigt man, daß ein Teil der Unternehmer im Rahmen der Kooperationen geschult und beraten wird, so verbleiben weniger als 100 000 Unternehmen, die für eine Schulung und Beratung durch entsprechende Institutionen der Verbände in Frage kommen. Die

---

[5] Vgl. Klein-Blenkers, F.: Ansatzstellen und Maßnahmen zur Verbesserung der Betriebsführung des mittelständischen Facheinzelhandels, S. 106 ff. Betriebswirtschaftliche Beratungsstelle für den Einzelhandel (Hrsg.): Entwicklung und Wirkung der Betriebsberatung im Einzelhandel, Köln 1963.

[6] Vgl. Leihner, E.: Betriebsberatung im Dienst der Mittelstandspolitik, Köln 1966, S. 5.

[7] Vgl. Klein-Blenkers, F.: Ansatzstellen und Maßnahmen zur Verbesserung der Betriebsführung des mittelständischen Facheinzelhandels, S. 23 ff.

Zahl der beratungsfähigen Großhandelsunternehmen ist auf rd. 30 000 zu veranschlagen.

Schulung und Beratung werden bezeichnenderweise von jenen kleinen und mittleren Unternehmen am wenigsten in Anspruch genommen, die eine Hilfestellung am nötigsten hätten. Diese Tatsache unterstreicht die niedrige Ausgangsqualifikation eines erheblichen Teils der kleineren Handelsunternehmen. Man ist sich der gefährdeten Marktposition und der aus solchen Maßnahmen resultierenden Vorteile offensichtlich großenteils gar nicht bewußt. Die Leistungsdiskrepanz zu den anderen Unternehmen nimmt damit noch zu, die Existenzgefährdung wird entsprechend größer. Diese Entwicklung ist insgesamt nun keineswegs negativ zu werten, da es ja nicht Sinn der Förderungsmaßnahmen sein kann, Firmenexistenzen ohne längerfristige Erfolgsaussichten zu erhalten.

Nach Ermittlungen des Instituts für Mittelstandsforschung[8] sowie des Instituts für Handelsforschung, Köln[9], werden auf längere Sicht höchstens 5 % aller Einzelhandelsunternehmen das Schulungs- und Beratungsangebot der Verbände nutzen. Von den außerhalb der Kooperationen stehenden „beratungsfähigen" Firmen — ihre Zahl liegt derzeit bei rd. 100 000 — ist das etwa ein Fünftel, d. h. 20 000 Unternehmen. Im Großhandel — genauere Vorstellungen bestehen hierfür allerdings nicht — dürften die Verhältnisse ähnlich liegen.

Ein enorm hoher Anteil der an sich entwicklungsfähigen und damit förderungswürdigen Unternehmen nimmt somit diese entscheidenden Förderungsmaßnahmen nicht in Anspruch. Das ist um so erstaunlicher als für die Durchführung von Schulung und Betriebsberatung kleinerer und mittlerer Unternehmen im Rahmen der Gewerbeförderung von der Bundesregierung seit langem — nach der Unternehmensgröße gestaffelte — Zuschüsse gewährt werden.

Damit erhebt sich die Frage nach den Gründen für die geringe Inanspruchnahme der gebotenen Leistungen. Sie können in einer unzureichenden Transparenz der Förderungsprogramme, d. h. einer nicht ausreichenden Information breiter Unternehmerschichten des Handels, liegen oder in der zu geringen Einsicht in Notwendigkeit, Zweckmäßigkeit und Erfolg derartiger Maßnahmen. Beide Gründe dürften gegeben sein, wobei dem zweitgenannten vermutlich das größere Gewicht zukommt. Hieraus ergibt sich die Konsequenz für die Regierung wie für die Verbände, auf breiterer Basis als bisher intensive Aufklärungsarbeit zu leisten. Art und Inhalt der Förderung von Schulung und Beratung sind zu

---

[8] Vgl. Reske, W.: Die Verbesserung der Unternehmerqualifikation im Einzelhandel durch außerbetriebliche Förderungsmaßnahmen, S. 168.

[9] Vgl. Sundhoff, E. (Hrsg.): Die Lage der Kleinbetriebe des Einzelhandels in der Bundesrepublik Deutschland, S. 188, Tab. 93.

Tabelle 55: **Umfang der Betriebsberatungen im Einzelhandel**

nach Umsatzgrößenklassen

Umsatzgrößenklasse in DM	Zahl der Betriebsberatungen (1953—1970)	Betriebsberatungen gemessen an der Zahl der im Jahre 1970 bestehenden umsatzsteuerpflichtigen Unternehmen in %
bis 100 000	1 322	1
100 000 bis 250 000	6 611	5
250 000 bis 500 000	9 130	17
500 000 bis 1 Mill.	7 492	33
1 Mill. bis 5 Mill.	6 490	57
5 Mill. bis 10 Mill.	1 456	142
10 Mill. bis 50 Mill.	603	94
50 Mill. und mehr	25	23
Insgesamt	33 129	8

Quelle: Leihner, E. (Hrsg.): Jahrbuch 1971 der betriebswirtschaftlichen Beratungsdienste für den Einzelhandel, Köln, sowie Berechnungen des Ifo-Instituts.

verdeutlichen, der Nutzen für die Unternehmen ist herauszustellen. Eine eingehende Information der Unternehmen auch über die formale Seite der Förderung, d. h. das Procedere des Bewilligungsverfahrens und der Finanzierung, ist unerläßlich.

3. Kooperationsförderung

Die zwischenbetriebliche Zusammenarbeit im Handel hat sich als geeignetes Instrument zur Förderung der Leistungs- und Wettbewerbsfähigkeit gerade für entwicklungsfähige kleine und mittlere Unternehmen erwiesen. Die Förderung der Kooperation stellt damit ein Instrument dar, um die Effizienz der Warendistribution zu erhöhen und eine „übermäßige" Firmenauslese zu verhindern.

Förderung der Kooperation von Seiten des Staates kann nur so verstanden werden, entsprechende Rahmenbedingungen zu schaffen, die eine effiziente Zusammenarbeit in allen betrieblichen Gestaltungsbereichen ermöglichen. Mit der Novellierung des Gesetzes gegen Wettbewerbsbeschränkungen (GWB) wurde diesem Erfordernis verstärkt Rechnung getragen (vgl. §§ 5 b, 38 GWB). Hierdurch wurde sichergestellt, daß für kleine und mittlere Unternehmen die Möglichkeiten der Kooperation voll nutzbar gemacht werden können. Bei den sog. Mittelstandsempfehlungen (§ 38 GWB) wurde der Rahmen durch Wegfall der Beschränkung auf Preis- und Kalkulationsempfehlungen erheblich erweitert. Die kleinen und mittleren Unternehmen sind dadurch in die Lage versetzt, innerhalb der Kooperationen eine Abstimmung in der Preisstellung, im Sortiment, in Werbung und Verkaufsförderung usw. vorzunehmen. Die Wettbewerbsnachteile gegenüber Großbetrieben und Großbetriebsformen können dadurch zum Teil ausgeglichen werden. Eine noch weitergehende Förderung der Kooperation durch den Staat in gesetzlicher Hinsicht ist nicht zu erwarten.

Aufgabe der Verbände des Handels ist es, in ihren Mitgliederkreisen volle Transparenz über die Möglichkeiten der Kooperation zu schaffen. Hierzu gehört die eingehende Information und Aufklärung der Unternehmen über Zielsetzung und Inhalt kooperativer Unternehmensführung. Läßt man einmal den Nahrungsmittelhandel außer Betracht, so besteht der Eindruck, daß hier noch ein weites und fruchtbares Betätigungsfeld vorhanden ist. Dies gilt auch, wenn man berücksichtigt, daß in bestimmten Bereichen und Branchen auf Grund der Unterschiede in den Betriebsgrößen, Sortimenten und im gesamten Angebotsprogramm sowie auf Grund der Produkteigenheiten der Kooperation relativ enge Grenzen gesetzt sind.

Eine wirksame Förderung der Kooperation seitens der Verbände wird immer mehr in der Form erfolgen müssen, daß praktikable Kooperationstionsmodelle und Rahmenverträge für bestimmte Marktkonstellationen erarbeitet und im Wege der verbandseigenen Betriebsberatung in die Praxis umgesetzt werden.

Die bestehenden Kooperationen selbst stehen heute im allgemeinen kaum mehr vor der Aufgabe, kooperationsfähige Firmen zu integrieren. Sie sehen sich vielmehr vor die Notwendigkeit gestellt, durch Straffung und Entscheidungszentralisierung die Effizienz der Gemeinschaften erheblich zu steigern. Um das zu erreichen, müssen sie sich auch von Firmen trennen, die auf lange Sicht den Anforderungen nicht entsprechen können. Als Kriterium für die Entwicklungs- und Leistungsfähigkeit kann hierbei aber nicht nur die Betriebsgröße angesehen werden. Von erheblichem Gewicht wird vielmehr auch die Unternehmerqualifikation sein.

Bei allen Bemühungen um Leistungsstärkung der Kooperationen zeigen sich immer mehr auch die Grenzen der „herkömmlichen" Kooperationsgebilde. Die konstitutiv bedingte Wettbewerbsüberlegenheit von Großbetrieben und Großbetriebsformen bzw. zentral gesteuerten Absatzsystemen läßt sich auf diese Weise nicht voll ausgleichen. Es zeigt sich daher immer mehr die Notwendigkeit einer Anpassung an die Organisationsstrukturen und die Arbeitsweise der Filialsysteme durch eine noch wesentlich konsequentere Aufteilung der „Steuerungsfunktionen" und der „Exekutivfunktionen". Mit dieser Entwicklung muß nicht zwangsläufig ein weiterer starker Autonomieverlust für die Anschlußfirmen verbunden sein. Es geht vielmehr darum, die Handelsunternehmen in ihrem ureigensten Aufgabenbereich, dem Verkaufsbereich, zu aktivieren und zu stärken. Konkret heißt das etwa: Konzentration der Kräfte eines Einzelhändlers auf alle Tätigkeiten, die mit der Warenpräsentation, der Beratung der Kunden, dem Verkauf und dem Service zusammenhängen, und Konzentration aller Marketingfunktionen wie Erarbeitung bestimmter Sortimentsprogramme, Preisbildung, Werbung, Verkaufsförderungsmaßnahme sowie der Verwaltungsfunktionen (Buchhaltung, Steuerabrechnung) auf die Kooperationszentralen. Gelingt es, die Kooperation in die aufgezeigte Richtung zu führen — erfolgversprechende Ansätze hierzu sind vorhanden —, so besteht damit gute Aussicht, einen großen Teil mittlerer und kleiner Unternehmen, wenn auch um den Preis einer gewissen Einschränkung der unternehmerischen Selbständigkeit, existenzfähig zu erhalten.

4. Finanzierungshilfen

Finanzierungshilfen für kleine und mittlere Unternehmen können nur mit der Zielsetzung vergeben werden, die Möglichkeiten zur Selbsthilfe zu verbessern.

In der BRD gibt es eine Reihe von finanziellen Förderungsmaßnahmen für kleine und mittlere Unternehmen aus den ERP-Sondervermögen des

Bundes sowie aus Haushaltsmitteln des Bundes und der Länder. Es werden zinsgünstige Kredite zur Betriebserweiterung und -rationalisierung im Rahmen der Verbesserung der regionalen Wirtschaftsstruktur, Beihilfen zur Existenzgründung von Nachwuchskräften, Kredite zur Errichtung von Betrieben in neuen Wohnsiedlungen sowie in neugeordneten Stadtteilen und Gewerbegebieten, zur Refinanzierung von Kapitalbeteiligungen sowie zur Einführung der elektronischen Datenverarbeitung vergeben. Darüber hinaus haben kleine und mittlere Unternehmen des Handels die Möglichkeit, Bürgschaftsprogramme der Öffentlichen Hand in Anspruch zu nehmen.

An den im Rahmen der regionalen Wirtschaftsförderung gewährten Investitionszuschüssen und -zulagen konnte der Handel bislang nicht partizipieren, da ihm ein „Primäreffekt" im Rahmen der Verbesserung der regionalen Wirtschaftsstruktur (Schaffung von zusätzlichen Arbeitsplätzen und Einkommen) nicht zuerkannt wurde. Da auch Betriebe des Dienstleistungsbereichs, darunter die Handelsunternehmen, Grundleistungen erbringen können und somit zur Erhöhung des Leistungspotentials und der Wachstumskräfte einer Region beitragen, ist der generelle Ausschluß dieses Bereiches zu überprüfen. Auch dort, wo Handelsunternehmen keine Grundleistungen erbringen, tragen sie dazu bei, die regionale Wirtschaftsstruktur zu verbessern. Sie helfen mit, die durch die Grundleistungen einer Region zugeflossene Kaufkraft in ihrem inneren Kreislauf einer rationellen Verwendung zuzuführen und schaffen so die Voraussetzungen, die in den Grundleistungsbetrieben Tätigen in der Region an ihrem Arbeitsplatz und an ihrem Wohnort zu halten. Da der Handel gerade in ländlichen, schwach strukturierten Gebieten stark von der Auslese bedroht ist und damit die Gefahr einer weiteren Schwächung der Wirtschaftsstruktur dieser Gebiete besteht, könnten Investitionshilfen für den Handel die Effizienz der regionalen Wirtschaftsförderung verbessern.

Finanzierungshilfen sind durchaus dazu geeignet, die Existenz entwicklungsfähiger Klein- und Mittelbetriebe sichern zu helfen. Sie können Kapitalbeschaffungsschwierigkeiten mildern und die Belastung mit Finanzierungskosten spürbar verringern. Voraussetzung für die angestrebte umfassende Wirksamkeit solcher Hilfen ist jedoch, daß bei den Unternehmen volle Transparenz über Art und Umfang dieser Finanzierungshilfen sowie die Möglichkeiten der Beschaffung und Inanspruchnahme bestehen und daß die Organisation der angestrebten Zielsetzung entspricht.

Es besteht der Eindruck, daß Transparenz und Organisation der Mittelvergabe noch keineswegs optimal sind. Wie die umfangreichen Befragungen im Handel gezeigt haben, hat ein Großteil der Unternehmen nur einen sehr unzureichenden Überblick über die möglichen Finanzierungshilfen. Die Förderungsprogramme werden teilweise als verwirrend und kompliziert empfunden. Der unzureichende Informationsstand auch bei gut geführten Betrieben hat vielfach zur Folge, daß statt möglicher günstiger Finanzierungshilfen der normale Weg der Mittelbeschaffung auf dem Kapitalmarkt beschritten wird. Oft werden kurzfristige Kredite zur Finanzierung von Anlageinvestitionen unter entsprechender Zinskosten- und Risikobelastung eingesetzt. Nur ein Drittel der befragten Groß- und Einzelhandelsunternehmen weiß gut über öffentliche Finanzierungsprogramme Bescheid und hat in diesem Rahmen bereits einmal einen Antrag gestellt.

Die erforderliche Erhöhung der Transparenz über die Finanzierungshilfen bei den Unternehmen müßte sich relativ leicht verwirklichen lassen, nämlich durch eine gezielte Informationspolitik, die es sich zur Aufgabe macht, übersichtlich, detailliert und verständlich die gesamte Palette der Möglichkeiten zu verdeutlichen. Aufgerufen sind hier neben dem Staat selbst vor allem die Verbände des Handels. Da sich gezeigt hat, daß die formale Abwicklung einzelner Finanzierungshilfen oftmals so langwierig ist, daß hiervon restriktive Wirkungen auf die Inanspruchnahme ausgehen, müssen praktikable Wege einer Vereinfachung gesucht werden.

Auf Grund der Begrenztheit der zur Verfügung stehenden Mittel ist deren effizienter Einsatz um so dringlicher geboten. Mittelvergabe an nicht leistungs- und entwicklungsfähige Unternehmen bedeutet nicht nur Mittelverschwendung, sondern auch Mittelentzug für förderungswürdige Unternehmen. Eine unter langfristigen Wirkaspekten bestmögliche Mittelvergabe setzt eine organisatorische Verbesserung dergestalt voraus, daß Kontrollinstanzen eingeschaltet werden, die zu einer betriebs- und absatzwirtschaftlichen Beurteilung der Entwicklungsfähigkeit eines Unternehmens und der Führungsqualifikation im Stande sind. Vorschläge, die dahingehen, den bereits bestehenden verbandlichen Beratungsinstitutionen solche Funktionen zuzuweisen, erscheinen unter diesem Aspekt durchaus prüfungswürdig.

Auch wenn es gelingt, die Transparenz der Programme zu erhöhen und die Effizienz der Mittelvergabe zu steigern, wird hierdurch das Auslesetempo in den nächsten Jahren kaum fühlbar vermindert werden. Der positive Effekt wird darin liegen, daß entwicklungsfähige Firmen rascher Anschluß an das erforderliche Leistungsniveau finden und einer Auslese solcher Firmen entgegengewirkt wird.

5. Stärkere Berücksichtigung des Handels in der Stadt- und Regionalplanung

Von erheblicher Bedeutung für die weitere Entwicklung der Standortstruktur des Handels und damit auch für Ausmaß und regionale

Unterschiede der Auslese wird es sein, inwieweit es gelingt, den Handel und speziell seine Agglomerationen als wesentliche Planungsbereiche in den Stadt- und Regionalplanungen problementsprechend zu berücksichtigen. Es setzt sich zunehmend die Erkenntnis durch, daß bei der Wahl von Handelsstandorten und der Errichtung von Standortagglomerationen eine wesentlich bessere Abstimmung der Interessen und Belange des Handels und der Gebietskörperschaften erfolgen muß und daß es erforderlich ist, zwischen funktional verflochtenen Gebietskörperschaften eine wesentlich stärkere Koordination der Planungsinteressen herbeizuführen, wenn räumliche Ungleichgewichte und Fehlentwicklungen nicht noch verstärkt werden sollen. Eine Bauleitplanung, die diesen Erfordernissen nicht gerecht wird, hat zur Folge, daß gewisse Standortbereiche Funktionen einbüßen, ohne daß der Handel an anderen Standorten dazu in der Lage ist, diese voll zu übernehmen. Soweit unzureichende Planungskoordination zum Entstehen von Überkapazitäten im Handel führt, erfolgt eine gegenseitige Beeinträchtigung der Funktionalität und eine Existenzgefährdung von Betrieben innerhalb und außerhalb der Agglomerationen. Um räumliche Ungleichgewichte zu vermeiden, bedarf es also raumordnender Grundkonzepte in bezug auf Standortentscheidungen des Handels. Es bedarf deshalb gewisser Leitbilder, wenn sich öffentliche und private Investititonen gegenseitig ergänzen sollen.

Eine aufschlußreiche Aussage über das „Problembewußtsein“ der Stadtplanung hinsichtlich des Einzelhandels läßt sich auf Grund der Kenntnis über die bei der Bauleitplanung verwendeten Planungsgrundlagen treffen. Es zeigt sich zwar, vor allem in Großstädten, eine zunehmende Inanspruchnahme marktanalytischer, raumspezifischer Gewerbeforschung und Gewerbeplanung, doch ist auch die Verwendung von Richtzahlverfahren, die keinen räumlichen Bezug aufweisen, noch sehr verbreitet. Mit abnehmender Gemeindegröße zeigt sich auch eine abnehmende Verwendung der Gewerbeplanung und eine zunehmende Bedeutung von Richtzahlverfahren und „Planungen ohne besondere Anhaltsgrößen“.

Für den Handelsunternehmer bilden „rationale“ Raumvorstellungen der Gebietskörperschaften eine wesentliche Voraussetzung für die langfristige Verwirklichung eines optimalen Standortes. Auf dieser Basis haben Eingriffe in die unternehmerische Freiheit der Standortwahl optimierenden Charakter.

Durch Planungs- und Raumordnungsgesetze wurde teilweise ein Zwang zur Einplanung der für die Versorgung der Bevölkerung notwendigen Ladenflächen eingeführt. Allgemeine Leitbildformulierungen und Baunutzungsvorschriften aber reichen nicht aus, um zu einer konsumenten- und wirtschaftsraumgerechten sowie für die Unternehmen ökonomischen Planung zu kommen.

Tabelle 56: **Verwendete Planungsgrundlagen bei der Ausweisung von Einzelhandelsflächen**

Größenklasse der Stadt (Zahl der Einwohner)	Als Planungsgrundlage[a] für die Ausweisung von Standort und Fläche anzusetzender Einzelhandels-, Handwerks- und sonstiger Dienstleistungsbetriebe verwenden ... % der Städte/Gemeinden		
	Gewerbeforschung/ -planung	Richtzahlverfahren	keine besonderen Anhaltsgrößen
500 000 und mehr	73	55	9
200 000 bis unter 500 000	63	69	—
100 000 bis unter 200 000	69	54	15
50 000 bis unter 100 000	62	36	23
20 000 bis unter 50 000	45	37	31
10 000 bis unter 20 000	30	24	48
Insgesamt	40	32	38

a) Mehrfachmeldungen waren möglich.

Quelle: Erhebung des Ifo-Instituts.

Die Aufgabe der Stadt- und Regionalplanung besteht darin, für den jeweiligen funktionalen Wirtschaftsraum ein konkretes Leitbild hinsichtlich der hierarchischen Gliederung der Versorgungszentren und -standorte zu entwickeln und diese hierarchische Struktur — je nach den gegebenen Verhältnissen — durch Förderung oder Funktionsselektion in bestehenden Zentren sowie durch Errichtung neuer Zentren herbeizuführen. Das Instrumentarium dazu bildet eine gebietsbezogene Gewerbeplanung, die mit Hilfe wissenschaftlicher Methoden vorausschauend zu klären sucht, wie sich die Konsumentenbedürfnisse von morgen in einer Region unter Berücksichtigung der Kaufkraft-, Bevölkerungs- und Verkehrsentwicklung optimal befriedigen lassen und unter Abwägung wirtschaftsräumlicher, versorgungspolitischer sowie einzelhandelsunternehmerischer Aspekte operationale Vorstellungen über Handelsstruktur und -hierarchie entwickelt.

6. Einflußnahme durch Nebenwirkungen von Gesetzesregelungen

Struktur- und Wettbewerbssituation des Handels und damit auch die Firmenauslese in diesem Bereich werden auch durch Gesetze und Gesetzänderungen sowie durch sonstige Maßnahmen des Staates, die primär andere Zielvorstellungen verfolgen, beeinflußt. Es besteht der Eindruck, daß diese Nebenwirkungen — zumindest aber ihr Ausmaß — oft nicht entsprechend gesehen werden. Es wäre wünschenswert, daß sich der Gesetzgeber mehr als bisher bei Gesetzesänderungen durch entsprechende Analysen Klarheit über sämtliche Nebenwirkungen verschafft, da nur dann die Möglichkeit besteht, unerwünschte Wirkungen soweit wie möglich von vornherein zu vermeiden. Gesetze, Regelungen und Maßnahmen mit derartigen Nebenwirkungen betreffen vor allem die Bereiche Sozialgesetzgebung, Steuergesetzgebung sowie Wettbewerbsgesetzgebung. Beispiele für Gesetzregelungen von erheblichem Einfluß auch auf die Handelsunternehmen sind etwa das Verbot der Preisbindung und die Ladenschlußregelung.

Das Verbot der Preisbindung wird erhebliche Strukturwirkungen im Handel haben, da sich hierdurch das Gefüge der Einzelhandelspreise, die Spannensituation und die Ertragslage spürbar verändern werden. Auch ohne nähere Analyse läßt sich aus der Kenntnis der Sortimentsstruktur der einzelnen Branchen und der Kalkulations- und Preispolitik der Unternehmen die Aussage treffen, daß die Wettbewerbsposition und Existenzmöglichkeit vor allem für eine große Zahl kleiner und mittlerer Unternehmen erheblich erschwert wird. Diese Wirkung, die mit großer Wahrscheinlichkeit den Ausleseprozeß im Handel verstärken wird, darf nicht übersehen werden, auch wenn man insgesamt zu einer positiven Wertung der Gesamtwirkungen dieser Gesetzesänderung kommt.

Auch eine Änderung der Ladenschlußgesetzgebung würde nicht ohne erhebliche Wirkungen auf das Tempo der Unternehmensauslese im Handel sein. Vor einer evtl. Liberalisierung der geltenden Regelung muß daher sorgfältig abgewogen werden, ob derartige Strukturwirkungen, die sich vor allem in Streulagen und in ländlichen Räumen zeigen werden, bestimmter Vorteile wegen in Kauf genommen werden können. Diese Frage steht hier nicht zur Beantwortung an und kann auch im Rahmen dieser Betrachtungen nicht beantwortet werden. Aufgabe entsprechender Analysen muß es u. a. sein, zu ermitteln und zu prüfen, welche Auswirkungen hinsichtlich Arbeitskräftesituation, Kosten sowie Umsatz- und Ertragssituation für Unternehmen unterschiedlicher Größe, Betriebsform und Standortlage zu erwarten sind.

7. Zusammenfassende Wertung der Einflußmöglichkeiten

In der Bundesrepublik Deutschland wird ein breit gefächertes Bündel von Maßnahmen praktiziert, die dazu geeignet sind, in positiver Weise auf die Struktur des Handels einzuwirken und damit das Ausmaß des Ausleseprozesses in ökonomisch sowie gesellschafts- und versorgungspolitisch vertretbaren Grenzen zu halten.

Als wirksamste Maßnahme zur Förderung und Stärkung der Leistungskraft von Handelsunternehmen ist eine breit angelegte Schulung und Beratung anzusehen. Steigerung der Unternehmerqualifikation und Verbesserung der Qualität der Betriebsführung stehen an erster Stelle. Anderen Maßnahmen wie Kooperationsförderung, Finanzierungshilfen sowie indirekt wirkenden Maßnahmen von Seiten der Öffentlichen Hand kommt demgegenüber mehr ergänzender Charakter zu. Bei allen Maßnahmen zeigt sich, daß sich ihre Wirkeffizienz noch steigern läßt, weniger in bezug auf den Inhalt und die Zielsetzung, als vielmehr hinsichtlich Organisation und Durchführung.

Literaturverzeichnis

Bücher und Studien

Betriebswirtschaftliche Beratungsstelle für den Einzelhandel (Hrsg.): Entwicklung und Wirkung der Betriebsberatung im Einzelhandel, Köln 1963

Dahmen, E.: Die Veränderung der Betriebsführung des Facheinzelhandels durch Beteiligung an Koalitionen, Nr. 54 der Abhandlungen zur Mittelstandsforschung, Köln 1972

Hauptgemeinschaft des Deutschen Einzelhandels, Arbeitsausschuß „Absatzwirtschaft und Strukturpolitik": Einzelhandel 1975/1985 — Analysen, Perspektiven, strukturpolitischer Ansatz, Köln 1972

Henning, E., und W. *Reske*: Schulungs- und Beratungsmaßnahmen zur Förderung der Leistungsfähigkeit mittelständischer Unternehmen, Nr. 49 der Abhandlungen zur Mittelstandsforschung, Köln 1971

Keiser, H.: Betriebswirtschaftliche Analyse von Insolvenzen bei mittelständischen Einzelhandlungen, Nr. 17 der Abhandlungen zur Mittelstandsforschung, Köln 1966

Klein-Blenkers, F.: Ansatzstellen und Maßnahmen zur Verbesserung der Betriebsführung des mittelständischen Facheinzelhandels unter besonderer Berücksichtigung staatlicher Gewerbeförderungsmaßnahmen, Nr. 48 der Abhandlungen zur Mittelstandsforschung, Köln 1971

Leihner, E.: Betriebsberatung im Dienst der Mittelstandspolitik, Köln 1966

Meyerhöfer, W.: Finanzierungsverhältnisse im Großhandel, Nr. 16 der Studien zu Handelsfragen, Ifo-Institut, München 1970

Reske, W.: Die Verbesserung der Unternehmerqualifikation im Einzelhandel durch außerbetriebliche Förderungsmaßnahmen, Nr. 52 der Abhandlungen zur Mittelstandsforschung, Köln 1971

Sundhoff, E. (Hrsg.): Die Lage der Kleinbetriebe des Einzelhandels in der Bundesrepublik Deutschland, Nr. 47 der Schriften zur Handelsforschung, Göttingen 1971.

Sundhoff, E., und F. *Klein-Blenkers*: Struktur- und Leistungsanalysen von Einzelhandelsbetrieben der hauptsächlichen Branchen, Nr. 39 der Schriften zur Handelsforschung, Köln und Opladen 1969

Wolff, H. unter Mitarbeit von D. *Schröder* und A. *Schwietert*: Die öffentliche Förderung kleiner und mittlerer Unternehmen, Studie der Prognos AG, Basel 1971

Statistiken und sonstige Quellen

Industrie- und Handelskammern Aschaffenburg, Bielefeld, Bonn, Flensburg, Hamburg, Kassel, Kiel, Lübeck, Mönchengladbach, Regensburg, Saarland, Würzburg, Wuppertal: Sondererhebungen über Geschäftsaufgaben im Einzelhandel

Institut für Handelsforschung an der Universität zu Köln: Ergebnisse des Betriebsvergleichs des Einzelhandels

Leihner, E. (Hrsg.): Jahrbücher 1970, 1971 und 1972 der Betriebswirtschaftlichen Beratungsdienste für den Einzelhandel, Köln o. J.

Meyerhöfer, W.: Facheinzelhandel in den „roten Zahlen", in: Ifo-Schnelldienst Nr. 1/2 vom 9. 1. 1970, S. 5 ff.

Statistisches Amt des Saarlandes: Handel und Gastgewerbe im Saarland, Nr. 28 der Einzelschriften zur Statistik des Saarlandes, Saarbrücken 1965

Statistisches Bundesamt: Umsatzsteuerstatistiken 1955 bis 1970, Fachserie L, Finanzen und Steuern, Reihe 7

— Handels- und Gaststättenzählungen 1960 und 1968, Fachserie F, Groß- und Einzelhandel, Gastgewerbe, Fremdenverkehr, I. Großhandel, II. Einzelhandel

— Arbeitsstättenzählungen 1961 und 1970, Fachserie C, Unternehmen und Arbeitsstätten

— Die Kostenstruktur in der Wirtschaft, Fachserie C, Unternehmen und Arbeitsstätten, Reihe 1, V. Großhandel, Handelsvertreter und -makler, Verlagswesen 1964, VII. Einzelhandel, 1965 und 1969

— Zahlungsschwierigkeiten, Fachserie J, Geld und Kredit, Reihe 3

Sundhoff, E. (Hrsg.): Umsatz, Kosten, Spannen und Gewinn des Einzelhandels in der BRD in den Jahren 1967, 1968 und 1969, Nr. 48 der Schriften zur Handelsforschung, Göttingen 1972

— Die Produktivitäts- und Rentabilitätsentwicklung der Einzelhandelsfachgeschäfte in den Jahren 1949 bis 1969, Nr. 49 der Schriften zur Handelsforschung, Göttingen 1973

Schriftenreihe des Ifo-Instituts für Wirtschaftsforschung

19 **Erfolgsbeteiligung der Arbeitnehmer.** Von W. Huppert. 58 S. 1953. DM 5,60

20 **Die Holzwirtschaft der Welt.** Von R. Schroeder. 106 S. 1953. DM 12,60

21 **Statistisches Handbuch der Bauwirtschaft.** 3. Aufl. 199 S. 1954. DM 36,—

22 **Kaffee, Tee und Kakao.** Von O. Amonn. 88 S. 1954. DM 9,60

23 **Der Ertrags-/Aufwandsvergleich in der westdeutschen Landwirtschaft.** 136 S. 1954. DM 12,80

24 **Betriebliches Miteigentum der Arbeitnehmer.** Von W. Huppert. 65 S. 1954. DM 6,80

25 **Zur Frage der Verzinsung von Verkehrswegen.** Von W. L. Schneider und J.-P. Petersen. 51 S. 1954. DM 3,60

26 **Internationale Rohstoffregulierungen.** Von J. Schöllhorn. 181 S. 1955. DM 18,60

27 **Zur volkswirtschaftlichen Problematik der dynamischen Sozialrente.** 37 S. 1956. DM 2,80

28 **Güterproduktion und Transportaufkommen.** Von W. L. Schneider und A. Rüthlein. 60 S. 1957. DM 8,60

29 **Zehn Jahre Möbel im Bundesgebiet.** Von R. Schroeder und S. Prokoph. 88 S. 1957. DM 14,—

30 **Die westdeutsche Industrie als Investor und als Käufer von Ausrüstungsgütern auf den Märkten der Investitionsgüterindustrien.** Von W. Schmidt. 59 S. 1958. DM 9,80

31 **Bestimmungsfaktoren des Konsums in der Bundesrepublik.** Von G. Gehrig. 105 S. 1958. DM 18,—

32 **Die Berechnung der kumulierten Umsatzsteuerbelastung von Erzeugnissen.** Von J.-P. Petersen. 76 S. 1958. DM 9,60

33 **Kumulativwirkung und Zusatzsteuer.** Von W. Faber. 102 S. 1958. DM 14,80

34 **Das Handwerk als Konkurrent des Einzelhandels.** Von E. Batzer und H. Laumer. 31 S. 1958. DM 6,—

35 **Der Großhandel in Gegenwart und Vergangenheit.** Von E. Batzer und H. Laumer. 90 S. 1958. DM 14,80

36 **Exporterwartungen im Konjunkturtest.** Von W. Marquardt und D. Brück. 68 S. 1959. DM 12,60

37 **Kapitaleinsatz und Produktivität in Landwirtschaft und Industrie.** Von G. Müller und H. Schmidt. 70 S. 1959. DM 9,80

38 **Der Konjunkturtest.** Von W. Marquardt und W. H. Strigel. 224 S. 1959. DM 32,—

39 **Die deutsche Handelsstatistik.** Von E. Batzer und H. Laumer. 103 S. 1960. DM 16,60

40 **Die Entwicklungstendenzen des Güterverkehrs in der Bundesrepublik Deutschland bis zum Jahre 1970.** 163 S. 1960. DM 26,60

41 **Die Bedeutung des Kapitals für die Einkommensbildung im landwirtschaftlichen Betrieb.** Von H. Schmidt. 144 S. 1960. DM 19,80

42 **Güterproduktion und Transportleistung.** Von R. Streifinger. 51 S. 1961. DM 9,80

43 **Wirtschafts- und finanzpolitische Probleme der Hersteller-Zusatzsteuer.** Von H.-P. Hoffmann. 66 S. 1960. DM 9,60

44 **Analyse unternehmerischer Verhaltensweisen.** Von O. Hatzold und H. Helmschrott. 103 S. 1961. DM 18,60

45 **Aufgaben und Grenzen der gemeindlichen Kreditnahme.** Von E.-G. Winkler. 114 S. 1961. DM 16,60

46 **Die Arbeitsmarktsituation im westdeutschen Großhandel.** Von H. Laumer. 175 S. 1961. DM 33,60

47 **Der Großhandel in der westdeutschen Wirtschaft.** Von E. Batzer. 184 S. 1962. DM 36,60

48 **Zur Bedeutung und Problematik des Funktionsrabattes.** Von E. Batzer. 135 S. 1962. DM 24,60

49 **Probleme industrieller Investitionsentscheidungen.** Von Th. Oursin. 65 S. 1962. DM 10,80

50 **Der Großhandel in den außerdeutschen EWG-Ländern.** Von E. v. Miller. 107 S. 1962. DM 19,80

51 **Soziale Auswirkungen des technischen Fortschritts.** 522 S. 1962. DM 59,60

52 **Eine ökonometrische Analyse des Konsums von 1925 bis 1938 und 1950 bis 1957.** Von G. Gehrig. 104 S. 1962. DM 22,80

53 **Finanzpolitische Instrumente der Konjunkturpolitik.** Von L. Klein. 118 S. 1963. DM 18,80

54 **Langfristige Branchenprojektionen.** Von F. O. Bonhoeffer. 78 S. 1963. DM 14,60

55 **Die moderne Wachstumstheorie.** 2. Aufl. Von K. Oppenländer. 272 S. 1968. DM 48,60

56 **Ein makroökonomisches Modell für die Bundesrepublik Deutschland.** Von G. Gehrig. 59 S. 1963. DM 15,60

57 **Der spezifische Energieverbrauch der Industrie.** Von B. Schreiber. 155 S. 1964. DM 36,60

58 **Das Problem der Kondratieff-Zyklen.** Von U. Weinstock. 128 S. 1964. DM 28,—

59 **Wirtschaft und Verkehr im Neckarraum** unter dem Einfluß der Neckarkanalisierung. 151 S. 1964. DM 28,60

60 **Die voraussichtliche Entwicklung der Nachfrage nach Gütertransporten in der Bundesrepublik Deutschland bis zum Jahre 1975.** 102 S. 1965. DM 18,60

61 **Die Lagerhaltung des Handels in volkswirtschaftlicher und betriebswirtschaftlicher Sicht.** Von H. Laumer. 166 S. 1965. DM 29,60

62 **Die Zusammenhänge zwischen Wirtschaft und Güterverkehr.** Von E. Gleißner. 130 S. 1966. DM 32,60

63 **Amerikanische Unternehmer- und Verbraucherbefragungen.** Von F. O. Bonhoeffer und W. H. Strigel. 119 S. 1966. DM 22,60

64 **Unternehmenspolitik und Erscheinungsbild des Großhandels in der modernen Wirtschaft.** Von E. Batzer und H. Laumer. 208 S. 1966. DM 43,60

65 **Transportelastizität und wirtschaftliche Entwicklung.** Von E. Gleißner. 137 S. 1967. DM 34,60

66 **Die voraussichtliche Entwicklung der Nachfrage nach Personenverkehrsleistungen in der Bundesrepublik Deutschland bis zum Jahre 1980.** 142 S. 1967. DM 33,60

67 **Die Nachfragekonzentration im Nahrungsmittelhandel.** Von M. Eli. 169 S. 1968. DM 29,60

68 **Wirtschaftliche Auswirkungen der Automatisierung.** Von J. Kruse, D. Kunz und L. Uhlmann. 162 S. 1968. DM 29,60

69 **Konjunktur und Neoklassik.** Von F. J. Clauß. 490 S. 1968. DM 89,60

70 **Konstruktion von Input-Output-Tabellen und -Modellen mit Hilfe elektronischer Datenverarbeitung.** Von G. Gehrig. 137 S. 1969. DM 38,60

71 **Einzel- und gesamtwirtschaftliches Wachstum unter bildungsökonomischen Aspekten.** Von R. Liebenberg. 191 S. 1970. DM 39,80

72 **Der Markenartikelvertrieb in den Ländern der Europäischen Wirtschaftsgemeinschaft und seine Auswirkungen auf den Wettbewerb.** Von H. Laumer unter Mitarbeit von E. Batzer und E. Greipl. 148 S. 1970. DM 38,60

73 **Die Verbreitung neuer Technologien.** 110 S. 1970. DM 36,60

74 **Technischer Fortschritt in den USA.** 157 S. 1971. DM 48,60

75 **Bestimmungsfaktoren industrieller Standorte.** Von H. Brede. 189 S. 1971. DM 48,—

76 **Der deutsche Ein- und Ausfuhrhandel im Entwicklungsländergeschäft.** Von E. Batzer, E. Greipl und H. Laumer. 93 S. 1971. DM 22,60

77 **Die Vergabe von Forschungs- und Entwicklungsaufträgen in der Bundesrepublik Deutschland.** Von K. Ch. Röthlingshöfer. 75 S. 1972. DM 22,60

78 **Bestimmungsgründe für Verkehrsnachfrage und Verkehrswegeplanung.** Von W. L. Schneider. 84 S. 1972. DM 19,60

79 **Einkaufszentren in der Bundesrepublik Deutschland.** Von E. Greipl. 210 S. 1972. DM 49,60

80 **Bedarf der Unternehmen an technologischen Vorausschätzungen.** Von J. Müller unter Mitarbeit von M. Breitenacher. 174 S. 1973. DM 58,60.

81 **Preiskontrollen, Lohnkontrollen und Lohn-Preis-Indexbindung in den europäischen Ländern.** Von O. E. Kuntze. 201 S. 1973. DM 59,80.

Sonderschriften des Ifo-Instituts für Wirtschaftsforschung

15. **Neue Wege der Konjunkturforschung.** Von A. Piatier. 19 S. 1954. DM 2,60.

16. **Besonderheiten der Geld- und Kreditpolitik in Westdeutschland und ihre konjunkturpolitische Bedeutung.** Von R. Stucken. 19 S. 1954. DM 2,40.

17. **Zwischenbilanz der Konvertierbarkeitsbestrebungen.** Von H. K. von Mangoldt. 16 S. 1955. DM 2,60.

18. **Grenzen und Voraussetzungen der Konjunkturstabilisierung.** Von H. Langelütke. 25 S. 1956. DM 2,50.

19. **Währungspolitische Betrachtungen.** Von O. Emminger. 19 S. 1956. DM 2,40.

20. **Probleme der Energiewirtschaft.** Von H. F. Mueller. 19 S. 1956. DM 2,40.

21. **Die Bedeutung der Investition für das Wachstum der Wirtschaft.** Von F. A. Lutz. 17 S. 1957. DM 2,40.

22. **Wirtschaftsgleichgewicht und Wirtschaftswachstum in den Vereinigten Staaten von Amerika.** Von F. K. Mann. 27 S. 1957. DM 3,—.

23. **Entwicklung und Bedeutung der Organisationen zur europäischen Wirtschaftsintegration.** Von S. Balke. 45 S. 1958. DM 6,—.

24. **Aktuelle Probleme der Europäischen Wirtschaftsgemeinschaft.** Von H. Möller. 20 S. 1960. DM 2,40.

25. **Öffentliche Investitionen und Wirtschaftswachstum.** Von E. Werlé. 34 S. 1960. DM 4,50.

26. **Die internationale Währungssituation.** Ihre Schwächen und die Vorschläge zu ihrer Lösung. Von A. Reithinger. 23 S. 1961. DM 3,—.

27. **Der Afrikaner in der modernen Wirtschaft.** Von O. F. Raum. 30 S. 1961. DM 4,—.

28. **Ansatzpunkte zur landwirtschaftlichen Entwicklung Tanganyikas.** Von H. Ruthenberg. 40 S. 1962. DM 6,80.

29. **Probleme des Städtewachstums aus der Sicht amerikanischer Erfahrungen und Forschungen.** Von O. Boustedt. 28 S. 1962. DM 6,—.

30. **Die französischen Planungsmethoden und ihre Ausdehnung auf den Gemeinsamen Markt.** Von E. Hirsch. 19 S. 1962. DM 3,60.

31. **Anwendung von Methoden der Gewerbeförderung in Entwicklungsländern.** Von G. Fremerey. 17 S. 1962. DM 3,30.

32. **Zum Unbehagen über die Entwicklungshilfe.** Von O. Donner. 26 S. 1962. DM 4,80.

33. **Die konjunktur- und finanzpolitische Lage der Vereinigten Staaten von Amerika.** Von F. K. Mann. 39 S. 1963. DM 6,80.

34. **Investitionspolitik im Großraum Europa am Beispiel der Energiewirtschaft.** Von S. Balke. 27 S. 1963. DM 4,80.

35. **Taiwan.** Ein interessanter Standort für Investoren. Von W. H. Strigel. 58 S. 1968. DM 9,80.

36. **Bildungsökonomie als Entscheidungshilfe für die Wachstumspolitik.** Von W. Clement. 26 S. 1968. DM 4,80.

37. **Wie weit ist das Wirtschaftswachstum machbar?** Vorträge von C. Föhl und K.-H. Oppenländer. 35 S. 1968. DM 5,60.

38. **Strukturwirkungen des Inflationsprozesses.** Von K. Borchardt. 22 S. 1972. DM 5,80.

DUNCKER & HUMBLOT / BERLIN-MÜNCHEN